동남아 문화 이야기

박장식 엮음

동남아 문화 이야기

초판인쇄　2015년 4월 30일
초판발행　2015년 4월 30일

엮 은 이　박장식

펴 낸 이　김재광
펴 낸 곳　솔과학

출판등록
주　　소　서울시 마포구 독막로 295번지, 302호(염리동 삼부골든타워)
대표전화　02-714-8655
팩　　스　02-711-4656 .
E-mail　solkwahak@hanmail.net

⊙ 이 저서는 2009년 정부 교육과학기술부의 재원으로 한국연구지단의 지원을 받아
　수행된 결과임.(NRF-2009-362-B00016)

ISBN 978-89-92988-35-3

값 15,000원

동남아 문화 이야기

박장식 엮음

솔과학

서문

　최근 동남아에 대한 우리의 관심은 최고조에 달해있다. 작년 12월 부산에서 개최된 한ㆍ아세안 특별정상회담을 통하여 양자 간의 이른바 "전략적 동반자 관계"는 재확인된 바 있다. 동남아의 개별국가와의 관계도 무척 활발해지고 있다. 특히, 베트남과 미얀마에 대한 진출은 과히 눈부실 정도이다. 게다가 올해 말 10개 동남아 국가들이 더욱 긴밀한 지역 연합을 꾀하고자 아세안 커뮤니티의 출범이 예고되어있다는 점에서 "동남아시대"는 활짝 열렸다고 말할 수 있을 것이다.

　긴밀한 유대관계를 유지한다고는 하지만 우리의 관심은 주로 정치ㆍ경제 부문에만 집중되고 있는 것이 무척 아쉽다. 한국의 해외관광에 있어서 가장 많이 찾는 곳이 동남아이고, 한류의 진원지가 동북아에서 동남아로 이행되고 있으며, 동남아의 많은 처녀들이 우리의 노총각을 찾아와주고 있다는 단순한 몇 가지 측면만 살펴보아도 사실상 동남아와의 교류는 양질에 있어서 그 어떤 해외지역과 견주어도 뒤지지 않는다. 해외교역을 통해 경제적 이익 창출에 몰두할 수밖에 없다고는 하나, 우리의 상대를 깊이 이해하지 않고 무작정 뛰어드는 것은 절대로 오래 지속될 수 없다는 사실을 역사적으로 경험한 바 있지 않은가?

　부산외대 동남아지역원은 2009년부터 한국연구재단의 인문한국(HK) 지원사업에 선정되어 순수한 학술적 차원에서 동남아인들의 삶을 살피고 그들을 깊이 이해할 수 있는 대중적 저작물을 간행해오고 있다. 우리 지역원은 출범부터 "동남아문화공작소"임을 내세우고 동남아 관련 저역서, 연구논문을 비롯하여 웹사이트를 통해 각종 사진, 동영상, 지도 등을 가공하여 동남아를 알고자 하는 모든 이들에게 제공하고 있다. 본서 『동남아 문화 이야기』도 그런 목적으로 만들어졌으며, 사실상 2012년에 발행된 『줌인 동남아시아』와 같은 맥락의 후속편에 해당하는 도서이다. 한마디로 요약하자면, 이 책은 동남아 전역에서 발견되는 다양한 문화 현상들을 쉬운 해설로 풀이하는 일종의 "동남아 안내서"인 셈이다. 동남아인들의 다양한 종교와 관련된 축제와 의례, 그들의 일상생활에서 흔히 마주하는 공예품들, 약간은 지적인 색채가 가미된 박물관, 사원 이야기가 이 책 속에 담겨있다. 마치 모자이크 속의 복잡한 색상들로 어우러진 것과 같은 동남아 문화를 여기서 만날 수 있을 것이다.

우리 지역원의 모든 전·현직 연구교수들의 노력으로 이제야 결실을 맺었다. 소중한 옥고를 잘 다듬어 내주신 교수님들께 편집자로서 다시 한 번 감사드린다. 새로 부임하신 주경미 박사의 전광석화와도 같은 편집 작업이 없었다면 발행의 꿈을 꾸지도 못했을 거라는 점에서 재삼 고마움을 전한다. 최근 출판업계의 불황에도 불구하고 우리 책을 흔쾌히 만들어주신 솔과학의 김재광 사장님께도 감사의 말씀을 전하고 싶다. 동남아를 제대로 알리자는 목적으로 원고를 모았지만 여전히 맘에 차지 않는 것은 우리글의 부족함이 아니라 동남아의 실상이 너무나도 다채로운 데서 오는 것이 아닐까 싶다. 그런 의미에서 "동남아문화공작소"의 작업은 계속 되어야 한다고 믿는다.

2015년 4월 30일 저자들을 대표하여
동남아지역원장 박장식 교수

Contents

Ⅱ. 공예와 일상생활

Ⅲ. 기억의 수집과 보존

I. 축제와 의례

미얀마의 신년 축제 "띤장"

김인아

"띤장(Thingyang)"은 미얀마의 신년을 기념하는 물축제로, 일년 중 가장 무더운 4월 중순경에 시작되어 보통 1~2주일 정도 계속되는, 미얀마 국민들이 가장 손꼽아 기다리는 최대의 행사이다. 거리 곳곳마다 여기저기서 뿌려대는 물로 인하여 거리는 온통 물난리이며, 이 기간만큼은 모든 일상생활의 업무가 중단되고 남녀노소 할 것 없이 서로에게 물을 쏟아 붓고 맞으며 축제를 즐긴다.

특히 양곤(Yangon)과 같은 도심지역에서 띤장 물축제는 폐쇄적이고 억압된 미얀마 젊은이들의 숨겨진 열정을 마음껏 표출하는 해방구의 역할을 하는데, 이날만큼은 미얀마 전통 복장인 "롱지(longyi)"를 벗어던지고 청바지나 짧은 스커트와 같이 과감한 서양식 복장을 하고, 음악을 크게 튼 트럭 위에 올라 거리를 돌며 춤을 추고 행인들에게 물을 뿌린다. 바가지나, 드럼통 외에 심지어는 소방호수까지 동원하여 세찬 물 폭탄을 뿌려대지만, 아픈 물세례를 받은 거리의 행인들은 그 어느 누구도 성을 내는 법이 없다.

이와 같이 미얀마에서 가장 그 규모가 크면서, 온 국민이 일 년을

그림 1. 도심의 띵장 축제. 미얀마 양곤. 2015년. © 고재웅

손꼽아 기다리는 축제가 바로 미얀마의 신년축제인 "띵장(Thin-gyan, '더장' 또는 축제라는 의미를 지닌 'pwe 붸'와 결합하여 '띵장붸'라고도 부른다)"이다.

　이 대규모 축제에서 엄청난 양의 물이 동원되는 이유는 단순히 이 지역의 고온다습한 기후적 조건 때문에 무더위를 씻고 청량함을 느끼기 위한 것일까? 미얀마에서 서로에게 물을 뿌리는 행위는 휴식과 오락을 위한 유흥적 의미 외에도, 과거에 축적된 악덕(惡德), 즉 죄의 더러움을 말끔히 씻어 내리고 새해를 정결하게 시작한다는 상징적 의미가 담겨져 있다. 띵장이라는 명칭 역시 "모든 것을 바꾸다"라는 의미를 지닌 산스크리트(Sanskrit)어인 "띠따우(thithau)"에서 유래된 말로서, 묵은 해를 보내고 새해의 새로움을 맞이한다는 의미이다. 미얀마에서 물이란 영적 불순함을 제거하고 새로운 재생의 단계에 이르게 하는 의례적 상징물인 것이다.

그림 2. 불상의 머리에 물을 붓는 참배객.
미얀마 양곤 쉐다곤 파고다(Shwedagon Pagoda).

이 축제 기간에 뿌려지는 물을 미얀마어로 "어따예(athaye)"라고 한다. "어따(atha)"는 인도의 "암리따(amrta, 힌두교 신화에서 등장하는 영생으로 이끄는 묘약)"에서, "예(ye)"는 "니르(nir, 물을 의미)"에서 유래된 말이다. 말하자면 "영생수(永生水)"의 의미이다. 따라서 "물 뿌리기" 또는 "물로 씻기"란 영생의 상징인 물을 자신의 몸 뿐만 아니라 상대방에게도 뿌려줌으로써 서로의 악덕을 씻어 내리는 동시에 내세를 향한 공덕(功德)까지 쌓을 수 있는 일석이조의 행위이자, 영원한 생명의 재생을 상징하는 불교적 영생의 행위이다.

옛날에는 왕위에 오르는 대관식에서 새로운 왕은 왕관을 쓰기 전에 깨끗한 물로 세발(洗髮), 즉 머리를 감는 관습이 있었고, 오늘날에도 결혼식을 올리는 신랑과 신부, 또는 어린 소년이 불문(佛門)에 입문할 때 치르는 "싱쀼(Shinpyu)" 의식의 과정에서도 물로 자신의 손을 깨끗하게 씻는 관습이 이어지고 있다. 미얀마의 불교도들은 집집마다 혹은 사원마다 봉안된 불상의 정수리에 향내가 나는 물을 붓는 종교적 의례가 일상화되어 있는데(그림 2), 띤장 축제에는 이러한 일상적인 의례 뿐만 아니라 신에게 제를 올리는 술을 땅 위에

그림 3. 버강 시대 왕실의 띤장 축제를 묘사한 회화.

그림 4. 낫(Nat) 신상을 안치한 제단. 미얀마 버강(Bagan).

뿌리는 의례도 곁들인다.

이 축제는 버강(Bagan) 왕조 시대에는 국왕의 주관 아래 개최된 왕실 주최의 행사였다. 궁중의 왕족 및 대신이 모두 참가하여 불교의 업보를 정화한다는 의미로 준수된 종교적 의례였던 것이다. 특히 버강 왕조의 마지막 왕인 나라띠하빠띠(Narathihapati, 1254~1287) 왕은 거리로 모두 나온 백성들이 지켜보는 가운데 에야와디(Ayeyarwady)강물을 이용해 직접 궁중의 물축제를 행사하여 이를 사람들이 강변에 줄을 지어 서서 감상하고 즐기도록 했다고 한다(그림 3).

띤장은 불교적 의례와 토속신앙인 "낫(Nat, 정령)" 숭배 신앙이 어우러진 종교적 의미를 지니고 있다. 미얀마에 불교가 도입되기 전부터 신봉되어온 낫 신앙은 모든 존재에 낫이 깃들어 있다는 사상으로, 당시에는 실로 헤아릴 수도 없을 만큼 엄청나게 많은 숫자의 낫들이 존재하고 있었다(그림 4). 11세기 중엽 미얀마 최초의 통일 왕조 버강 왕국을 건립한 어노여타(Anawratha)왕은 이 수많은 낫들을 37개로 정리하고 상좌부 불교를 도입하여 낫 신앙과 결합시켰다. 이들 낫은 미얀마의 성산(聖山)인 뽀빠(Popa)산에 안치되었다. 이때 낫들을 통제하고 관리하는 낫들의 왕을 고안해 내어 기존의 낫들을 36개로 정리하고, 이들을 관장하는 낫들의 왕인 "더자밍(Thakky-amin)"을 고안하여 27개의 낫을 탄생시킨 것이다. 더자밍은 우뢰와 비를 관장하는 불교의 제석천(帝釋天)이자 힌두교의 인드라(Indra)에 해당하는 천신(天神)이다(그림 5). 띤장 축제는 바로 인드라인 더자밍이 인간 세상에 강림하리라고 예상되는 시기에 그에게 물을 헌납하는 의례인 것이다. 이것은 최소 3~5일 동안 계속되는데, 물을 뿌리는 띤장의 기간은 매년 "뽀우나(Pounna, 산스크리트어인 브라민 Brahmin에서 유래)"라고 하는 점성술가에 의해 결정된다.

더자밍의 주요 역할은 그가 천상에서 지상으로 내려와 인간의 선행 공덕을 평가하여 사후(死後) 세계를 결정짓는 명단을 작성하는 것이다. 그러므로 미얀마의 신년 축제는 더자밍이 강림할 때 시작된다. 더자밍은 지상세계로 내려올 때 두 권의 명부를 들고 내려온다고 한다. 한 손에는 선한 행위를 한 사람들의 이름을 기록하기 위한 금으로 장식된 명부를, 다른 한 손에는 죄를 지은 사람들의 이름을 기록하기 위한 견피(犬皮)로 된 명부를 가져온다. 명부에 이름이 기입되는 순간 그

그림 5. 더자밍 상. 미얀마 양곤 쉐다곤 파고다 소재.

사람들의 내세가 최종적으로 결정되는 것이다. 따라서 사람들은 더자밍의 평가를 잘 받아야 한다는 믿음으로, 이 시기를 전후하여 경건한 마음으로 사원 및 승원에 보시 행위를 하거나 불문(佛門)에 입문하거나 명상 센터에서 참선함으로써 공덕을 쌓으려고 한다.

철저한 불교 신도들은 신년축제가 열리는 사흘 동안 자신의 악덕을 좀 더 구체적이고 경건하게 제거하기 위하여 철저하게 금식하며 부처의 가르침에 귀의하고 팔정도(八正道)의 규율을 엄격히 준수한다. 명상의 기간인 이 시기동안 여러 다양한 헌물(獻物) 의식이 치러지면서 갖가지 공양물이 승려들에게 바쳐진다. 미얀마 재가 신자

그림 6. 1950년대 띤장의 공연. 무용수들과 바퀴 달린 배의 순회. 미얀마 만달레이(Mandalay).

들의 승려들에 대한 보시 행위, 특히 "순줴(hsungywe)"라 일컫는 식사 보시는 가장 손쉽고도 일상적인 공덕 축적의 행위이기도 하다. 축제가 끝나는 날까지 신자들은 사원에 기거하면서 불경(佛經)을 암송하고 경내를 깨끗하게 청소하기도 한다.

축제의 마지막 날에는 미얀마 땅 전역에 경의를 표하는 축포가 터지고, 악대의 음악이 성대하게 울려 퍼진다. 떠들썩한 광대들과 악사들이 동반되며, 수륙양서(水陸兩棲)이자 때때로 하늘을 날기도 하는 뱀인 나가(Naga)의 모형을 새긴 배가 바다 위에 띄워지거나 배 밑단에 별도의 바퀴를 장착해 거리를 순회하기도 한다(그림 6). 저녁에는 사람들은 강가나 연못에 나와 연등, 향불, 꽃, 촛불 등을 물 위로 띄우기도 한다. 작은 불빛이 깜박거리는 물가는 매우 아름다운 광경을 연출한다. 특히 수상 마을 주민들은 쪽배를 타고 강가로 모두 나와 강물을 퍼서 서로에게 뿌리기도 하고 강 표면에 연등을 띄우기도 한다. 가옥은 온통 종교적 봉헌물과 깃발, 그리고 "버다웃(badauk)"이라고 불리는 향기 나는 꽃으로 화려하게 장식된다.

오늘날 이 축제는 특히 도심지역의 경우 주로 젊은이들의 흥미와 재미의 축제로 변모하였다. 도심 곳곳에 간이노점상들이 즐비하고 수줍음 없는 젊은 남녀의 흥겨운 노래 소리와 과감한 춤이 펼쳐진다. 또한 거리에서 여러 다양한 퍼포먼스가 전개되는데 무용수, 코미디언, 영화배우 및 대중가요의 가수들의 다채로운 공연이 열리기도 한다. 그럼에도 불구하고 여전히 외곽의 시골이나 도심의 사원 내에선 경건한 종교적 의례가 실천되며, 각 가정 내에서도 연소자가 연장자의 머리를 감겨주고 손톱과 발톱을 잘라주는 등의 전통적 행위는 퇴색 없이 지속되고 있다.

띤장과 유사한 물축제는 현재 이웃나라인 태국, 라오스 등지에서도 열리고 있다. 이와 같이 동남아시아에서 특별히 발달된 물축제는 아마도 풍부한 수량의 강을 끼고 전통적으로 물을 중시하는 농경문화를 공유하는 지역적 특징에서 기인한 것으로 보인다.

이 글은 『수완나부미』 제 4권 제 2호(2012)에 게재된 글을 수정 · 보완한 것이다.

캄보디아의 명절 "쁘쭘번"

박장식

　건기와 우기가 확연히 구별되는 몬순기후대에 속하며, 불교의 색채가 강한 대륙부 동남아에서 전국적인 행사로 치러지는 명절은 대체로 두 가지가 있다. 이른바 "물의 축제"라 불리는 우리의 구정과 같은 신년축제(대략 4월 중순경)와 우기 동안 바깥출입을 삼가하고 명상에 집중하는 승려들의 우안거가 끝나는 시점에 시작하는 안거종료 축제가 그것이다. 캄보디아에서는 우안거 종료를 기념하는 명절을 "쁘쭘번(Pchum Ben)"이라 한다. 캄보디아 음력으로 10번째 달의 보름에서 그믐에 이르는 15일 동안 축제가 지속되며(2012년에는 10월 15일과 16일이 공식 공휴일로 우리의 음력과는 다르다), 이 기간 동안 대도시로 나가있던 사람들이 우리의 추석과 마찬가지로 가족이 있는 고향을 찾아가고, 축제의 분위기로 전국의 불교 사원과 마을이 떠들썩하게 된다. 그렇지만, 워낙 인구가 적은 캄보디아에서는 우리나라에서 볼 수 있는 엄청난 귀향의 광경은 목격하기 어렵다.

　"쁘쭘번"이라는 말은 캄보디아어로 "쁘쭘"과 "번"의 합성어로, 각각 "모으다"와 "공양물"을 의미하며, "공양물을 함께 모음"으로

그림 1. 개인 가정에서 쁘쭘번에 차려놓은 조상들을 위한 음식공양의 모습. 우리의 제사상과 매우 유사하다.

풀이할 수 있다. 쁘쭘번 축제는 엄연히 불교 양식의 성격을 띤 축제 이지만, 사실상 동남아 전역에서 공통적으로 발견되는 다양한 신앙 체계의 혼합적 양상이 엿보인다. 인도에서 전래된 불교와 힌두교는 물론이고 토착적 신앙인 정령숭배(애니미즘, Animism)의 요소가 혼 재되어있다. 기본적으로 쁘쭘번 축제는 우안거를 마친 승려들에게 새로운 가사와 음식을 공양하는 것에서 출발하지만, 실상은 각 가정 에서 조상들의 영혼을 위로하는 우리나라의 "제사"와 같이 조상(祖 上)을 기념하는 명절에 가깝다는 점에서 추석과 유사한 부분이 있다 (그림 1). 앙코르 시대에도 조상들을 숭배하는 관습이 있었다는 사 실을 기억하면, 쁘쭘번 축제는 불교의 형식을 빌었지만, 캄보디아 토착적인 전통 행사로서 그 역사가 매우 깊다.

특히 거의 3개월에 걸친 우기 동안 바깥출입을 하지 않고 명상과 경전 공부에 몰두했던 승려들을 공양한다는 의미는 이른바 내세의

그림 2. 쁘쭘번 명절에 승려들에게 음식공양을 하는 모습.

재생을 위한 공덕을 쌓아야 하는 불교도의 중요한 행사이다. 그래서
이 축제 기간 동안 캄보디아의 사원은 사람들로 붐비게 된다. 새로
운 가사와 특히 음식 공양은 쁘쭘번 축제의 핵심이다(그림 2). 여기
에 각 가정에서는 자신들의 조상과 친족의 망자들을 음식으로 공양
한다. 쁘쭘번이 시작되는 날은 불교에서는 지옥의 문이 열려 환속되
지 못한 불쌍한 영혼들이 잠시 방출되는 것으로 여긴다. 원래 고대
인도의 베다 신화에 등장하는 지옥과 사후세계를 다스리는 야마
(Yama, 염라대왕)가 이 날에 특별히 지옥에서 온갖 고생을 해온 영혼
을 잠깐이나마 세상으로 내보내는 것으로 따라서 굶주린 영혼에 대
한 음식 공양은 필수적이다.

축제는 15일 동안 열리지만, 첫날부터 14일까지는 각 가정별로
"깐번(kan ben)"이라 불리는 음식 공양을 사원에서 승려들과 함께
올린다. 제를 올리는 날이 결정되면, 하루 전에 각종 음식을 준비하

그림 3. 음식 공양 장면. 음식 공양은 땅 위에 자리를 깔고 이루어지기도 한다. 음식 중에는 바나나 잎으로 싼 찰밥과 아목도 있다. © Ly Daravuth

고 음식을 담을 제기를 마련한다. 그리고 제사에 초대할 조상들의 명부를 작성하는데 여기에 이름을 올리지 못한 혼령들은 음식 공양에 참여하지 못한다고 믿는다. 그래서 부유한 가정에서는 최대 7대로 거슬러 올라가는 긴 명부를 작성하기도 한다. 제를 올리는 날이 되면 동트기 전 공양 음식을 제단에 놓는다. 형형색색의 다양한 음식을 준비하지만, 그중에서 가장 많이 눈에 띄는 것은 역시 "놈안솜 (nom ansom)"이라 불리는 바나나 잎에 싼 찹쌀밥이다. 요즘은 캄보디아 주요 관광지에서 관광객에게 판매하기도 하는 캄보디아 전통 음식으로 널리 알려져 있다. 여기에 각종 향신료를 첨가한 생선찜인 "아목(amok)"이 빠지지 않는다(그림 3).

또한, 자신의 친척이 아닌 굶주린 영혼들을 위해 별도로 찹쌀밥에 참깨를 섞어 만든 조그마한 주먹밥 "바이번(bay ben)"을 사원의 그늘진 구석에 놓아두기도 한다. 오갈 데 없고 돌봐줄 사람이 없어 기아(飢餓)에 허덕이는 영혼인 아귀(餓鬼, 인도에서는 이들을 '쁘레따

그림 4. 주먹밥 바이번의 공양. 사원의 구석진 곳에 굶주린 영혼들을 위해서 공양을 올린다.
© Ly Daravuth

(preta)'라고 하며 대승불교를 통하여 중국에 전래됨)에게도 이 날만큼은 음식 공양을 한다(그림 4). 자정 무렵에는 촛불과 향을 켜고 승려들에게 음식 공양을 하며 승려의 설법과 축복을 받는다.

그믐이 되는 15일째가 쁘쭘번의 하이라이트이다. 축제의 마지막 날은 가정이 아닌 공동체 전체를 위한 의례가 베풀어진다. 해가 지면 모두 사원에 모여 촛불을 밝히고 작은 주먹밥 바이번을 들고 불쌍한 영혼들을 위로하는 위령제를 마을 주민 모두가 함께 올린다(그림 5). 이때 각 사람이 공양하는 바이번이 쌓여 모이게 되는데 쁘쭘번이라는 말은 바로 이러한 장면을 두고 생겨났을 것으로 생각된다.

윤회를 믿는 불교도에게 내세를 위해 공덕을 쌓는 것은 현세의 삶에서 중요한 일이므로, 안거를 마친 승려들에게 새로운 가사와 음식을 공양하는 것은 동남아 상좌불교권에서 공통적으로 나타나는 축제이다. 하지만, 캄보디아에서는 승려의 공양과 함께 사망한 조상

의 영혼에게 음식을 공
양하는 독특한 전통이
가미되었다. 이는 아마
도 1970년대와 80년대
에 걸친 캄보디아 내전
의 결과로 엄청난 사람
들이 사망했던 격동기
를 거치면서 쁘쭘번에
대한 관심이 고조된 것
으로 여겨진다. 소박한
삶을 영위했던 대다수
의 캄보디아인들이 이
유나 동기도 모른 채
억울하게 목숨을 빼앗
겼던 그 슬픔을 승화시

그림 5. 촛불 공양. 쁘쭘번의 마지막 날에 마을 주민
들이 모두 사원에 모여서 촛불을 켜고 바이번을 공
양한다. © Ly Daravuth

키는 의미가 강하게 작용한 것 같다(그림 6).

그럼에도 불구하고, 쁘쭘번은 조상에 대한 무한한 감사가 깃들
여있고, 후손들의 안위를 기원하는 축제이다. 위령제의 성격을 지니
고 있지만, 가족들과 마을 사람들이 모두 한자리에 모여 즐기는 만
남에 대한 감사의 축제이기도 하다. 쁘쭘번 명절은 절기상으로 우리
의 추석과 비슷한 시기에 놓여있어 자칫 한 해 농사의 결실에 대한
감사제로 생각하기 싶지만, 기후가 서로 다른 지역(사실 동남아에선 일
년 내내 농사가 가능하다)이라는 점을 감안한다면 충분히 납득 가능하
다. 하지만, 식구들이 모처럼 함께 모여 조상들의 영혼을 달래는 제
사를 드리며 가족과 공동체의 안녕을 기원하고 감사를 표현한다는
점에서 우리의 추석이 지니는 의미와 전혀 다를 바 없다.

그림 6. 씨엠립의 지뢰박물관에 보관되어있는 각종 유형의 지뢰들. 거의 전세계에서 제작된 지뢰들이 내전과 인도차이나 전쟁을 통하여 캄보디아에 매설되었다. 이러한 지뢰들은 캄보디아인들의 전통적인 삶의 양식을 완전히 바꾸었다.

그림 7. 프랑스 식민지배의 유산으로 여길 수 있는 바게트의 판매 모습. 캄보디아에서 흔히 볼 수 있는 광경으로 캄보디아인들은 점심으로 바게트 샌드위치를 즐겨 먹는다.

    9세기에서 14세기에 걸쳐 대륙부 동남아를 호령했던 크메르 제국의 후손들인 캄보디아인들은 인도문명을 받아들여 독자적인 찬란한 크메르 문명세계를 구축하였지만, 14세기 이후로 주변국가, 즉 태국과 베트남의 세력 진출로 위축되기 시작하였고, 급기야 19세기에는 프랑스의 보호령이 되어 제국주의의 식민 지배를 받으면서 과거의 영광을 재현할 기회를 갖지 못하였다(그림 7).

    독립 이후에도 내전과 더불어 인도차이나 전쟁과 크메르루즈의 학살을 겪으면서 대중들의 삶은 비참한 지경으로 전락하였다. 이러한 역사적 경험 탓에 오랜 기간 힌두교의 지배적 영향에서 벗어나 개인적 구제에 중점을 두는 상좌부 불교에 귀속하는 결과를 낳았고, 우호적인 심성이 엿보이는 겉모습과는 달리 타민족에 대한 강한 배타심이 자리 잡게 되었다. 따라서 근대에 들어서서 극심한 경제난과

그림 8. 캄보디아 수도 프놈펜의 왕궁 앞 강변도로. 해질 무렵 이곳에는 여행객과 더불어 캄보디아의 주요 교통수단인 오토바이를 타고 나들이를 나오는 사람들로 북적된다. 대도시 일상생활의 지루함을 외출과 외식으로 떨쳐버리길 좋아하는 캄보디아의 도시인들이다.

잦은 정치변동의 여파로 전통적인 농경문화와 공동체 질서가 약화
되면서 대도시에서 생활하는 사람이 점차 늘어났다(그림 8). 이러한
도시화와 함께 캄보디아에서도 점차 개인의 생존과 안위에 중점을
두는 경향이 뚜렷해지고 모계 중심 사회의 모습이 강하게 나타나고
있다.

　정치적 타협으로 왕정이 복귀하면서 안정을 되찾은 캄보디아는
훈센 수상의 집권으로 경제 재건에 박차를 가하고 있다. 전체적으로
경직되었던 캄보디아 사회도 전통적인 양식의 관습이 되살아나고
있으며, 캄보디아인들 특유의 공동체 중심의 상부상조의 가치관이
부활하고 있다(그림 9). 그런 배경을 감안한다면, 쁘쭘번과 같은 명
절은 공동체 의식을 강조하는데 더없이 중요한 미풍양속으로 여길
수 있다. 순수한 불교적 종교 행사를 전통적인 관습과 연결시켜 축
제로 발전시킨 것은 동남아에 있어서 역사적 경험이 특별했던 지극
히 캄보디아적인 발상이라고 말할 수 있다.

그림 9. 현대 캄보디아에서는 12세기에 사용되었던 생활도구들이 여전히 발견된다. 오른쪽
바욘 사원의 부조에서 나타나는 삼각형의 화로가 현대 거리에서도 쉽게 찾아볼 수 있다.

그림 10. 캄보디아의 결혼식. 신랑은 친지와 지인들과 함께 예물을 준비하여
신부측을 방문한다.

　　우기가 끝나면 다음 우기가 시작될 때까지 캄보디아 전역은 결
혼식이 거행된다(그림 10). 그러므로 쁘쭘번 명절은 결혼식의 시작
을 의미하기도 한다. 캄보디아의 결혼식은 새로운 가정의 탄생과 함
께 공동체 의식을 반영하는 중요한 사회적 행사이다.

이 글은 『Rainbow⁺』 제 19호(2012)에 게재된 글을 수정 · 보완한 것이다.

필리핀 마라나오 무슬림의 결혼 풍습

김동엽

필리핀은 333년간의 스페인 식민지와 약 50여년의 미국 식민지 기간을 거치면서 서구식 문화가 사회에 깊숙이 뿌리내려 있다. 스페인이 필리핀에 가톨릭을 전파하기 이전에 이미 필리핀 대부분 지역에 전파되어 있었던 이슬람은 식민세력과 지속적인 마찰을 빚으며 저항해 왔다. 이와 같은 세계적 종교들이 전파되기 이전의 필리핀에는 동남아에 널리 퍼져 있던 정령 숭배 신앙(애니미즘, Animism)이 있었으며, 그 바탕 위에 이슬람, 가톨릭, 그리고 기독교적인 요소들이 시대적 배경에 따라 유입되어 상호 혼합함으로써 독특한 문화적 양상을 나타내고 있다.

필자는 필리핀에서 다양한 결혼식을 목격할 기회가 있었다. 마닐라에서 가장 유명한 마닐라 대성당에서 개최된 정통 가톨릭 결혼식도 참관했으며, 정원식 식당을 빌려 기독교 목사님이 집전하는 기독교식 결혼식도 참관할 기회가 있었다. 결혼식의 장소와 후원자들의 면모, 그리고 의상의 화려함 정도에 따라 신랑과 신부 가족의 사회적 지위를 엿볼 수 있다. 또한 필리핀 결혼식에서는 종교적

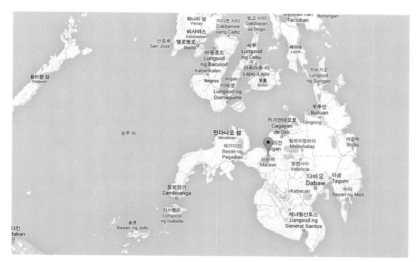

그림 1. 필리핀 민다나오섬 마라위 시의 위치. © Google Map

차이에도 불구하고 결혼식 후원자를 모시고, 곱게 차려입은 신랑 신부의 들러리들을 세우는 모습은 공통적으로 나타나는 듯 했다. 이 글에서는 필자가 2014년 8월 2일 필리핀 민다나오(Mindanao) 섬에 있는 마라위(Marawi) 시에서 참관한 이슬람식 결혼식을 소개하고자 한다(그림 1).

흔히 "호수의 사람들"이라는 의미의 마라나오(Maranao)는 필리핀 무슬림의 한 종족집단을 이르는 말이다. 이들은 필리핀에서 두 번째로 큰 담수호인 마라나오 호수 주변에 살고 있으며, "해류의 사람"인 "따우숙(Tau Sug)"과 "범람원의 사람"인 "마긴다나오(Mag-indanaw)"와 함께 필리핀 무슬림의 주요 세 종족 중의 하나이다(그림 2). 마라나오는 현재 행정구역상 북마라나오(Maranao Del Norte)와 남마라나오(Maranao Del Sur)로 나뉘어 있다. 북마라나오는 인구의 과반수이상이 가톨릭이며, 남마라나오는 무슬림이 대부분을 차지한다. 남마라나오는 1개의 시와 39개의 면으로 나뉘어 있는데,

그림 2. 마라나오 호수의 모습. 필리핀 마라나오 텔 수르. 2014년.

필자가 결혼식을 참관한 장소인 마라위 시는 남마라나오의 중심도
시이자 유일한 시이다.

마라나오 사람들은 필리핀의 다른 무슬림 종족들에 비해 무슬림
정체성이 아주 강하며, 이러한 무슬림 전통에 대해 강한 자부심을
가지고 있다. 그들은 마라나오 종족이 필리핀에서 가장 많은 이슬람
학자들(Ulama)을 배출하고 있으며, 필리핀의 무슬림 밀집 지역인
민다나오를 떠나 마닐라와 같은 다른 지역에 모스크를 세우고 이슬
람을 전파하는 종족은 대부분 마라나오 종족이라고 자랑한다. 언어
와 전통 그리고 생활환경이 상이한 필리핀의 무슬림들은 각자의 종
족적 정체성을 강하게 드러낸다.

가톨릭이 다수를 차지하는 필리핀에서 정치·경제적 소외감이
확산되고 종교적 정체성의 존립이 위협받는다고 느낀 필리핀 무슬
림은 1970년대 초부터 무장 반군세력을 조직하여 활동해 왔다. 이

러한 무슬림 무장반군의 활동은 이슬람 지역을 분쟁지역으로 만들었고, 이로 인해 이 지역은 필리핀에서 가장 낙후된 지역이 되었다. 또한 정부의 경찰력이 제대로 미치지 못하기 때문에 치안이 불안한 지역으로 알려져 있다.

필리핀 무슬림 지역에 대한 이러한 인식은 실제로 내부에서 살고 있는 사람들보다는 외부에서 바라보는 시각에서 더 강하게 작용한다. 반군활동이 본격화되기 이전의 마라위 시는 민다나오의 주요 도시 중 하나로 상당한 번영을 누리던 도시였다. 그러나 반군 활동의 영향권 아래에 속하게 되면서 외부인들의 출입과 투자가 급격히 줄어들었으며, 이는 도시가 경제적으로나 사회적으로 낙후되는 원인이 되었다. 과거에는 마라위 시 인근에 공항도 있었는데 이미 폐쇄된 지 오래되었으며, 지금은 시내에서 약 3시간가량 떨어져 있는 까가얀 데 오로(Cagayan De Oro)에 있는 라긴딩안(Laguindingan) 공항을 이용해야 한다.

마닐라에서 약 1시간가량 비행기를 타고 라긴딩안 공항에 도착해서 마라위시로 가려면 인근 도시들을 거쳐 가는 버스가 있긴 하지만, 외지인의 경우 차량을 렌트해서 이동하는 것이 일반적이다. 특히 무슬림이 아닌 외지인의 경우 현지인 안내자와 동행하지 않는 경우에는 들어가기조차 어려운 지역이다. 현지조사를 위해 마라위시를 방문한 필자는 마닐라로부터 마라나오 출신 학자 한명과 동행했다. 미리 연락하여 공항에 나와 있던 차량을 타고 마라위 시로 이동했다. 마라위 시에 도착하기 위해서는 북마라나오의 중심도시인 일리간(Iligan) 시를 거쳐 가는 데 그 도시는 제법 번창한 모습을 볼 수 있다. 커다란 공장들도 보이고, 거리는 제법 도시의 모습을 갖추고 있으며 대형 쇼핑몰도 눈에 들어왔다.

일리간 시를 벗어나 마라위 시로 향하는 길은 왕복 2차선의 한적

그림 3. 마라위 시 가는 길에 설치된 태블리. 필리핀 마라나오 텔 수르. 2014년.

한 도로로 이어져 있다. 가끔씩 길을 가로막고 있는 경찰 검문소에는 허름한 복장을 하고 있는 사람들이 이동하는 차량에 어떤 사람들이 타고 있는지 살펴보는 듯 했다. 마라위시에 가까워질수록 도로 주변에 특이한 광경이 눈길을 끌었다. 다름 아닌 도로 주변에 사람들의 인물사진이 커다란 포스터처럼 설치되어 있는 태블리(tableau)였다(그림 3, 4). 그 인물사진 포스터에는 축하의 메시지가 함께 새겨져 있다. 주로 변호사나 엔지니어, 혹은 간호사 시험에 합격한 사람들의 모습들이다. 또한 자주 나타나는 포스터에는 이슬람의 화려한 전통복장을 차려입은 사람의 사진이 보이는데, 이는 그 지역 술탄의 취임을 축하한다는 글귀가 쓰여 있다. 이러한 관습에 대해 마라나오 학자는 "마라따밧(maratabat)"이란 마라나오 용어로 설명할 수 있다고 했다. 마라따밧은 "명예"로 해석할 수 있는데, 자신의 가진 것을 남에게 드러내어 크게 보이게 하는 것을 의미하기도 한다. 또한 누군가 자신의 가족 구성원을 욕보였을 때 가족의 명예를 지키기 위해 복수를 해야 하는 것도 마라따밧으로 설명된다. 이와 같은 마라따밧의 관습은 마라나오 사람들 사이에 "리도(rido)"라고 하는 가족들 간의 유혈 보복(feud)을 일으키는 원인이 되기도 한다.

마라위 시에 도착하자 도시라고 하기에는 건물과 거리들이 다소 허름해 보였지만, 사람들의 차림새에서 이슬람 지역이라는 것을 금세 알 수 있다. 동행한 사람의 안내에 따라 마라위 시에서 현재 운영되고 있는 유

그림 4. 술탄 취임의 태블리. 필리핀 마라위 시. 2014년.

일한 호텔이라고 하는 마라위 호텔리조트에 투숙했다. 이 호텔은 마라위시에 위치한 민다나오 국립대학(Mindanao State University) 내부에 위치해서 그나마 안전한 곳이라고 한다. 방갈로 형식의 객실로 이루어진 이 호텔은 이미 리조트의 의미가 없어진지 오래된 듯 했다. 대나무로 지어진 방갈로는 오래되어 대부분의 시설들이 성한 곳이 없다. 하나 있는 풀장도 물은 없고 풀이 자라나 있는 것을 봐서는 사용하지 않은 지 오래된 듯했다. 투숙객들은 거의 없어 호젓하기는 하지만 저녁에는 을씨년스럽기까지 했다.

행정구역상 시(city)로 구분되며, 인구가 약 18만 정도의 도시에 유일하게 운영되는 호텔에 그 정도로 손님이 없다는 것은 이상한 일이 아닐 수 없다. 이것은 이 지역이 이슬람 반군들이 활동하는 분쟁지역으로 간주되어 외부의 사람들이 들어오기를 꺼려하는 지역이기 때문이다. 이곳에 볼일이 있는 사람들은 대부분 북마라나오에 속한 일리간이라고 하는 보다 번화하고 기독교도가 다수를 차지하는 도

그림 5. 도시 중심가의 모습. 필리핀 마라위 시, 2014년.

시에 머물면서 차로 1시간 정도 걸려 이곳에 와서 볼일을 보고 돌아
간다고 한다. 마라위 시의 사람들도 주말에 대형 쇼핑몰이 있는 일
리간 시에 나가 쇼핑을 하거나 볼일을 보는 경우가 많다고 한다. 이
러한 양 도시간의 발전격차와 이로 인한 경제적 의존 관계는 필리핀
무슬림 공동체의 단면을 보여주는 현실이다(그림 5). 어둠이 내리기
시작하는 오후 6시쯤이 되자 아랍의 도시에서나 들릴 듯한 기도시
간을 알리는 주문과 같은 소리가 확성기를 통해 온 도시에 울려 퍼
졌다.

　이처럼 새로운 환경에서의 첫날밤은 어색함과 두려움에 위축되
고, 또한 귓가에서 밤새 울어대는 풀벌레 소리 때문에 제대로 잠이
들지 못했다. 잠자리에서 뒤척이다가 날도 밝지 않은 새벽에 화장실
쪽에서 무언가 소리가 나서 가보니 세면대에서 물이 세고 있었다.
세면대 밸브가 망가진 것 같아 올라오는 물을 막기 위해 아래쪽에

있는 밸브를 잠그려 힘을 주었더니 그만 밸브가 낡아 떨어져 나갔다. 물이 쏟아지고 화장실 바닥에 금세 물이 차올랐다. 배수가 제대로 되지 않아 물이 곧 방으로 넘칠 것 같았다. 급히 관리실에 전화를 넣어 상황을 설명하고, 임시방편으로 바가지로 바닥의 물을 퍼서 욕조로 부었다. 손님의 급한 마음은 아랑곳 하지 않고, 한참이 지나 관리인 부부가 느긋하게 나타나 살피더니, 방을 옆에 있는 다른 방갈로로 옮기라고 했다. 낯선 곳에서의 신고식이라 생각하고 간단하게 꾸려간 짐들을 챙겨 다른 방갈로로 옮겼다. 그 때는 이미 아침이 밝아온 후였다. 새로 옮겨간 방갈로도 별반 다를 바는 없었지만, 다른 선택의 여지가 없었다. 이렇게 마라위 시에서의 어색하고 불편한 첫날밤이 지났다. 다음날 밤에는 모기와 씨름하느라 또 잠을 설쳤다. 관리인에게 말하니 모기 스프레이를 하나 내주었다. 스프레이를 잔뜩 뿌리고 문을 닫아 둔 채 밖에 나갔다 돌아와 보니, 모기는 물론 방과 욕실에서 기어 다니던 개미들까지 모두 죽어 있었다. 이후의 남은 밤들은 제대로 잠을 잘 수 있었다.

호텔에 머무는 기간 동안 아침과 저녁은 호텔 내에 있는 식당을 이용했다. 보통 다른 지역 같았으면 자유롭게 밖으로 나가 거리를 구경하다 마음에 드는 식당에 들어가 식사를 했을 텐데, 이곳은 치안상의 문제로 혼자서 호텔 밖을 나가지 말라는 당부를 받은 터라 어쩔 수 없었다. 호텔 식당은 한 쪽으로 주방이 있고 홀은 외부와의 벽이 따로 없이 개방되어 있는 동남아에서 쉽게 만날 수 있는 식당 구조였다. 식당의 일부 집기들은 통나무를 잘라 만들어져 있고, 저녁에는 가끔씩 정전이 되기도 하지만 등불이 나름대로 운치를 자아냈다. 그 넓은 리조트 호텔에 투숙객이 거의 없다 보니, 사무실 직원과 식당 직원, 그리고 청소하는 관리인들과도 곧 친숙하게 되었다. 사무실에서 무슬림 모자를 쓰고, 얌전하게 말하는 매니저 마이클은 알고 보니 무슬림이 아니라 가톨릭이었다. 민다나오국립대학을 졸업하고 아는 친척이 소개해서 이 호텔에서 일하게 되었다고 했다. 그의 말에 따르면, 이 호텔에서 일하는 사람들 절반가량은 무슬림이 아니라 가톨릭이라고 했다. 목요일 저녁에 식사를 하기 위해 식당에 가보니 사람들이 식당 한쪽에 무대를 설치하고 화려한 천과 꽃들로 장식을 하고 있었다. 토요일에 있을 결혼식을 이틀 전부터 준비하고 있는 중이라고 했다.

토요일에 결혼식이 있을 것이라는 사실을 알고, 마라나오 무슬림들의 결혼 풍습에 대해 호기심이 들었다. 그 때부터 마라나오 결혼의식에 관련된 사항들을 사람들에게 묻기 시작했다. 무슬림들은 가톨릭이나 기독교도처럼 교회당에서 결혼예식을 하지 않고, 다른 장소를 예식장으로 꾸며서 한다. 마라위 시에서는 결혼하는 사람들의 사회적 신분과 경제적 여력에 따라 결혼식을 올리는 장소에 차이가 난다. 이 지역의 유력자 가문의 경우에는 번화한 도시로 나가 결혼을 올리지만, 일반적으로 중상층 사람들에게는 필자가 머물렀던 그 도시의 유일한 호텔 식당이 결혼식 장소로 인기 있는 곳이라고 했다. 호텔 식당을 빌릴 여유가 없는 중하층민들은 시내에 있는 회관이나 식당을 빌려 결혼식을 개최한다고 한다. 오래된 기록에 따르면, 필리핀의 전통적인 결혼식은 신부의 집에서 치러지는 것으로 알려져 있다. 아직도 일부 사람들은 자신들의 집에서 결혼식을 올린다고 했다.

결혼식을 참관한 날 저녁에 식사를 마친 후 마라나오 결혼예식에 대해 상세한 얘기를 듣고 싶어서 호텔 사무실에 들렀다. 호텔 매니저는 마라나오 출신이 아니라서 잘 모르고, 대신에 호텔에서 일하는 마라나오 사람 두 명을 불러주었다. 그들은 마라나오의 전통적인 혼인 관습에 관해 자세하게 설명해 주었다. 우선, 마라나오 사람들

그림 6. 결혼식 알림판. 필리핀 마라위 시. 2014년.

은 남녀 간에 직접 만나 연애를 하든 중매인을 통해 소개를 받든 혼
인 얘기가 나오면 양측 가족 사이를 오가며 의견을 전달하는 중개인
을 둔다고 한다. 이 중개인의 가장 중요한 임무는 남자 측에서 여자
측에 전달할 "다우리(dowry, 지참금)"의 액수를 정하는 일을 중간에
서 오가며 돕는 것이다. 남자 측 가족이 일정한 금액을 제시하고, 이
를 여자 측 가족이 수용하는 형식인데, 경우에 따라서는 금액에 합
의가 되지 않아서 결혼이 무산되기도 한다. 보통 남자 측 가족의 경
제적 여력을 고려하여 다우리 금액이 결정된다. 이 다우리로 여자
측에서는 결혼예식에 드는 온갖 비용을 충당하고, 나머지는 결혼한
신혼부부를 위해 사용한다. 경우에 따라서는 남은 다우리로 신혼부
부가 거주할 집이나 농사를 지을 땅을 구입하기도 한다.

　양측 간에 다우리 금액에 대한 합의가 이루어지면, 우리의 상견
례처럼 양가 가족들이 한자리에 모여 결혼 예식에 관한 구체적인 사
안을 논의한다. 이 모임에서도 남자 측 가족은 "깐또리(cantory)"라
는 이름으로 돈 봉투나 음식물을 준비하여 여자 측 가족에게 전달한

그림 7. 마라나오 술탄의 저택 또루간 전경. 필리핀 마라위 시. 2014년.

다. 그 금액은 다우리처럼 크지 않으며, 수백에서 수천 페소 정도이다. 이 자리에서 결혼 예식을 올릴 장소와 시간, 그리고 초청할 인사들 등 결혼예식에 관한 모든 사안들이 결정된다.

필자가 참관한 결혼식의 신랑은 자자(Jaja)이며, 신부는 젠(Jen)이다(그림 6). 필리핀 사람들은 자신들의 이름을 부르기 쉬운 약자(닉네임)로 사용하는 경우가 일반적이다. 결혼식 당일 아침 일찍부터 조용하던 호텔에 아이들이 모여들고, 많은 차량과 사람들로 인해 오랜만에 호텔 내부에 생기가 돌았다. 결혼식에 오는 하객들은 화려한 이슬람 전통의상을 입고 있으며, 신랑과 신부에게 축하의 의미로 선물들을 가져와 예식장 한 쪽에 준비된 탁자 위에 놓아둔다. 선물은 생필품이 주를 이루지만 간혹 보석이나 돈을 가져와 전달하는 경우도 있다고 한다. 신부는 이미 호텔의 한 방갈로에 들어가 있다. 호텔의 각 방갈로마다 이름이 붙어 있는데, 신부가 들어가 있는 방갈로는 "또루간(torogan)"이다(그림 7). 또루간은 마라나오 전통사회

에서 술탄의 저택을 의미한다. 신부의 아버지는 하객들과 함께 예식
장에서 신랑을 기다리고 있다.

호텔의 출입문 앞에는 아침 일찍부터 젊은 남자들이 길 가운데
테이블을 하나 가져다 놓고 길을 가로막고 있다. 신부의 남자 친척
들인 이들은 신랑이 도착하기를 기다리며 일반 하객들의 출입은 막
지 않는다. 신랑을 태운 차가 다가오고 누군가 차에서 내려 이들과
이야기를 나누더니 준비한 돈을 전달했다. "란똥(lantong)"이라고
하는 이 돈은 딱히 금액이 정해져 있지는 않으며 경우에 따라서 결
정된다. 이번 결혼식에서는 10,000페소(약 250,000원)로 정해서 미리
테이블 앞에 금액을 써서 요구하는 것을 볼 수 있다(그림 8). 이 돈
은 모두 신부측 가족에게 전달되어 결혼식 비용에 사용된다. 란똥을
지불하고 호텔 출입구를 통과한 신랑의 차는 곧장 예식장으로 가서
신부의 아버지를 만난다. 하객들이 모여 있는 그곳에서 신랑은 신부
의 아버지와 악수를 나누며 신부를 잘 보살피겠다는 약속을 한다.
그리고 신랑은 다시 차를 타고 신부가 머물고 있는 방갈로로 간다.
신랑이 신부를 데리고 다시 모습을 나타내기 전까지 식장에 남아있
는 하객들을 위해서 사회자가 신랑과 신부의 약력, 그리고 저들의

그림 9. 예식을 위해 신부를 방에서 데리고 나오는 모습. 필리핀 마라위 시. 2014년.

가족배경 등에 대한 상세한 설명을 한다. 식장에는 은은한 음악을 틀어 놓아 하객들이 무료해 하지 않도록 배려한다.

신부가 머물고 있는 방갈로에 도착한 신랑은 방문 앞을 가로막고 있는 신부의 여자 친척들에게 "라카스 기븐(Lakas Given)"이라고 하는 일정한 금액의 돈을 지불해야만 저들이 방문을 열어준다. 마치 호텔 정문을 통과할 때 남자 친척들에게 지불했던 것과 흡사하게 이제는 여자 친척들이 이를 담당한다. "란똥"과 마찬가지로 "라카스 기븐"도 신부 측 가족에게 전달되어 결혼식 비용으로 사용된다.

라카스 기븐을 지불하고 신랑이 드디어 신부가 있는 방으로 들어가서 기다리고 있는 신부의 손을 잡고 포옹을 하면 결혼이 성사된 것으로 간주한다. 신랑과 신부는 인사를 나누고 방에서 나와 하객들이 기다리는 예식장으로 간다. 이때 신랑과 신부의 들러리들도 밖에 기다리고 있다가 함께 예식장으로 간다(그림 9).

예식장에 들어갈 때에는 들러리들이 먼저 입장하고 맨 나중에 신랑과 신부가 함께 입장하여 예쁘게 장식된 단상의 의자에 자리를 잡는다. 마라나오 무슬림 결혼식에서 후견인과 들러리를 세우는 모습은 좀 의외로 생각되어졌다. 이러한 결혼 풍습은 스페인 식민지로부터 유례된 것으로 보이는데, 스페인 식민지 기간 내내 저항해 온 무슬림들이 이러한 풍습을 따르는 것이 의아했다. 게다가 들러리들의 복장은 무슬림 전통의상이 아닌 스페인으로부터 전수되어 필리핀의 전통의상이 된 "바롱 따갈로그(Barong Tagalog)"였다. 이러한 모습은 가톨릭이 다수인 필리핀으로부터 독립을 추구하는 저항적인 필리핀 무슬림들의 모습과는 사뭇 차이가 있었다.

신랑과 신부가 예식장에 도착하면 사회자의 안내에 따라 축하연설이 이어진다(그림 10). 연사로는 이슬람 종교인인 알림(Alim), 지역의 정치인, 그리고 지역 유지들이 차례로 나와 연설을 한다. 가끔

그림 10. 예식장에 도착한 신랑과 신부. 필리핀 마라위 시. 2014년.

씩 영어를 섞어서 말하는 소리를 들을 수 있지만 대부분 마라나오 언어로 연설을 하는데, 단순히 결혼을 축하하는 덕담 정도가 아닌 듯 했다. 연설의 톤이나 길이 등으로 비춰보아 종교적인 문제나 정치적인 문제를 심각하게 전달하는 듯한 모습이었다. 그 지역의 정치인으로 소개받고 등장한 한 여성은 마치 선거 유세를 하는 듯했다. 공중이 모이는 장소에서 정치적인 사안을 얘기하는 것은 필리핀 무슬림 공동체에서 일반적인 모습이 아닌가하는 생각도 들었다. 본 결혼식 전날이 금요일이라서 무슬림들의 예배가 있었는데, 필자가 목요일에 인터뷰를 했던 민다나오국립대학 교수이자 하원의원 선거에도 나갔던 사람이 금요 예배의 연사로 초청받았다는 말을 들었다. 아무튼 결혼식장에서의 연설은 길고 지루하게 이어졌다. 연설이 이어지는 가운데 하객들에게는 음식과 음료수가 제공되었다(그림 11).

예식이 모두 끝나고 나면 신랑과 신부는 함께 신부의 집으로 간다. 이때 다양한 음식물과 특별히 쌀을 가지고 간다고 한다. 신부의 집에서는 닭을 요리해서 신혼부부에게 먹이는 풍습이 있다. 신혼부부는 이 닭요리를 먹은 후에 신혼여행을 떠날 수 있다. 이는 신혼부부를 안전하게 지켜주고 자손이 번성하라는 의미를 담고 있다고 한다. 전례에 따르면, 이 때 먹는 닭은 일반적인 닭이 아니고 "사리마녹(Sarimanok)"이라고 부르는 공작과 닭의 중간 정도에 가까운 것으로써 상상에 가까운 동물을 말한다. 이 동물은 마라위 시의 상징 동물로서, 이러한 형상이 새겨진 조형물을 도시 곳곳에서 만날 수 있다(그림 12). 오늘날에는 이러한 요리를 먹는 풍습이 많이 사라져 가고 있다고 한다.

신혼여행을 마치고 부부는 신부의 집으로 돌아오는데, 여기에서 신부의 부모는 예식비용에 사용하고 남은 다우리를 신혼부부가 어떻게 사용할지에 대해 함께 논의한다. 남은 금액의 규모에 따라서

그림 11. 축하 연설을 들으며 식사하는 결혼식 하객들. 필리핀 마라위 시. 2014년.

신혼부부가 살 집을 짓는다든가 땅이나 가게를 장만하기도 한다. 신혼부부를 위한 집을 장만하기 어려운 경우에는 신부의 집에서 신혼살림을 시작한다. 이러한 경우 신랑측 부모가 신혼부부를 자신의 집에서 살도록 하기를 원한다는 의사를 전하고 신부측 부모가 이를 숙고하여 허락하면 신랑측 집에 가서 신혼살림을 시작한다. 일반적으로 필리핀에서 도시가 아닌 시골의 경우 자식이 결혼을 하면 부모의 집 근처에 작은 집을 지어 분가 시키고, 자식들은 이웃에서 함께 부모를 돌보는 변형된 확대가족 제도가 일반적이다. 그러나 도시생활처럼 새로운 집을 마련하는 것이 수월치 않은 경우에는 같은 집에서 생활하기도 한다.

필자가 마라위 시에서 목격하고 탐문한 결혼과 관련된 풍습은 필리핀의 전통적인 풍습과 근대화 과정에서 첨가된 외부적인 요소들이 혼합되어 나타나는 것을 볼 수 있었다. 보수적일 것만 같은 무슬림 사회의 결혼풍습이 동남아의 전통적 관습을 많이 담고 있음을

그림 12. 사리마녹 상이 장식된 조형물.
필리핀 마라위 시. 2014년.

또한 볼 수 있었다.

동남아는 전통적으로 여성의 사회적 지위가 높은 것으로 알려져 있다. 이러한 동남아의 전통은 인근의 거대문명인 중국과 인도의 영향을 받으면서도 크게 변화하지 않은 것을 볼 수 있다. 특히 오랜 교류를 통해 동남아 사회와 문화에 깊이 뿌리 내리고 있는 중국의 영향에도 불구하고 유교의 남존여비 사상과 가부장적 질서는 동남아 사회에 수용되지 않았음을 알 수 있다. 또한 동남아는 인도의 힌두교로부터 전통적인 신앙체계를 형성하는 데 많은 영향을 받았으며, 인도에서 전파된 불교는 오늘날에도 많은 동남아인의 정신세계를 지배하고 있다. 그러나 힌두교의 근간이 되며 사회적 신분질서를 명확히 구분하는 카스트제도는 평등사상을 기반으로 하는 동남아에 들어와 뿌리를 내리지 못했다. 결혼풍습과 관련해서도 인도에서는 다우리 제도가 여성이 시집갈 때 마련해 가는 지참금이지만, 동남아에서는 그 반대의 경우가 되어 있음을 볼 수 있다. 마라나오 사람들에게 다우리는 어떠한 의미를 가지고 있느냐고 물었을 때, 저들은 그동안 신부의 부모가 정성들여 키운 딸에 대한 보답의 의미를 가진다고 대답했다.

우리나라에서 동남아 여성들과의 국제결혼이 본격적으로 시작된 지 이미 10여년이 넘고 있다. 이미 우리의 생활 주변에서 이러한 다문화 가정을 어렵지 않게 발견할 수 있다. 그러나 우리나라 사람들이 동남아 출신 신부를 맞이하고 생활하는 과정에서 문화적 차이로 인한 오해가 발생하는 경우가 많다. 마라나오 사람들의 결혼풍습에서 볼 수 있듯이, 결혼을 할 때 신랑이 신부의 부모에게 다우리라는 명목으로 돈을 전달하는 것이 오랜 전통이다. 그러나 우리의 관점에서는 이를 마치 돈을 주고 신부를 사오는 것으로 생각하는 경우가 많다. 또한 필리핀의 일반적 전통에 따르면, 결혼한 부부에게는 남편과 아내 양측 가족 모두를 동등하게 돌볼 책임과 의무가 있다. 이를 소홀히 할 경우에는 이혼의 사유가 된다. 이러한 전통은 우리나라의 출가외인이라는 남성 중심적 시각과 큰 차이가 있음을 볼 수 있다.

동남아 출신 신부들이 한국에 와서 스스로 일을 해서라도 자신이 떠나온 가족들을 돌보려 하는 것은 이러한 문화적 전통에 근거한다. 동남아에서는 일반적으로 여성들의 사회적 활동이 활발하고, 또한 남녀 간의 차별의식도 거의 존재하지 않는다. 동남아 출신 여성들이 한국에 시집와서 집안 살림만 하도록 강요당하는 것으로 인해 갈등이 발생하는 것도 이러한 문화적 배경에 근거한다.

오늘날 우리사회는 급속히 다문화 사회로 변화하는 과정에 있으며, 이는 또한 다양한 사회적 문제들을 낳을 수 있는 여지를 담고 있다. 이를 미연에 방지하고 보다 조화로운 사회를 만들어 나가기 위해서는 우리의 가족이나 이웃으로 살고 있는 외국인들의 문화적 다양성에 대한 이해의 폭을 넓히는 노력이 필요하다.

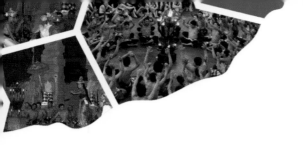

지상 최후의 낙원 발리 섬의 "께짝" 공연

김예겸

그림 1. 인도네시아 발리 섬의 위치.

1908년, 발리(Bali) 섬의 끌룽꿍(Klungkung) 왕국이 네덜란드에 의해서 붕괴되면서 발리 섬의 대부분 지역이 네덜란드의 통치하에 놓이게 된다(그림 1). 이후 발리 섬은 네덜란드에 의해서 "발리 힌두(Balinese Hinduism)" 문화의 "살아있는 박물관 (living museum)"으로서 이미지가 형성되기 시작하였고, 1920년대 이후에는 보다 구체적으로 관광의 목적 하에서 발리 힌두 문화의 이국적인 "낙원"의 이미지가 국제적으로 홍보되었다.

이 시기를 전후하여 발리 섬을 방문한 서구 여행가나 예술인들은 이러한 맥락에서 발리 섬을 묘사하면서 발리 섬의 이국적인 "낙

그림 2. 히크만 포웰의 저서
『발리: 지상 최후의 낙원』의 표지.

그림 3. 빅터 본 플레슨 감독의
〈악마의 섬〉 포스터.

원"의 이미지 형상화에 기여하였다. 미국인 작가 히크만 포웰
(Hickman Po well, 1990~1966)은 1930년에 출판한 그의 저서 『발리:
지상 최후의 낙원(Bali: the Last Paradi se)』에서 발리 섬을 신비롭
고 이국적인 "지상 최후의 낙원"으로 묘사하였는데(그림 2), 이후
이 수식어는 발리 섬에 대한 전형적인 미사어구가 되었다.

　독일인 영화감독 빅터 본 플레슨(Victor von Plessen, 1900~1980)
은 발리 섬의 발리 힌두 문화와 토착 의례들을 소재로 〈악마의 섬
(Insel der Demonen, 1931)〉을 제작하고 "극화된" 발리 힌두 문화의
"전통적 이미지(authentic image)"를 소개하였다(그림 3).

　장기간 동안 발리 섬에 거주했던 멕시코 화가 미구엘 꼬바루비
아스(Miguel Covarrubias, 1904~1947) 또한 그의 저서 『발리 섬
(Island of Bali, 1937)』과 그의 미술 작품들을 통해서 발리 섬을 평화
롭고 이국적인 판타지로 가득한 "낙원"으로 형상화하였다. 그는
1932년 〈사원을 위한 과일 제물(Ofrecimiento de frutas al templo)〉
이라는 그림을 발표했는데, 화려하고 강렬한 색채를 통해 토속 여인

들의 아름다움을 낭만적으로 표현하였다(그림 4).

"께짝(Kecak)" 공연은 이러한 발리 섬의 이국적 판타지와 "지상 최후의 낙원"이라는 이미지 형상화 과정에서 창안된 전형적인 발리 힌두 문화의 공연예술이다. 발리 섬의 "지상 최후의 낙원" 이미지는 네덜란드 식민정부가 발리 섬을 "살아있는 박물관(living museum)"화하려 했던 "발리나이제이션(Balinization, 서구 오리엔탈리즘을 기반으로 한 발리 이미지 만들기)"의 연장선상에서 나온 것이다. 동시에 이 이미지에 대해서는 서구인들의 오리엔탈리즘(Orientalism)적 판타지와 지적 활동으로 형성된 왜곡된 이미지라는 비판적 인식도 있다. 께짝 공연의 창안은 이렇듯 서구 오리엔탈리즘적인 "지상 최후의 낙원" 이미지 형상화 과정의 연장선상에서 인식되기도 하지만, 오늘날 관광객들 사이에서 "불의 춤(Fire Dance)" 또는 "원숭이 춤

그림 4. 꼬바루비아스, 〈사원을 위한 과일 제물〉, 1932년.

(Monkey Dance)"으로도 알려지면서 현대 발리 관광에 있어서 빼 놓을 수 없는 관람거리로 자리매김하고 있다.

께짝 공연

께짝 공연은 일반적으로 관광객을 대상으로 "신성한" 공간인 발리 힌두 사원을 배경으로, 해질 무렵인 오후 6시경부터 시작하여 1시간가량 진행된다. 께짝 공연은 발리 힌두 사제(pemangku)가 신들에게 기도를 올리고 공연 장소에 성수(聖水, tirta pamastu)로 축복을 한 후 시작되며, 청동제 타악기로 구성된 가믈란(gamelan)이나 악기를 반주로 사용하지 않고 대신에 남성들의 육성합창인 "짝(cak)"을 배경음악으로 삼는다. 수십여 명의 남자들이 등불 주변에 둥그렇게 둘러 앉아 "께짝, 께짝, 께짝, 께짝, … 짝, 짝, 짝, …"이라고 합창을 하다가, 몽환적인 리듬에 맞추어 저음의 합창을 하는가 하면, 때에 따라서는 돌발적인 리듬에 맞추어 합창을 하기도 한다(그림 5, 6, 7).

합창이 진행되는 동안 중앙의 빈 공간에 무희들이 나와서 인도 서사시로 잘 알려진 발미끼(Valmiki)의 『라마야나(Ramayana)』 내용을 상연한다. 께짝 공연의 마지막은 일반적으로 원숭이 영웅인 하노만(Hanoman, 발미끼 라마야나의 하누만)이 악의 무리를 무찌르는 드라마틱한 장면을 끝으로 막을 내린다. 공연이 끝나면 승려가 다시 나와서 기도를 올려 공연 중에 나타났던 영혼들이 평안히 돌아가도록 기원한다.

발리 섬의 께짝 공연에 나타나는 라마야나 이야기는 일반적으로 아래와 같이 [K-1]부터 [K-5]까지의 장면 내용들로 구성되며, 이

그림 5. 1930년대
마을 공동체 사원에서
상연되는 께짝 공연.
©Collectie Tropenmuseum

그림 6. 1953년
유럽 관광객들 앞에서
상연되는 께짝공연.
©Collectie Tropenmuseum

그림 7. 께짝 공연 도중
남성의 육성 합창 장면.
발리섬 울루와뚜 사원.
2011년.

내용들이 상징적으로 축약되어 공연예술 형식으로 표현된다. 하지만 지역에 따라서 그 내용은 조금씩 다르게 표현되기도 하며, 구성이 달라지기도 한다. 예를 들어 울루와뚜(Uluwatu) 사원에서 공연되는 께짝에서는 [K-4]가 [K-5]로 전개되지 않고, "불의 춤" 요소가 드라마틱하게 극대화되었다가 공연이 마무리 된다. 따나롯(Tanah Lot) 사원과 께짝 공연의 본산지로 알려져 있는 보나(Bona) 마을의 께짝 공연에서는 공통적으로 [K-5]에서 "불의 춤" 요소가 드라마틱하게 극대화된다. 또한 따나롯 사원의 께짝 공연에서는 라마(Rama)의 동맹군이 하노만이 이끄는 원숭이 군대로 표현되지만, 보나 마을의 께짝 공연에서는 수그리와(Sugriwa, 발미끼 라마야나의 수그리바)가 이끄는 원숭이 군대와 신조(神鳥) 가루다(Garuda)로 표현되어 있다.

[K-1] 라마, 시따, 락스마나, 황금사슴

아요댜(Ayodya, 발미끼 라마야나의 아요디야) 왕국의 왕자인 라마는 부인 시따(Sita), 남동생 락스마나(Laksmana, 발미끼 라마야나의 락슈마나)와 함께 유배지인 단다까(Dandaka)에 도착한다. 어느 날 악마의 제왕인 라와나(Rahwana, 발미끼 라마야나의 라바나)가 시따를 발견하고 흑심을 품게 된다. 라와나는 그의 재상(宰相) 마리짜(Marica)와 함께 시따를 납치할 계략을 꾸민다. 마리짜는 마술을 써서 황금 사슴으로 변신하여 나타난다. 시따가 라마에게 자신을 위해 사슴을 잡아달라고 하자 라마는 시따를 락스마나의 보호 아래 두고 떠난다. 곧 도움을 청하는 소리가 숲속으로부터 들려온다. 시따는 그 소리가 라마라고 생각하고 락스마나에게 그를 도우라고 요청하지만 락스마나는 시따를 혼자 남겨두는 것을 염려한다. 그러나 라마가 죽으면 시따와 결혼하려고 한다는 오해를 받자, 화가 난 락스마나는 시따를 혼자

그림 8. 께짝 공연. [K-1]의 한 장면. 발리 섬 울루와뚜 사원. 2011년.

남겨두고 숲속으로 떠난다(그림 8).

[K-2] 시따, 라와나, 바가완, 가루다

라와나가 등장해 시따를 납치하려고 시도한다. 첫 번째 납치에 실패하자 라와나는 목마른 노인 바가완(Bagawan)으로 변신하여 시따에게 접근한다. 그는 시따에게 물 한잔을 달라고 한다. 시따는 그를 불쌍히 생각해 한 잔의 물을 건네준다. 그러나 갑자기 그 노인은 시따를 납치한다. 시따는 도와달라고 울부짖고, 그 소리를 신조(神鳥) 가루다가 듣는다. 가루다는 시따를 구하고자 라와나에 대항해 싸우지만 실패하고 날개에 큰 부상을 당한 후, 간신히 라마에게 시따의 납치 소식을 전해준다. 라와나는 시따를 그의 왕국인 알렝카(Alengka)로 데려간다(그림 9).

그림 9. 께짝 공연 [K-2]의 한 장면. 발리 섬 울루와뚜 사원. 2011년.

[K-3] 라마, 락스마나, 하노만

시따를 구출하러 가던 중 라마와 락스마나는 하인들과 함께 아요댜 뿌라(Ayodya Pura) 숲에서 길을 잃고 헤매다가 원숭이 군대의 장군인 하노만을 만난다. 라마는 하노만에게 알렝카에 붙잡혀있는 시따를 찾아보라고 요청한다. 하노만은 시따에게 보여줄 증표로서 라마의 반지를 가지고 알렝카로 떠난다(그림 10).

[K-4] 시따, 뜨리자따, 하노만

라와나의 조카인 뜨리자따(Trijata)가 위로를 해주기도 하지만, 시따는 라와나의 궁전 정원에서 자신의 처지를 비관하면서 탄식한다. 이때 하노만이 나타나 시따에게 라마의 반지를 보여준다. 시따는 하노만에게 자신의 머리핀과 라마의 구출을 기다리고 있겠다는 메시지를 함께 전한다.

[이하는 울루와뚜 사원의 께짝 공연에만 추가되는 부분이다.]

라마에게 돌아가던 중, 하노만은 라와나의 궁전을 파괴하고 알

그림 10. 께짝 공연 [K-3]의 한 장면. 발리 섬 울루와뚜 사원. 2011년.

렝까 도시에서 혼란을 야기시킨다. 알렝까의 가신들은 혼란을 야기
한 자를 잡아오라고 지시한다. 그들은 결국 하노만을 붙잡아서 화형
에 처한다. 그러나 하노만는 신비로운 힘 때문에 결국 죽음에서 벗
어나게 된다(그림 11).

[K-5] 라마의 동맹군과 라와나의 군대

라마의 동맹군은 알렝까로 진격하여 라와나와 최후의 전쟁을 치
르게 된다. 결국, 라마는 치열한 전투 끝에 동맹군의 도움으로 라와
나와 그의 아들 머가나다(Meganada)가 이끄는 악마 군대를 격퇴시
키고 시따를 구출한다(그림 12).

께짝 공연의 창작 시기와 주체

께짝 공연의 창작 시기와 주체에 대해서는 논란의 여지가 있다.

그림 11. 께짝 공연 [K-4]의 한 장면. 발리 섬 울루와뚜 사원. 2011년.

일본 연구자들의 자료를 토대로 문화사학자 가종수에 의하면, 1930
년대에 독일인 화가 월터 스피스(Walter Spies, 1895~1942)가 인도서
사시 라마야나를 토착 강신 의례인 "상향(Sanghyang)"의 남성 육성
합창 "짝"과 조합하여 창작한 미디어용 공연예술이라고 소개했다고
한다. 이는 독일인 영화감독 빅터 본 플레슨의 1931년 영화 〈악마의
섬〉에서 발리의 이국적인 풍습과 예능을 소개하기 위한 것이었고,
이 영화가 개봉된 이후 께짝 공연이 외국인 관광객들 사이에서 급속
도로 유명해졌다고 전한다. 문화인류학자 미쉘 삐까르(Michel
Picard)는 1920년대 말 기아냐르(Gianyar) 지역 베둘루(Bedulu) 마
을 출신인 와얀 림박(Wayan Limbak, 1910~2003, 그림 13)과 월터 스
피스(그림 14)가 토착 의례인 "바리스(Baris, '전사의 춤'이라고 불리는
토착 의례이자 발리 남성 무용의 의례용 공연예술)"에서의 남성 무희의 움직

그림 12. 께짝 공연 [K-5]의 마지막 장면. 발리 섬 기야나르 마을 공동체 사원. 2012년.

임, 가믈란(gamelan)을 대신하는 남성 육성합창 "짝"의 요소 및 인도서사시 라마야나의 조합을 이미 시도하고 있었고, 〈악마의 섬〉 영화를 위해서 월터 스피스가 좀 더 드라마틱한 요소를 가미했다고 설명한다.

  미쉘 삐까르에 의하면 이와 비슷한 시기에 기아냐르(Gianynar) 지역의 보나 마을에서도 께짝이 본격적으로 발전하기 시작하여 외국 관광객들에게 공연되기 시작하였고, 1960년대에는 "센드라따리 라마야나(Sendratari Ramayana)", 즉 1961년 자바 섬 족자카르타 (Yogyakarta)에서 창안된 "라마야나 발레(Ramayana Ballet)"의 영향으로, 라마야나의 요소가 강화되었다. 1970년대에 들어와서는 "천사의 춤(Angel Dance)"이라고 불리는 "상향 드다리(Sanghyang Dedari)"의 소녀 무희의 요소와 "불의 춤", 혹은 "말(馬)의 춤"으로 알려진 "상향 자란(Sanghyang Jaran)"의 "불(火)"의 요소를 가미하

그림 13. 노년의 와얀 림박. 2003년.　　　그림 14. 월터 스피스. 1939년.

여 드라마틱한 효과를 극대화했는데, 이것이 오늘날 관광객들에게 공연되는 께짝 공연의 원형이 되었다고 전한다. 민족음악학자인 켄드라 스테푸탓(Kendra Stepputat)도 미쉘 뻬까르의 주장을 뒷받침하고 있다.

반면에 발리 공연예술가인 와얀 디비아(Wayan Dibia)에 의하면, 일단의 발리 현지인 공연예술가들이 께짝 공연의 원형인 "짝"을 네덜란드 식민통치 이전부터 이미 기아냐르(Gianyar) 지역의 보나 마을에서 일상적인 종교의례로서 상연했으며, 1930년대에는 보나 마을 출신 공연예술가인 구스띠 라낭 오까(Gusti Lanang Oka)와 능아 무르다야(Nengah Murdaya)가 라마야나를 "짝"에 맞추어 개편해서 께짝을 창안했는데, 이것이 오늘날 관광객들에게 공연되는 께짝 공연의 근간을 이루었다고 주장한다. 실제로 1930년대에 보나 마을에서 공연되었던 께짝에는 라마야나 중에서 선택적으로 각색된 "시따의 납치" 이야기가 주를 이루었다. 반면에 와얀 림박이 이끌었던 베둘루 마을의 께짝 공연에서는 라마야나의 한 줄거리 중에서도 악의 제왕 라와나의 동생 꿈바까르나(Kumbakarna)와 라마의 치열한 전투를 묘사한 "꿈바까르나(Kumbakarna)의 죽음" 이야기가 주를 이루고 이룬다. 이와 같은 마을 별로 라마야나 이야기를 선택적으로 각색하고 있다는 점은 발리 공연예술가인 와얀 디비아의 주장을 뒷받침하고 있는 듯하다.

오늘날 관광객들에게 공연되는 께짝 공연에서는 시따의 납치 이야기가 주를 이루며, 꿈바까르나의 죽음 이야기는 거의 발견되지 않는다. 또한, 월터 스피스가 제작에 참여한 1931년 영화 〈악마의 섬〉에는 일반적으로 알려진 바와 같은 께짝 공연이 아닌, 상향 드다리가 등장한다는 사실 또한 발리 현지인 공연예술가들의 주장을 뒷받침하는 듯하다.

그럼에도 불구하고, 상기된 주장들만으로는 언제 누가 먼저 께짝 공연을 창안해 냈는지에 대해서 여전히 논란의 여지가 남아있기는 하다. 그렇지만, 오늘날 발리섬의 "관광문화(touristic culture)"를 대변하는 께짝 공연은 식민통치 이전부터 발리사회에 이미 존재해 왔던 토착 종교의례의 요소들을 기반으로 창안되었다는 점과 오늘날의 께짝 공연이 발리 섬의 "관광문화"로 자리매김하기까지 보나 마을을 중심으로 하는 발리 공연 예술가들이 "관광문화" 창출이라는 새로운 수요에 능동적으로 적응해왔다는 점은 분명한 듯하다.

께짝 공연의 구성요소

께짝 공연은 일반적으로 관광 공연예술의 형태로서 토착 강신의례인 "상향"의 몽환적인 남성 육성합창 요소인 "짝" 등의 토착 요소들과 인도서사시 라마야나를 혼종하고 재구성하여 창안되었다고 알려져 있다.

"상향"은 전염병 등으로 인해서 공동체가 위험에 처했을 경우 악령을 쫓기 위해서 무아지경의 신들림(trance) 상태에서 행해지는 다양한 유형의 토착 강신의례를 통칭하여 일컬으며(그림 15), 일반적

그림 15. 상향. © Collectie Tropenmuseum

으로 남성 육성합창인 "짝"의 요소를 포함하고 있다. 발리 섬에는 다양한 유형의 상향이 존재해왔으며, 그 중에서 "상향 드다리"와 "상향 자란"이 주로 공연되어 왔다. 상향은 공동체의 악운이 사라질 때까지 몇 달 동안 매일 밤 몇 시간동안 지속이 되기도 한다. 그러나 관광객들을 위한 께짝 공연은 일반적으로 해질 무렵인 오후 6시경 부터 시작하여 1시간 가량 진행된다.

오늘날 발리 섬의 께짝 공연에 반영된 토착적 구성 요소들 즉, "상향 드다리(소녀 무희의 요소)", "상향 자란(불의 요소)", "바리스

그림 16. 발미끼, 『라마야나』

(남성 합창 인도자의 움직임)", "짝", 또는 "장어(janger)" 등에 대해서는 아직까지도 논란의 여지가 있다. 또한 께짝 공연은 종종 상향의 한 부분인 "짝" 또는 다른 토착 의례인 "장어"와 동일시되거나 혼동되어 인식되기도 하고, 심지어 발리 현지인 공연예술가들과 협력하여 께짝을 창안하는데 지대한 공헌을 했다고 거론되는 독일인 화가 월터 스피스 조차도 유사한 토착 의례인 "상향 드다리"와 혼동하여 인식하기도 했다. 이는 발리 공연예술 및 의례들 간에 존재하는 상징성과 공연기법들의 상호 혼종화, 재구성 및 변용과 무관하지 않다. 반면에 께짝 공연에서 발견되는 두 가지 요소는 상대적으로 분명하게 드러나는데, 하나는 6세기경 이후에 다른 힌두교 문화와 함께 전승되어온 라마야나의 서사적 내용이고, 또 다른 하나는 발리에서 1920년대 이후에 급속하게 진행되어 온 관광의 영향으로 인한 라마야나의 맥락화(contextualization), 즉 혼종화, 재구성 그리고 변용이다.

라마야나는 발미끼(Valmiki)에 의해서 산스크리트어(Sanskrit)로 작성된 총 7편(篇, Kanda) 500장(章, Sarga) 24,000개의 시연(詩聯, Sloka)으로 구성된 인도의 서사시이며, 그 창작 연대는 기원전 6세기까지도 거슬러 올라간다(그림 16). 동남아시아 사회는 기원전 2세기부터 점차적으로 힌두문화의 영향을 받기 시작했으나, 본격적으로 힌두문화를 받아들이기 시작한 연대는 6세기경 이후이며, 이 시기에 힌두문화의 한 요소로서 라마야나를 받아들이게 된다. 궁극적으로 라마야나는 동남아시아 문화의 혼합주의적(syncretic) 문화구성에 있어서 주요한 함축적 영향을 끼쳤는데, 특히 공연예술 구성에 있어서 지대한 영향을 미쳤다.

발리 사회가 언제부터 라마야나를 포함한 힌두교 문화를 받아들였는지는 논란의 여지가 있다. 또한 전달 경로도 "두 번째 인도화"에 따라서 인도네시아 고대 역사의 요충지였던 자바(Java) 섬을 거쳐 발리 섬에 전달되었는지, 아니면 지리적으로 가까운 자바 섬과 같은 시기에 전해졌는지도 논란의 여지가 있다. 하지만 분명한 사실은 오늘날 발견되는 발리 섬의 라마야나는 여전히 발미끼의 라마야나의 주요 구성과 이야기 전개 구조를 유지하고 있다는 점이다. 하지만 다른 형태의 힌두 문화 요소들과 마찬가지로 라마야나는 발리 섬의 토착 요소들과 혼종화되면서 재구성되거나 또는 발리 섬의 사회문화적 맥락과 필요에 따라 변용이 되기도 했다. 이러한 혼종화, 재구성 그리고 변용은 다양한 형태의 라마야나로 승화되었는데, 께짝 공연에 나타나는 라마야나가 그 전형적인 본보기라고 할 수 있다.

의례적 상징성을 지닌 "브발리"로서의 께짝 공연

관광이라는 맥락의 필요와 요구를 염두에 두고 인도서사시 라마야나와 토착 요소들이 서로 혼종화되어 재구성되었기 때문에 께짝 공연이 오늘날 "관광문화"로 인식되고는 있지만, 께짝 공연이 여전히 발리 사회의 토착 세계관과 가치 체계의 테두리 안에서 토착 의례의 상징성을 지닌 공연예술이라는 점은 주목해야 할 부분이다. 그 비근한 예로, 관광객을 위한 께짝이 "신성한" 공간인 사원을 배경으

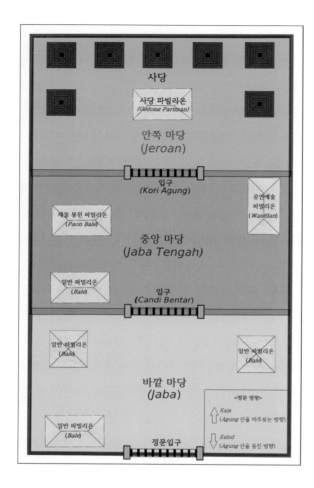

사당

사당 파빌리온
(Gédong Pariman)

안쪽 마당
(Jeroan)

입구
(Kori Agung)

공연예술
파빌리온
(Wantilan)

제물 봉헌 파빌리온
(Paon Bale)

중앙 마당
(Jaba Tengah)

일반 파빌리온
(Bale)

입구
(Candi Bentar)

일반 파빌리온
(Bale)

바깥 마당
(Jaba)

일반 파빌리온
(Bale)

<정문 방향>

↑ Kaja
(Agung 산을 마주보는 방향)

↓ Kelod
(Agung 산을 등진 방향)

일반 파빌리온
(Bale)

정문입구

그림 17.
발리 힌두 사원의
일반적인 공간 구분.

로 공연된다는 점을 들 수 있다. 지금도 발리 섬에서 께짝 공연 장소
로 유명한 곳은 울루와뚜(Uluwatu) 사원, 따나롯(Tanah Lot) 사원
및 기아냐르 지역의 군소(群小) 공동체 사원들이다.

발리 사람들은 공연예술을 "신성함"과 "신성하지 않음"의 가치
체계에 기반을 둔 영역 구분(tri angga)에 따라서, ① "왈리(wali)",
② "브발리(bebali)", ③ "발리 발리안(balih-balihan)" 등의 세 가지
로 나눈다. 먼저 왈리는 "의례용 공연예술"을 뜻하며, 브발리는 "의

례와는 직접적인 연관성은 없지만, 의례의 상징성을 지닌 공연예술"이다. 마지막 "발리 발리안"은 "세속적 공연예술"로 구분된다. 이 기준에 따르면 오늘날 관광객들에게 공연되는 께짝은 "세속적 공연예술"에 속하며, "세속적" 공간에서 행해져야 하는 공연 예술로 인식된다. 일반적으로 발리 사원의 공간은 "신전을 모신 사원의 가장 안쪽 공간"인 "제로안(jeroan, 안쪽 마당)", "사원 입구와 접해있는 내부 공간"인 "자바 뜽아(jaba tengah, 중앙 마당)", 그리고 "사원 입구와 접해있는 외부 공간"인 "자바(jaba, 바깥 마당)" 등 세 부분으로 구분되어 있다(그림 17). 따라서 세속적 공연 예술로 인식되는 께짝은 일반적으로 상향의 "짝"처럼 "의례용 공연예술"로서 "신전을 모시는 사원의 가장 안쪽(jeroan)", 또는 "사원 입구와 접해있는 내부 공간(jaba tengah)"에서 행해지지는 않는다.

그럼에도 불구하고, 오늘날 께짝 공연은 일반적으로 사원을 배경으로, "사원 입구와 접해있는 외부 공간"인 "자바(jaba)"에서 행해지는데, 이것은 "관광용" 공연예술과 "진짜(authentic)" 공연예술의 경계가 실질적으로는 모호하다는 것을 의미한다. 또한 이것은 발리 사람들의 토착적 가치체계인 "르와 비네다(rwa bhineda)", 즉 "두 개의 서로 다른 요소들의 조화"라는 혼합주의적인 토착 기제가 관광이라는 맥락 하에서 께짝 공연에도 적용되어, "신성함/전통"과 "신성하지 않음/관광"의 경계가 모호해졌음을 의미하기도 한다. 이러한 경향은 께짝 공연이 시작하기 전에 발리 힌두 사제가 공연 공간에 대한 정결의식을 행하고, 공연이 끝나고 나면 다시 기도를 올려 공연 중에 나타났던 영혼들이 평안히 돌아가도록 기원한다는 점에서도 잘 나타나 있다(그림 18).

께짝 공연에서 나타나는 발리 힌두 사제의 의례행위는 일반적으로 "의례용 공연예술"에서 발견되는 "신성한" 의례행위이며, "육안

그림 18. 께짝 공연 중 정결의식을 행하는 발리 힌두 사제.

으로 보이고 인식되는 존재"인 "스깔라(sekala)" 뿐만 아니라 "육안
으로 보이지 않고 인식되지 않는 존재"인 "니스깔라(niskala)"와의
의례적인 소통의 방식이고 조화의 방식이다. 그럼에도 불구하고, 신
성한 "의례용 공연예술"의 요소를 께짝 공연에도 적용하는 현상은
발리 사람들에게 있어서 께짝 공연이 최소한 "의례와는 직접적인
연관성은 없지만 의례의 상징성을 지닌 공연예술", 즉 "브발리"로
서의 사회문화적 의미를 가지고 있음을 뜻한다.

맺는 말

"지상 최후의 낙원"이라고 불리는 발리 섬의 이국적인 발리 힌
두 문화의 이미지를 잘 상징해주는 께짝 공연 예술은 관광이라는
맥락 하에서 논의될 수 있는 전형적인 "문화구성주의(cultural

construc-tivism)"의 본보기이다. 께짝 공연은 1908년 발리 섬이 네덜란드의 통치 아래에 놓인 이래로 진행된 발리 섬의 이국적 판타지와 "지상 최후의 낙원" 이미지 형상화 과정에서 토착 강신 의례인 "상향"의 몽환적인 남성 육성합창 요소인 "짝" 등의 토착 요소들과 인도서사시 라마야나를 혼종하고 재구성하여 창안되었다. 이후 께짝 공연의 토착 의례 요소들과 라마야나의 서사적 내용은 관광이라는 맥락 하에서 맥락화, 즉 혼종화, 재구성 및 변형의 과정을 거쳐 왔다. 특히, 라마야나의 서사적 내용은 관광을 위한 "스펙터클한 볼거리" 요소 및 극적 효과를 극대화하기 위해서 재구성 및 변용 과정을 거쳐 왔다.

이러한 일련의 맥락화는 1920년대 이후부터 발리의 이국적인 "진짜 문화(authentic culture)" 이미지를 추구하고 소비하려는 관광의 필요와 요구에 발리 섬 사람들이 능동적으로 적응하고 반응을 한 결과라고 할 수 있다. 따라서 우리가 주목해야 할 부분은 께짝 공연이 오늘날 "관광문화"로 인식되고는 있지만, 여전히 발리 토착 의례의 상징적 요소에 기반을 두고 있고, 라마야나의 서사적 내용과 구성 요소도 상당부문 유지하고 있는 발리 힌두 문화의 공연예술이며, "관광문화"의 개념을 넘어서는 발리 섬 사람들의 또 다른 유형의 "생성 이야기"를 보여주고 있다는 점이다.

분명한 것은 과거 기나긴 역사 속에서도 그래왔듯이 발리 섬 사람들은 앞으로도 지속적으로 이 "생성 이야기"의 논리를 실천해 나갈 것이고, 이러한 실천을 통해서 발리 힌두 문화는 지속적으로 혼종화, 재구성 그리고 변용되어 갈 것이라는 사실이다. 이것이 발리 섬 사람들이 자신들의 문화를 만들어 가는 방식이 아닐까 싶다.

이 글은 『아시아연구』 제 17권 제 3호(2014)에 게재된 글을 수정·보완한 것이다.

인도네시아
술라웨시 또라자의 장례문화

김동엽

    술라웨시는 인도네시아 동부에 위치한 섬으로 마치 불가사리 모양을 하고 있다. 무슬림이 다수를 차지하는 인도네시아에서 술라웨시의 일부 지역에는 기독교가 전파되어 지금까지 보존되고 있으며, 또라자(Toraja)가 그런 지역 중의 하나이다(그림 1). 또라자는 고지대 사람들(people of upland)이라는 뜻을 가지며, 인구는 약 110만명으로 대부분 기독교도들이다. 다른 동남아 지역과 마찬가지로 또라자 사람들의 종족적 정체성도 서구 식민지배를 받으면서 생겨난 것으로 추정된다. 또라자 지역에 기독교가 전파되기 시작한 것은 1920년대 네덜란드의 한 선교회(The Reformed Missionary Alliance of the Dutch Reformed Church)에 의해서였다. 힌두교에 뿌리를 두고 있는 알룩(aluk)이라는 전통신앙을 가졌던 또라자 부족이 기독교를 수용하게 된 배경에는 저지대 이슬람 부족인 마카사르(Makassar)와의 갈등이 있었다. 또라자 부족은 마카사르 부족과의 갈등 과정에서 네덜란드 식민세력의 도움을 받았으며, 그것을 계기로 기독교를 수용하고 정착시킨 것이었다.

그림 1. 술라웨시 섬 또라자 지역 위치. ©Google Map.

인도네시아 전공자가 아닌 필자가 또라자를 방문하여 색다른 문화적 경험을 하게 된 것은 아주 우연이었다. 사단법인 한국동남아연구소는 매년 회원들이 참여하는 동남아 공동현지조사를 조직하고 있다. 2013년 7월에는 인도네시아 자카르타에서 개최된 학술회의에 참석하고, 그 이후 일정으로 공동현지조사가 계획되어 있었다. 본래의 계획에는 수마트라 북부 메단(Medan) 지역을 답사하기로 되어 있었다. 그러나 우리 일행이 출발하기 전날에 수마트라에 큰 지진이 발생하여 사상자를 낳고 통신도 두절되는 상황이 발생했다. 이에 급하게 일정을 바꿔 찾게 된 곳이 바로 술라웨시의 또라자였다. 또라자의 독특한 전통가옥 구조와 특이한 장례문화는 이미 외부에 많이 알려져 있으며, 인류학자들의 흥미로운 연구대상이 되고 있는 지역인지라 대안으로 선택되었던 것이다.

우리 일행은 자카르타에서 비행기를 타고 술라웨시 남서부에 있는 마카사르 공항에 도착해서 호텔에서 하룻밤을 보냈다. 아침 일찍

그림 2. 길가의 결혼식 장면. 인도네시아 술라웨시 섬. 2013년.

대절한 버스를 타고 출발하여 또라자까지 약 8시간에 걸쳐 긴 버스 여행을 했다. 가는 도로는 주로 평지에 왕복 4차선으로 되어 있으며, 가끔씩 한쪽 길을 막고 길 위에서는 무언가 행사를 벌이는 모습을 볼 수 있었다. 차량의 통행량이 많지 않아 가능한 일인 듯 했다. 우리 일행은 버스를 세우고 차에서 내려 길을 가로막고 벌이는 한 행사를 관람했다. 결혼식 잔치였다. 사람들은 친절하게 우리 일행을 맞이하고, 신랑과 신부에게 인사도 시키고 사진도 찍게 배려해 주었

그림 3. 자몽을 파는 과일 노점상. 인도네시아 술라웨시 섬. 2013년.

다(그림 2). 식사도 하고 가라고 청하는 것을 정중히 사양하고 버스에 올랐다. 시간이 지체되어서라기보다는 특별히 선물도 준비하지 않은 채 남의 잔치음식을 축내는 것이 미안해서였다.

차들이 달리는 도로가에 과일을 내놓고 판매하는 가판대가 종종 나타났다(그림 3). 가장 많이 눈에 띄는 과일은 자몽(grapefruit)이었다. 우리 일행은 휴식도 취할 겸 버스에서 내려 수박처럼 커다란 자몽을 사서 맛을 봤다. 약간 쓴맛과 더불어 달콤한 맛이 나는 자몽은 오랫동안 입안에 침을 고이게 했다. 긴 버스여행 동안 일행 중 인도네시아를 연구하는 회원이 현지문화에 관해 들려주는 이야기를 들으며 호기심은 더욱 커져갔다. 창밖으로 널리 펼쳐져 있는 들판과 산들은 동남아의 자연이 주는 평온함을 온몸으로 느끼게 했으며, 긴 버스여행도 그리 지루하지 않게 끝나고 또라자에 도착했다.

또라자 지역에 들어선 것을 가장 먼저 알 수 있게 한 것은 역시

그림 4. 마을 풍경. 인도네시아 술라웨시 섬 또라자. 2013년.

특이한 모양의 전통가옥인 "똥꼬난(Tongkonan)"이었다. 또라자라
는 말의 의미가 "고지대 사람들"이라고 해서 동남아의 산악지대에
살면서 사냥과 화전을 일구며 사는 종족일 것이라는 상상은 곧 사라
졌다. 제법 많은 수량의 강이 흐르고, 주변으로는 잘 정돈되어 넓게
펼쳐져 있는 논들이 보이는 것이 풍요로운 농촌마을을 보는 듯 했
다. 논가에 옹기종기 집들이 모여 있는 마을에는 교회 건물과 함께
전통가옥 똥꼬난의 모습도 볼 수 있다(그림 4). 똥꼬난은 또라자를
상징하는 대표적인 문화적 유산이다. 또라자 사람들의 세계관에 따
르면, 세계는 하늘계, 인간계, 그리고 동물계로 나뉜다. 이러한 세계
관은 동남아 대부분의 고상가옥에도 담겨져 있는데, 또라자의 전통
가옥인 똥꼬난도 고상가옥의 일종으로서 그러한 세계관을 담고 있
다. 즉 하늘계는 소의 뿔, 배, 혹은 말의 안장 모양의 지붕을 의미하
며, 그 아래로 인간들이 거주하는 공간이 있다. 그리고 가장 아래 부
분에는 동물들이 생활하는 공간이다(그림 5).
　　이 독특한 똥꼬난의 지붕 구조와 함께 또라자를 외부에 널리 알

리게 된 것은 다름 아닌 이들의 특이한 장례문화이다. 우리 일행이 또라자로 향하면서 현지 가이드에게 우리가 머무는 동안에 장례식이 있는지를 문의했다. 다행히도(?) 큰 규모의 장례식이 예정되어 있다는 소식을 전해왔다. 또라자의 전통적 장례식은 그리 쉽게 접할 수 있는 광경이 아니며, 특히 부유한 가문에서 성대하게 치루는 장례식은 미리 외부에 알려서 많은 외지인들이 그 일정에 맞추어 일부러 찾아오는 경우가 많다고 한다. 우리 일행처럼 우연히 들렀다가 이러한 장례식을 참관할 수 있다는 것은 그리 흔하지 않은 행운이었다. 장례식장에는 우리 일행을 포함해서 수많은 외국인들의 모습을 볼 수 있었다. 우리가 참관한 장례식은 1년 전에 돌아가신 한 할머니와 어린 손자 한 명의 장례식이었다(그림 6).

그림 5. 전통 가옥 "똥꼬난" 전경. 인도네시아 술라웨시 섬 또라자. 2013년.

그림 6. 장례식 모습. 인도네시아 술라웨시 섬 또라자. 2013년.

또라자 사람들은 숨을 거두었다고 해서 죽은 것으로 간주하지 않고 장례식을 치러야지 비로소 진정 죽은 것으로 간주한다. 따라서 사람이 숨을 거두었더라도 아직 자신들과 함께 살고 있는 것으로 간주하고, 시신을 천으로 여러 겹 싸서 똥꼬난에 그대로 모셔둔다. 외부에서 사람이 찾아오면 마치 문안하듯 찾아가 인사를 드린다고 한다. 숨을 거둔 사람이 현지어로 "뿌야(puya)"라고 부르는 "영혼의 땅(land of soul)", 즉 저승으로 가는 것은 장례식을 치룬 이후로 간주한다. 또라자 사람들은 가족의 일원이 숨을 거두면 그 때부터 장례식을 치룰 준비를 시작한다. 많은 비용이 소용되는 장례식을 준비하기 위해서 짧게는 몇 주, 길게는 몇 년이 걸리기도 한다. 이러한 성대한 장례식은 전통적으로 부유한 귀족의 집안에서만 이루어졌으며, 하층민이나 어린아이의 장례식은 이처럼 성대하게 치루지 않는 것이 일반적이라고 한다.

현지 가이드의 안내에 따라 장례식장에 들어갔다. 외부에서 찾아오는 손님들은 일반적으로 가족에게 선물을 전하는데 보통 담배 몇 보루 정도면 된다고 했다. 많은 사람들이 운집하는 장례식장으로 향하는 길가에는 이미 노점상들이 자리를 잡고 있다. 장례식에 들어서자 검은 옷을 입은 가족 일원 한 명이 우리 일행을 맞이하여 간이로 지어진 건물 한쪽으로 안내했다. 수많은 사람들이 일주일 동안 진행되는 장례식에 참석할 것을 고려하여 장례식장은 넓은 공간을 두고 주위로 대나무를 엮어서 간이 건물을 지어 놓았다(그림 7). 각 건물마다 번호가 적혀져 있는 것을 봐서는 누가 어디에 기거하는지를 관리하는 듯 했다.

　우리를 안내한 사람은 차와 다과로 우리를 대접했다. 그 사람에게 이번 장례식에 대한 상세한 얘기를 들을 수 있었다. 1년 전에 할머니가 숨을 거두어서 장례식을 준비하고 있었는데, 최근 손자 하나

그림 7. 장례식 조문객을 위해 만든 간이 건물들. 인도네시아 술라웨시 섬 또라자. 2013년.

가 죽어서 함께 장례식을 치루는 것이라고 했다. 장례식 규모로 봐서는 상당한 재력과 영향력이 있는 가문처럼 보였다. 외국에 나가 있는 가족들도 모두 돌아와서 장례식에 참석하고 있다고 했다.

또라자 장례식에 관해 들어본 사람이라면 누구나 궁금해 하는 것은 제물로 도살될 소의 수가 얼마나 되느냐 일 것이다. 그에 따르면, 가족들이 내놓은 물소는 30마리 정도이고, 외부에서 기부된 소는 70마리 정도라고 했다. 또라자에서 물소는 부와 권위의 상징으로 여겨진다. 얼마나 많은 물소와 돼지를 장례식에서 도살하는가는 그 가문의 위신을 나타낸다. 도살된 물소의 뿔은 전통가옥인 똥꼬난 전면에 긴 장대에 달아 자랑스럽게 전시되며, 그 숫자가 많을수록 집안의 위신이 올라간다고 믿는다. 또라자의 전통적인 신앙에 따르면 도살된 물소와 돼지는 죽은 이가 저승으로 갈 때 함께 가져가는 제물이다.

아이러니하게도 죽은 이가 저승으로 가져간 제물은 고스란히 남아있는 가족들의 부채가 된다. 가족들이 내 놓은 물소나 돼지는 그렇다 손 치더라도 가족 이외의 사람들로부터 부조로 들어온 물소나 돼지는 그 가치를 정확하게 기록해 두었다가 상대방의 장례식에 동일한 가치의 물소나 돼지로 되갚아야 한다. 따라서 외부에서 부조로 들어온 물소와 돼지를 모두 도살하는 것이 아니라, 감당할 수 있는 경제적 여력을 고려하여 가족회의를 통해 도살할 물소와 돼지의 수를 정한다고 한다. 남은 물소와 돼지들은 일부 직접 돌보기도 하고, 혹은 남들에게 맡기거나 시장에 내다 판다고 한다. 장례식에 나와 있는 물소들은 깨끗하게 씻겨져 있고, 기름을 바른 듯 윤기가 흐른다. 그리고 제물의 모습을 갖추기 위해 다양한 장신구로 꾸며져 있다.

물소의 가격은 천차만별인데, 특히 검은 물소의 얼굴과 몸에 흰 반점 무늬가 있는 "봉가(bonga)"라고 불리는 얼룩물소는 원화로 환

그림 8. 장례식에 사용되는 얼룩물소 봉가의 모습. 인도네시아 술라웨시 섬 또라자. 2013년.

산하여 수천 만 원에 이른다고 한다(그림 8). 이처럼 봉가가 일반적인 검은 물소인 "뿌두(pudu)"보다 상상을 초월할 정도로 높은 가격에 거래되는 것은 특이한 현상으로 보였다. 이는 경제적 관점에서 이 지역이 외부와의 교류가 활발하지 않았음을 보여주는 증거가 될 수 있을 것이다. 일종의 돌연변이로 추정되는 그러한 얼룩물소는 인위적으로 공급을 증대할 수 없기 때문에 그 희소성으로 인해 현저히 높은 시장가격이 형성되었을 것이다. 그러나 외부와의 교류가 활발했더라면 수천 만 원을 호가하는 이러한 물소의 가격은 외부로부터의 수입 확대를 통해 균형가격을 찾았을 것이다. 그러나 이는 단순히 경제적 가설에 의한 설명일 뿐 또라자 사람들이 가지고 있는 문화적 코드가 시장가격에 미치는 영향을 고려하지 않은 설명이다. 어

그림 9. 장례 행렬의 모습. 인도네시아 술라웨시 섬 또라자. 2013년.

찌 되었든 외부와의 교류가 활발한 오늘날에도 또라자 시내에서 정기적으로 열리는 물소시장에서 봉가의 가격은 여전히 수천 만 원을 호가한다.

　이런 저런 얘기를 나누고 있는 동안에도 돼지 먹따는 소리가 뒤쪽에서 계속 들려왔다. 곧이어 스피커에서 찬송가 소리가 들려오고 목사님이 나와 장례예배를 시작했다. 그 옆으로 죽은 할머니의 모습을 본 따 만든 인형, "따우따우(Tau Tau)"가 자신의 장례식을 지켜보고 있다. 기독교라는 근대적 보편종교와 애니미즘적 전통신앙이 혼합된 또라자 특유의 장례문화를 잘 보여주는 장면이었다. 예배의 성스러움과 물소와 돼지들을 집단으로 도살하는 장면이 결합된 이러한 혼종적인 장례의식 때문에 또라자는 많은 인류학자들의 연구대상이 되고 있다. 장례식이 진행되는 도중에 손님들에게는 음식이 제공되고, 묶여 있는 소들은 자신의 운명을 알기라도 하듯 체념하고 잠잠했다.

예배가 끝나자 곧 장례행렬이 시작되었다(그림 9). 요란한 괴성을 지르며 사람들이 시신을 실은 상여를 운구 하고, 그 뒤를 검은 상복을 입은 가족들이 뒤따랐다. 그리고 요란한 소리와 사람들의 움직임에 불안해하며 날뛰는 소들의 고삐를 겨우 붙잡아 끌고 가고, 그 뒤를 수많은 조문객들이 함께했다. 이 장례행렬은 동네를 한 바퀴 돌고 난 후, 장례식장으로 다시 돌아온다고 했다. 이는 죽은 이가 저승을 가기 전에 그 동안 살았던 마을을 돌아본다는 의미를 가진다. 이처럼 마을을 한 바퀴 돌아서 돌아온 후에는 많은 사람들이 지켜보는 가운데 물소 한 마리를 도살한다. 마을의 청년이 소의 고삐를 하늘로 치켜들고 드러난 소의 목젖을 커다랗고 날카로운 칼로 쳐서 단숨에 숨통을 끊는다. 이처럼 예배와 행진, 그리고 물소의 도살이 일주일 동안 지속되고, 마지막 날에는 도살이 예정된 소들이 한꺼번에 도살된다고 한다. 우리 일행은 장례행렬이 지나가는 것까지만 관람하고 죽은 이들이 안장되는 무덤으로 향했다.

또라자 사람들의 무덤에서는 그들의 전통적인 신앙관과 현실적인 문제에 대한 대처방안을 볼 수 있었다. 무엇보다도 특이한 장면은 마을의 공동묘지처럼 보이는 동굴 앞에 으시시한 모습으로 전시되어 있는 따우따우의 모습이었다(그림 10, 11). 동굴 입구 절벽에 테라스를 만들어 죽은 이들의 형상을 본 따 만든 인형을 놓아둔 것이다. 그 따우따우의 시선이 향하는 곳은 앞에 펼쳐져 있는 넓은 들이다. 이는 저들이 후손들의 농사짓는 모습을 보면서 농사가 잘 되도록 보살펴 준다는 믿음에서 기인했다고 한다. 시신을 담은 관은 동굴 안쪽에 손이 잘 닿지 않는 곳에 모셔져 있고, 곳곳에 꽃과 담배가 그 앞에 놓여 있다. 관을 옮겨 왔던 상여는 동굴 바깥쪽에 아무렇게나 내동댕이쳐져 있었다.

이처럼 여러 사람들이 공동으로 사용하는 무덤과는 달리 일부

그림 10. 동굴묘지 앞에 놓여진 따우따우. 인도네시아 술라웨시 섬 또라자. 2013년.

가족들은 자신들만의 가족무덤을 만들어 놓았다. 이러한 소규모 무덤은 특이하게도 커다란 바위에 구멍을 뚫고 문을 만들어 자물쇠로 채워둔 모습이다. 그리고 일부는 아주 까마득한 절벽에 무덤을 만들어 놓은 모습도 볼 수 있다(그림 12). 이는 또라자 사람들이 장사를 지낼 때에 죽은 이가 생전에 지녔던 귀중품들을 함께 매장하는 전통 때문이었다. 이들은 죽은 후에도 생전에 사용하던 물건들이 여전히 필요하다는 사후 세계관을 가지고 있었다. 그런데 이러한 전통은 무덤을 도굴해서 패물을 훔치는 경우를 낳게 되었고, 이를 방지하기 위한 목적으로 시신을 안치하는 무덤의 형태와 위치가 이처럼 특이하게 나타났다는 것이다.

　　필리핀 루손섬의 산악지대인 꼬딜레라(Cordillera)의 사가다

그림 11. 따우따우 인형. 인도네시아 술라웨시 섬 또라자. 2013년.

(Sagada)라는 지역에도 유사한 무덤양식을 볼 수 있다. 저들은 시신을 담은 관을 동굴 깊숙이 사람의 손이 닿지 않는 곳에 두거나, 매달린 관(hanging coffin)이라 하여 높은 절벽 위에 관을 매달아 둔다. 그들의 설명에 따르면, 시신이 더 높고 위험한 곳에 있을수록 천국에 가까이 간다는 믿음에서 그런 전통이 나타났다고 한다. 그러나 사가다 사람들도 또라자 사람들과 마찬가지의 현실적인 문제가 그러한 유사한 전통을 만들어 낸 것이 아닌가 하는 생각이 들었다.

또라자와 같이 동남아의 산악지대에 사는 사람들은 중앙 권력자의 탄압과 수탈을 피해서 혹은 타부족과의 경쟁에서 밀려난 소수종족 혹은 사회적 약자인 경우가 많다. 술라웨시 섬의 특성상 바다를 근간으로 하는 어업과 해상무역이 주요 수입원이었을 것이며, 이러

한 물질적 기반 하에 항구를 중심으로 중앙권력이 형성되었을 것으로 추정할 수 있다. 이처럼 권력의 중심인 항구를 떠나 내륙 깊숙이 산 속에 자리잡고 있는 또라자 사람들은 분명 세력다툼에서 밀려난 소수종족이었을 것이다. 그러나 또라자 사람들은 내륙 깊숙이 자리하면서도 풍부한 수량과 넓은 농경지 덕택에 비교적 풍요로운 삶을 누렸던 것으로 추정할 수 있다. 이런 풍요로운 생활여건이 이와 같은 화려하고 사치스러운 장례문화를 발전시켰다고 볼 수 있다.

또라자 사람들은 저지대 마카사르의 이슬람 부족과의 전쟁에서 살아남기 위해 외부세력과 손을 잡았고, 이로 인해 기독교라는 외부종교를 받아들이게 되었다. 이 기독교는 자신들의 전통신앙과 혼합하여 그들의 삶 속에 이어져 내려오고 있는 것이다. 이처럼 외부문명의 수용에 대한 동남아인들의 유연한 태도와 그 결과로 나타나는 문화적 혼종성은 동남아의 일반적인 특성이라고 볼 수 있다.

동서 문명이 교차하는 지리적 위치에 자리하고 있는 동남아는 일찍부터 외부와의 교류가 활발하였으며, 이는 외부인과 외부문명에 대한 배타성보다는 능동적인 수용성을 가지게 만드는 배경이 된다. 오래전에 전파되었던 대륙부 동남아의 불교나 도서부의 이슬람, 그리고 필리핀의 가톨릭이 저들의 전통적인 애니미즘적 정령숭배 사상과 결합되어 현지화한 모습도 이를 대변한다.

그림 12. 절벽 위에 마련된 무덤들. 인도네시아 술라웨시 섬 또라자. 2013년.

인도네시아 자바 여성의 토착적 이미지

김예겸

김예겸

상보적(相補的, complementary) 이미지

인도네시아의 자바(Java) 섬은 이슬람 유입 이전의 중요한 문화적 중심지였다(그림 1).

자바 사회는 전반적으로 토착적인 상징체계 하에서 남성과 여성의 명백한 "상보적 이원성(complementary dualism)"을 내포하고 있

그림 1. 인도네시아 자바 섬의 위치

다. 이러한 상보적 이원성은 특히 자바의 종교의례, 민간설화 그리고 전통적인 농경활동에 잘 상징화되어 나타나고 있다. 예를 들어, 이슬람 유입이전 힌두—불교의 영향 하에 있었던 『자

그림 2. 『자바 왕국의 역사적 연대기(Babad Tanah Jawi)』의 일부분.

바 왕국의 역사적 연대기(Babad Tanah Jawi)』에 포함되어 있는 토착적 창조설화들은 성(性, gender)의 상징적 상보성을 잘 상징화하여 보여주고 있다(그림 2).

이들 창조설화들은 다음의 예에서 볼 수 있는 바와 같이 전반적으로 남성과 여성의 기원에 대한 힌두-불교적인 이야기를 포함하고 있다.

먼 옛날에, 브라흐마(Brahma)가 인간을 창조하여 지상에 살게 하려고 세 번씩이나 시도를 했으나 실패하였다. 매번 영혼(jiwa)이 없는 별 모양의 존재만을 창조 하곤 했다. 자신의 실패작들에 실망한 브라흐마는 위쉬누(Wishnu)에게 지상에 내려가서 생명과 움직임으로 지상을 채우도록 명령했다. 그래서 위쉬누는 진흙으로 자신의 형상을 본떠서 인간 모형하나를 만들고 영혼, 정신

(suksma), 생명력(prama)을 불어 넣었다. 위쉬누는 그 최초의 인간을 아디나(Adina)라고 명명했다. 얼마 지나지 않아, 위쉬누는 인간 혼자서는 브라흐마의 지상세계에서 거주할 수 없음을 깨닫고, 아름다운 연꽃으로부터 아디나와 함께 지상에서 살아갈 최초의 여성을 창조했다. 위쉬누는 그녀를 데위 까와(Dewi Kawa)라고 불렀다. (『자바 왕국의 역사적 연대기』 중에서)

이 창조설화에서, 최초의 여성 데위 까와는 최초의 인간 아디나에게 있어 상보적인 존재로 표현된다. 대부분의 자바인들의 창조설화에는 위에 언급된 창조설화에서 나타나 있는바와 같이 "인간 혼자서는 지상에서 거주할 수 없다"는 상보성의 관점 하에서 여성적 요소가 창조의 완전성을 만족시키기 위해서 남성적 요소와 결합한다.

이러한 자바 여성들의 상보적 이미지는 아래에 소개하는 두 가지의 예에서 나타난 바와 같이 남성성과 여성성을 상징화하는 자바 사람들의 관습적인 통념에서도 잘 나타나 있다. 첫 번째는 중부 자바에서 유래한 것이고, 두 번째는 순다(Sunda) 문화권인 서부 자바의 반떤(Banten)이라는 곳에서 유래한 것인데 첫 번째의 예와 여러 가지 부분에서 유사성을 띄고 있어서 부가적으로 소개를 한다. 이 두 가지 예에서 상징적으로 남녀가 함께 일을 마친 후 광주리를 메고 들판을 걸어가듯이, 여성(딸)과 남성(아들)은 서로 상보적인 존재라는 자바 사람들의 관습적인 통념을 발견할 수 있다.

아들은 [광주리를] 그의 어깨에, 딸은 [광주리를] 그녀의 머리에 메고 [걷는다].

그림 3. 1910년대 자바 섬의 벼농사 풍경. © Collectie Tropenmuseum

남성 그의 어깨에 광주리를 메고, 여성은 그녀의 엉덩이에 걸쳐진 광주리를 메고 [걷는다].

여성들의 상보적 역할은 자바의 농경활동에서도 뚜렷하게 나타나고 있다. 전통적인 자바 사회에서는 종종 여성들이 노동 기여도에 따라 수확량을 남성들보다 더 많이 받을 정도로 여성들의 벼농사 활동 참여는 주목할 만했다. 왜냐하면 농경활동에 있어서, 자바여성들이 일반적으로 벼농사 활동의 대부분, 즉 모심기, 잡초제거그리고 수확 활동을 담당하고, 자바 남성들은 한정적으로 벼농사활동의 일부분인 쟁기질에 주로 참여했기 때문이다(그림 3). 또한자바 사회와 같이 집중적인 관개농업을 하는 지역에서는 소규모 농지에서 나는 제한된 수입으로 가족구성원들의 생계를 유지해야하기 때문에, 가족구성원인 여성과 남성 모두 함께 최대한의 노동력을 농경 활동에 투자해야 한다는 생태학적인 배경도 여성들의 상보적 역할에 한 몫을 했다. 다시 말해서, 자바 여성들은 그들의 역할이 남성들의 역할과 동일한 수준에서 기대되는 생태학적인 사회경제적 상황 아래에서 남성들과 동등한 위치에서 농경 활동에 참여해 왔던 것이다.

자바 농경사회에 대한 문화인류학적인 연구의 주요한 개척자인 힐드레드 기어츠(Hildred Geertz)는 1950년대 자바 여성들의 활발한 농경 활동을 다음과 같이 기술하였다.

> 벼농사 주기에는 전통적으로 여성들에 의해서 행해진 특정한 임무가 있다. 남성들이 매우 드물게 참여하는 수확이 끝난 후, 쌀은 여성들에 의해서 운반된다. 그리고 종종 금전적인 거래를 포함해서 쌀에 대한 처분도 또한 여성들의 손에 달려 있다. 시장은 여성들이 독점하고, 성공한 부자 도매업자들 중에서조차 남성들에 버금가는 (부를 가진) 여성들도 많다. 여성들은 남성들과 동일하게 자유로우며, 또한 자신감 있게 재산을 소유하고 처분할 수 있다.

또 다른 문화인류학자인 제이(R. R. Jay)도 비슷한 시기에 자바 농경 사회의 상보적 노동 분할을 다음과 같이 묘사하였다.

> 여성들은 매일 매일 잡초 제거, 다년생 작물의 수확, 그리고 가족 내의 필요나 판매를 위한 작물 가공 등의 소규모 노동에 참여한다. 대규모 노동은 전적으로 남성들 또는 여성들에 의해서 이루어진다. 여성들은 독점적으로 2차적 작물 재배, 모심기, 그리고 벼수확 등에 참여한다. 남성들은 주택 수리나 건축에 참여하고, 농

기구와 가축들을 다루고, 관개 노역을 포함한 토공사(土工事)를 하고 그리고 대부분의 일상적인 작물 손질도 한다. … 각각의 성(性, sex)은 특정한 수많은 임무와 기술들을 소유하고 있다. … 남성들은 "슬라머딴(slametan, 자바인들의 종교적인 공동체 의례)"에 참석하고 다양한 기도문에 능숙하다. 여성들은 모든 음식준비를 하고 다양한 요리법을 알고 있다. 남성들은 운반 장대로 짐을 나르고, 여성들은 어깨로부터 걸치거나, 혹은 이마에 거는 멜빵으로 장바구니를 운반한다.

자바 사회는 본질적으로 생태학적인 사회경제적 배경이 직접적으로 영향을 미치는 농업사회로 존재해 왔다. 이러한 조건 아래에서, 자바 여성들의 상보적인 역할은 공동체 생활에서뿐만이 아니라 벼농사 활동 전반에 걸쳐서 남성들과 동일하게 기대되어 왔다. 그러나 비록 어떠한 의미에서는 자바 여성들의 상보적 이미지가 남성과 여성의 상대적 노동 기여도와 관련이 있기는 하지만, 노동 기여 자체보다 더 중요한 요인은 집중적인 관개 벼농사로 인한 남성과 여성 사이의 생태학적인 필연적 상보성인 것이다.

매개적(mediatory) 이미지

인도네시아 전역에 걸쳐서 여성의 매개적인 이미지가 상징화된 수많은 설화가 발견되고 있다. 예를 들어, 수마뜨라(Sumatra) 바딱(Batak) 사람들의 설화에는 "어느 한 여인이 사람들을 위한 빛의 근원"이라고 나타나 있다. 깔리만딴(Kalimantan)의 한 설화에서는 "인류 최초의 인간은 우니앙(Uniang)이라는 여인이었고, 그녀가 죽었을 때 그녀의 피가 바나나와 수많은 종류의 과일로 변화하였다"고 전하고 있다. 수마뜨라의 또 다른 설화에서는 "어떤 여인으로부터 벼, 야자수 나무, 대나무, 그리고 모든 종류의 과일이 나왔다"고 서술한다. 이러한 설화들에서, 여성은 지상과 인간들 사이에 존재하는 "매개자"의 상징으로 묘사된다. 이와 유사하게, 다음에 열거되는 중부 자바에서 유래한 벼 기원 설화들 네 종류에서도 여성들의 매개적 이미지를 목격할 수 있다. 이 설화들은 각각 내용은 다소 다르긴 하지만, 변함없이 여성들의 매개적인 이미지가 계속해서 나타나고 있다.

(1) 옛날에, 바따라 구루(Batara Guru)의 환생인 한 왕(王)이 슬픔에 잠겨 죽은 딸 레뜨노 두밀라(Retno Dumilah)를 땅에 묻고 있었다. 신기하게도, 레뜨노 두밀라가 묻힌 곳에서 영원히 낱알을 맺는 식물 하나가 자라났다. 이것이 벼 줄기였다(그림 4, 5).

(2) 옛날 옛날에, 신들의 왕 바따라 구루(Batara Guru)의 딸이 인간인 자까수다나(Djakasudana)와 사랑에 빠졌다. 화가 난 그녀의 아버지는 그녀를 벼 줄기로 변화시켰다. 그녀의 남편은 슬픔에 잠겨 벼로 변한 아내를 바라보며 앉아 있었다.

(3) 하늘에 있는 모든 신의 제왕인 구루(Guru)는 그의 수양(收養) 딸 상이앙 스리(Sangiang Sri)가 죽은 후 슬퍼하다가 그녀의 시신을 잘 묻도록 명령했다. 며칠이 지난 후, 경이로운 사건이 벌어졌다. 상이앙 스리의 무덤 위에서 인간들이 전에는 전혀 본 적이 없었던 새로운 식물들이 자라났던 것이다. 그녀의 머리가 묻힌 곳에서는 야자수 나무가 자라고, 그녀의 눈이 묻힌 위치에서는 벼

그림 4. 그림자극 와양 꿀릿
(Wayang Kulit)에 나오는 바라
따 구루 인형의 이미지.

그림 5. 레뜨노 두밀라의 동상. 동부 자바, 마디운(Madiun) 소재. 현대.

줄기가 자라났으며, 그 밖의 그녀의 여러 몸 부위에서 여러 가지의 식물, 나무, 그리고 풀들이 자라났다.

(4) 신들의 제왕 구루(Guru)의 전령인 신(神) 나라다(Narada)가 어느 충실한 여인에게 스리(Sri)의 시신을 매장하도록 명령하였다. 그 이후, 그 충실한 여인은 명령대로 매일 아침과 저녁에 거르지 않고 스리의 무덤에 물을 주었다. 7일이 지난 후, 스리의 무덤에서 사람들이 전에는 전혀 본 적이 없었던 벼와 여러 가지의 새로운 식물들이 자라났다.

위에 언급한 4종류의 설화들은 오랜 세월을 거쳐 자바 지방에서 전해 내려온 구전문학이다. 현재까지, 레뜨노 두밀라와 스리의 공적을 기리기 위해서 중부 자바인들은 정기적으로 "위윗 사와(wiwit sawah, 벼농지 준비 때의 의례, 그림 6)", "띵꺼반(tingkeban, 임산부가 건강한 아이를 낳도록 기원하는 의례, 그림 7)", 그리고 "슬라머딴 머(slametan metik, 추수 때의 의례, 그림 8)" 등과 같은 종교, 혹은 축제적 의례를 거행한다.

동부 자바에서도 또한 벼의 기원과 관련된 많은 설화들이 발견되고 있으며, 이 설화들 또한 대체로 여성의 매개적 이미지를 상징화하여 보여주고 있다. 그 중 한 설화를 여기에 소개해 보겠다.

옛날에, 공주 스리 스도노(Sri Sedono)는 왕(王) 수롤로요(Suroloyo)가 (그녀에게) 선사한 식물을 열매가 맺을 때까지 기다리면서 돌보고 있었다. 그녀는 그 식물을 벼(padi)라고 이름지었다. 그리고는, 그녀는 그 열매를 동부 자바에 뿌렸다.

그림 6. 위윗 사와.

그림 7. 띵꺼반.

그림 8. 1907년 서부 자바의 찌보다스(Cibodas)에서 행해진 슬라머딴.
© Collectie Tropenmuseum

위에 언급된 자바 민속자료들을 종합해본다면, 자바 섬에서 발견되는 대부분의 벼 기원 설화들은 벼가 여성 매개자인 레뜨노 두밀라, 스리, 스리 스도노 등에 의해서 자바 사회에 유래했다고 전하고 있으며, 여성들의 매개적 이미지를 상징화하고 있다.

앞서 "상보적 이미지"에서 언급했던 것처럼, 인도네시아 사회는 전통적으로 관개 벼농사의 생태학적인 배경 하에서 남성과 여성의 역할을 상보적으로 인식해왔다. 이러한 관개 벼농사의 생태학적인 조건 아래에서, 자바 여성들은 단지 수동적인 종교문화적인 역할뿐만이 아니라, 그들 공동체의 사회경제적인 다방면에 걸쳐 독립적이고 상보적인 매개자의 역할을 담당해왔다.

자바의 종교적인 공동체 의례인 슬라머딴 행사 때에 나타나는 자바 여성들의 매개자로서의 역할이 그 예라고 할 수 있다. 슬라머딴이 공공연하게 남성들에 의해서 주도되는 것이 사실이지만, 여성들은 슬라머딴의 행사 날짜, 슬라머딴의 시기적 필요성 및 당위성, 음식물 준비를 위한 노동력 분할, 그리고 초청 대상 및 "베세깐(besekan, 의례용 음식)"의 수혜자 등을 결정하는 데에 지배적인 역할을 해왔다. 따라서 자바 여성들은 슬라머딴 행사의 배후에서 매개자로써의 중요한 역할을 담당해 왔던 것이다.

자바 여성의 매개적 역할을 목격할 수 있는 또 다른 사례는 "떠뚤룽 라얏(tetulung layat, 자바 장례식)"이다(그림 9).

인도네시아의 문화인류학자인 꾼짜라닝랏(Koentjaraningrat)은 다음과 같이 떠뚤룽 라얏을 묘사하였다.

떠뚤룽 라얏 때, 모딘(modin, 이슬람 사원의 행사를 관리하는 사람)과 그의 보조자들은 시신을 목욕시키고, 분을 뿌리고, 바나나 잎과 면화로 시신을 둘러싼다. 이 과정은 애도하는 친척들이 지켜

그림 9. 1910년대 자바의 장례식. © Collectie Tropenmuseum.

보는 가운데에서 이루어진다. 그러는 동안, 여성들은 시신이 장지
(葬地)로 옮겨갈 때 사용되는 상여(喪輿)를 덮는 천을 재봉한다든
가, 향기나는 꽃과 판다너스(pandanus) 잎을 서로 얽어서 만드는
꽃 장식을 준비 하는 등과 같은 허드렛 일을 돕는다.

이와 같이, 떠뚤룽 라얏 때의 자바 여성들은 음식을 준비하는 것
뿐만 아니라, 장례식 과정의 곳곳에서 매개자로서 역할을 해왔다.
더욱이, 장례식을 원활하게 진행하기 위한 자바 여성들의 역할은 항
상 자치적이고 자발적이었다.

문화인류학자 제이(R. R. Jay) 또한 1950년대 자바 여성들의 매
개자로서의 모습을 다음과 같이 목격하였다.

아이들을 돌보고 훈육할 때, 부엌과 음식 공급과 관련된 모든
일, 수확물 판매와 가재도구 및 의류의 구입, 그리고 임금, 노동
교환 및 사회적 행사를 위한 금전 지출 등에 있어서, (자바) 여성들

은 거의 모든 결정권을 가지고 있다. 따라서 매일 매일의 부락 생활에 있어서는 놀라울 정도의 여성 우월성이 목격된다.

자바 여성들은 항상 자신들의 능력 범위 하에서 사회문화적 행사들을 조정할 수 있는 매개자로서의 모습을 보여주었고, 그러한 매개적 역할에 있어서는 남성들보다는 훨씬 더 안정적으로 일을 수행해왔다.

자바 여성들이 독점적인 위치를 차지하고 있는 전통적인 결혼 전문가인 "두꾼 뜨만뜬(dukun temanten)", 또는 "두꾼 뺑안띤(dukun pengantin)"의 역할들은 자바 여성의 매개적 역할을 보다 명확하게 보여준다. 자바인들은 전통적인 결혼 전문가를 종종 신부 치장을 담당하는 사람을 일컫는 "쁘리아스 뺑안띤(perias pengantin)"이라고도 부른다. 그러나 자바인들의 인식에 의하면, 결혼 전문가의 역할은 단순히 신부 치장이나 결혼 준비에만 필요한 것이 아니라, 이러한 결혼식과 신부 치장 과정에서 초자연적인 힘을 빌어서 그가 치장한 신부가 결혼생활에서 부유하고 행복해지기를 중보(intercession)하는 행위를 포함하고 있다. 즉, 자바의 결혼 전문가 역할은 단순히 신부를 치장하는 행위 이상의 의미를 지니고 있는 것이다.

예를 들어, 결혼 전문가는 신부를 치장하면서 다음과 같이 신부를 축복한다.

비마삭띠(Bimasakti)의 부적(符籍)으로 신부를 아름답게 치장하는 것이 나의 의도이다. … 자비롭고 은혜로운 신의 의지가 이루어질 것이다. 모두 [즉, 모든 신이] 내 주문으로 인하여 다가온다. … 우리를 불행과 고통으로부터 구원해줄 당신의 준비된 도움! … 신부의 안색(顏色)이 미(美)의 신 수쁘라바(Supraba)의 얼굴과 같이 되기를!

이와 같이, 두꾼 뺑안띤의 매개적인 역할은 결혼 예식의 도처에서 상징적으로 드러난다. 특히, "시라만(siraman)"라고 불리는 목욕 예식(bating ritual, 그림 10), "말람 미도다르니(malam midodareni, 요정들의 밤)", 그리고 "빵기(panggih, 만남의 예식)" 등과 같은 의례에서, 두꾼 뺑안띤의 역할은 더더욱 두드러진다.

그림 10. 자바의 목욕예식인 시라만.

두꾼 빵안띤과 유사하게, "두꾼 바이(dukun bayi, 전통적인 산파 産婆)"의 역할 또한 자바 여성들의 대표적인 매개적 역할이라고 볼 수 있다. 그들은 산모(産母)들을 도와서 어머니가 되게 하고, 신생아들이 세상에 나오도록 돕는 문화적으로 통념화된 매개적 역할을 수행한다. 분만 과정에서, 두꾼 바이들은 산모의 복부를 마사지하면서 인공적으로 출산을 유도하고, 남아 있는 태반을 손으로 거두어들일 뿐만 아니라, 주문을 외우면서 초자연적인 존재의 도움을 요청하기도 한다.

독립적 또는 상호의존적(相互依存的, interdependent) 이미지

앞에서 이야기한 "상보적 이미지"의 성립과정에서 살펴본 바와 같이, 자바인들의 전통적 공동체에서는 농경 활동을 중심으로 하는 생태학적인 배경이라는 점이 동남아 여성들의 "상보적 역할"을 확립하는 데에 매우 주요한 요인이 되었다. 이것은 주로 강도와 빈번도 면에서 자바 여성들이 농경지에서 남성들과 대등하게 일했으며, 또한 공동체 삶에 있어서도 남성들과 동일하게 참여하도록 기대되었기 때문이다. 이러한 사회경제적 배경으로 인하여, 자바 여성들은 남아시아나 동북아시아에서는 찾아보기 힘든 사회경제적인 자유를 누리고 있다고 해도 과언이 아니다.

앞에서 언급한 바와 같이, 많은 문화인류학자들은 일반적으로 자바 여성들의 상대적으로 높은 사회경제적 지위를 강조하면서, 자바 여성들의 지위가 남성들의 지위와 사실상 거의 동등하다고도 지적해왔다. 오늘날까지, 자바를 비롯한 인도네시아 대부분의 사회에 나타난 상대적으로 융통성 있는 "양변적(兩邊的, bilateral)" 친족 체계는 동북아시아와 서남아시아 여성들과 대비하여, 인도네시아 여성들의 일반적인 사회경제적 자유에 이바지하는 바가 크다. 이러한 측면에서, 스미스-헤프너(N. J. Smith-Hefner)는 자바 사회에 관하여 다음과 같이 언급한 바 있다.

자바 여성들은 상행위 뿐만 아니라, 농지에서 그리고 시장에서 자유롭게 일한다. 여성들은 장보기와 흥정을 하고, 종종 가족 내의 돈 문제를 다루기도 한다. 자바 섬의 남편들은 전형적으로 그들의 수입을 가족의 재정권을 가진 그들의 부인에게 넘겨준다. 자바 여성들은 남성들과 자유롭게 상호작용을 하며, 많은 종교적, … 그리고 사회적 삶의 분야에 참여한다.

그림 11. 스리깐디 인형.
그림자극 와양꿀릿
〈스리깐디 이야기〉의 주인공.

위의 자바 여성들에 대한 묘사에서 주목할 만한 것은 그들이 공동체 삶에 있어서 상보적인 사회경제적인 역할에서 기인한 독립적(independent) 지위를 인정받았다는 사실이다.

자바 섬의 종교문화적인 신화들을 면밀히 살펴본다면, 우리는 좀 더 자바 여성들의 독립적인 이미지를 인지할 수 있다. 이러한 이미지의 예로서 주목되는 것은 자바 섬의 잘 알려진 그림자극 와양 꿀릿(wayang kulit) 중에서 〈스리깐디(Srikandi) 이야기〉에 나오는 여주인공 스리깐디가 대표적이다(그림 11). 스리깐디는 자바인들의 이상적인 남성상을 대표하는 아르쥬나(Arjuna)의 부인이다. 스리깐디는 모든 여성을 압도하는 아르쥬나의 카리스마와 여성 편력에도 굴하지 않고 당당하고 독립적으로 살아가는 여성으로 묘사된다. 또한 그녀는 모험과 흥미로 가득 찬 삶을 살아가는 용감한 용사로도 표현된다. 미국의 정치인류학자 베네딕트 앤더슨(Benedict Anderson)은 스리깐디를 "활동적이고, 원기 왕성하고, 논쟁을 좋아하고, 관용적이고, 수완 있는 여성"이라고 표현한다.

한편, 자바 섬의 전통적인 결혼 관습에서도 자바 여성들의 독립적인 사회문화적 위치를 발견할 수 있다. 자바의 전통적인 농경사회는 일반적으로 양변적 친족 체계를 지닌 사회로 알려져 왔다. 이러한 양변적 친족 체계 아래에서, 자바인들은 결혼하면서 "신거제(neolocal residence)" 관습을 따름으로써 자신들의 새 가정을 양측 부모들의 가족으로부터 독립하여 하나의 자치적인 핵가족을 형성하였다. 그리고 비록 전통적인 자바 농경사회에서 결혼이 성사될 경우에는 관례적으로 신부의 직계 가족에게 "신부대(新婦代, bride wealth)"를 지급하기는 하였지만, 이러한 관례는 전통적인 부계(父系)사회에서 행해지는 소유주의 이전(移轉)을 의미하는 "지참금(bride price)"과는 차이가 있었다. 사실상, 전통적인 자바 농경사회에서 신부대는 "결혼 축제 음식의 맛을 내는 소금을 살 수 있는 정도의 적은 양의 금전적인 제공" 이상의 의미는 없었다. 결혼했던 부부가 이혼할 경우, 결혼 생활 동안 공동의 노력으로 얻어진 소유물들은 두 당사자 사이에서 공평하게 나뉘어졌다.

자바 여성들에게 있어서 개인적인 이윤을 창출해 낼 수 있는 자신의 재산을 가질 수 있다는 가능성은 자바 여성들의 독립적인 이미지를 설명하는 또 다른 중요한 척도를 제공한다. 자바 여성들은 교역 활동을 하는 자유로운 권리와 가족 수입원 중의 일정한 몫을 소유할 수 있는 권한이 있었다. 따라서 전통적인 자바 농경사회를 목격한 서구의 문화인류학자들에게 있어서 시장에서 교역 활동을 하는 자바 여성들의 이미지는 인상적이었고, 이러한 자바 여성들의 이미지는 그들의 독립적인 경제활동을 짐작케 하는 광경이었다.

그럼에도 불구하고, 문화인류학적인 자료들 사이에 표현된 자바 여성들의 독립적인 이미지에 대해서는 다소 상이한 면들을 발견할 수 있다. 이러한 측면에서, 브리드-드 스튀어스(C. Vreede-de Stuers)가 자바 여성들에 대하여 서술한 내용은 주목할 만하다.

인도네시아의 ("바딱 Batak", "미낭까바우 Minangkabau", "자바 Java") 등 세 친족 체제를 살펴보면, 그 어느 체제에서도 여성들은 경제적으로 그녀의 가족에게 전적으로 의존하지 않거나, 또는 전적으로 독립적이지도 않다. 울타리 내에서 자유가 있으며, 이 울타리는 언제나 "아닷(adat, 전통적인 관습법)"에 의해서 결정지어진 대로 (개인보다는) 집단의 더 큰 이익에 대한 우선권으로 인하여 존재한다. 그리고 집단에 대한 개개인들의 순종은 남성과 여성에게 동등하게 적용이 된다.

위에 나타난 자바 여성들의 제한된 유형의 독립적인 이미지는 자바 여성들의 다소 상이한 이미지를 제공한다. 앞에서 언급한 바와 같이, 자바 여성들은 전통적인 삶 가운데에서 남성들에게 상보적인 역할을 했다. 따라서 교역활동이나 토착적인 결혼 관습에서 볼 수 있었던 것처럼, 자바 여성들은 독립적인 사회경제적인 위치를 점유할 수 있었다. 그러나 자바 여성들이 속한 사회문화적인 상황을 전체적으로 고려해본다면, 자바 여성들의 이미지는 전적으로 독립적이지만은 않고 다소 상호의존적이라고 주장될 수 있다. 따라서 자바 여성들의 독립적 또는 상호의존적 이미지는 사회경제적 삶뿐만이 아니라 자바인들의 사회문화적 울타리에 기초를 두고 있다고 할 수 있다.

자바인들의 농경사회에서 이러한 사회문화적 울타리는 "후꿈 아가미 자위(hukum Agami Jawi, 즉 토착문화, 힌두−불교문화 및 이슬람문화가 혼합된 자바의 종교법을 말함)"와 "아닷 자위(adat Jawi, 자바의 전통적 관습법)"로 대표되는 "끄자웬 (Kejawen, 자바인들의 관념체계)"의 틀 안에서 형성되어 왔으며, 이는 자바 여성들의 상호의존적인 이미지에 대한 사회문화적 기반을 제공해왔다. 따라서 끄자웬에 반영된 자바 여성들의 이미지를 좀 더 살펴볼 필요가 있다.

끄자웬(Kejawen)에 반영된 윤리적으로 평등한 이미지

15세기 경부터 자바에 들어오기 시작한 이슬람교의 성전 『코란(Qur'an)』(그림 12)에 "여성들의 남성들에 대한 근본적인 순종"을 강조하는 많은 성차별적인 규범이 내포되어 있다는 점을 고려한다면, 앞서 언급한 자바 여성들의 토착적인 독립적 이미지는 여성의 지위

그림 12. 이슬람 경전 『코란』

를 제약하는 이슬람 규범의 종교문화적인 가치규범 하에서 또 다른 이질적인 이미지들과 어우러져서 다소 경합적(競合的)으로 표출되었을 가능성이 높다. 그럼에도 불구하고, 앞서 언급된 자바 여성들의 독립적인 이미지는 여성들이 남성들과 동등하게 사회경제적인 활동에 참여해야만 했던 자바의 전통적인 농경사회의 두드러진 특징 중의 하나였다.

여기서 우리가 주목해야할 사실은 전통적인 농경사회에서 자바 여성들의 사회문화적 지위가 한결같이 남성들과 동일하지는 않았지만, 자바 여성들의 사회문화적 지위가 사회경제적 활동에서의 상보적인 역할뿐만이 아니라 끄자웬의 울타리 안에 존재하는 "윤리적 평등주의"의 측면에서 남성들의 사회문화적 지위와 "상호의존적"으로, 그리고 "상보적"으로 동일했었다는 점이다. 따라서 자바 여성들의 상호의존적인 사회문화적 지위를 규명하기 위해서는 자바인들의 전통적인 농경사회에서 포괄적인 사회문화적 기준을 제공하였던 끄자웬을 고려해볼 필요가 있다.

우선적으로, 자바 전통사회가 15세기 이래로 이슬람의 지배적인 영향 아래에 있었던 점을 감안할 때, 자바 여성들의 사회문화적 지위는 이슬람교와 혼합된 자바의 토착적 종교법인 "후꿈 아가미 자위"의 측면에서 고려되어야 한다. 15세기 경 자바 섬의 불교와 힌두 왕국들이 쇠퇴할 무렵, 이슬람 문화는 자바의 사회에 본격적으로 영향을 미치기 시작했다. 17세기에는 이슬람교가 처음으로 자바 전역에 지배적인 세력으로 등장하였다. 포괄적인 종교문화적인 체계인 이슬람교는 자바 농경사회의 토착적 문화들과 어우러지면서 알라(Allah)와 사람들을 향한 자바인들의 사회문화적 행위를 규제하는 규범의 조합, 즉 후꿈 아가미 자위로 변형 발전하게 되었다. 이슬람의 종교문화적인 가치체계는 특히 자바 섬의 혼합적인(syncretic) "알리란(aliran, 자바 토착적 사회문화적 풍조)"과 결합하면서 자바 여성들의 이미지에 영향을 미치기 시작했다.

그러나 실제적으로 정경적인 이슬람 교리에 반영된 여성들의 이미지는 상당부분 자바 농경사회 여성들의 이미지와는 상이한 면을 보이고 있다. 다시 말해서, 이슬람 규범에 반영된 여성들의 이미지는 자바 여성들의 토착적 이미지와 비교하여 상대적으로 종교적 전통에 더 제약을 받거나 사회문화적 생활에 있어서 더 불평등하게 표명되었다. 예를 들어, 자바의 전통 농경 사회에서 소녀들은 상당부문 자신들의 반려자를 자유롭게 선택할 수 있었다. 반면, 정경적인 이슬람 전통 아래에서는 부모들의 의사결정이 이슬람 소녀들의 결혼 성사여부에 있어서 결정적이었기 때문에 부모들의 의견을 저버리고 다른 사람과 결혼하는 예는 극히 드물었다.

또 다른 상반되는 예는 이슬람 교리가 이슬람 남편들에게 이혼할 수 있는 절대적인 권한을 보장함으로써 남편들이 일방적으로 부인들과의 인연을 끊고 이혼을 할 수 있는 반면, 자바 여성들은 이슬람 문화의 영향에도 불구하고 결혼문제에 있어서는 상대적으로 자유로운 권한을 누렸다는 사실이다. "독립적 또는 상호의존적 이미지"에서 언급한 바와 같이, 결혼했던 자바인 부부가 이혼할 경우, 이혼 당사자들은 각각 결혼 할 때 자신들이 가지고 온 소유물과 재산에 대한 소유권한을 인정받았고, 결혼 생활동안 공동의 노력으로 얻은 소유물과 재산은 당사자들 간에 균등하게 분배되었다.

코란 및 수라(Sura) 등과 같은 이슬람 경전에 나타난 여성들의 일반적인 이미지도 전통적 농경사회의 자바 여성들의 이미지와는 상당부문 상이한 면을 지니고 있다. 다음의 코란 구절에 나타나는 이슬람 여성들의 사회 생활 상에서의 격리는 자바 여성들의 상보적이고 독립적인 이미지와는 상반되는 비근한 예이다.

그리고 그대들[여성들]의 집에 조용히 머물고, 무지한 지난날
처럼 현혹적인 어떤 자태도 보이지 말라. (코란 33장 33절)

문자적으로 이 구절은 오직 이슬람 선지자(prophet)들의 부인들에게만 적용된 충고였다. 하지만, 이슬람 신학자과 법학자들은 이 구절을 모든 이슬람 신앙을 가진 여성들에게 적용되는 것으로 재해석하였다. 이 재해석은 대부분의 이슬람 국가들에 의해서 널리 받아들여졌고, 이들 국가 내에서 여성들은 직장이나 종교행사 등의 불가피한 경우 외에는 주로 집안에 머물도록 행동의 제약을 받았다. 수라와 코란에는 일부다처제의 권리, 일방적인 이혼의 권리, 그리고 육체적 징계의 권한 등 남성위주의 종교문화적 관행들이 다음과 같이 묘사되고 있다.

그대의 선택에 따른 여성과 결혼하라. 둘 또는 셋, 또는 넷, …
따라서 의로운 여인들은 희생적으로 복종한다. … 불충신하고 행

그림 13. 자바의 이슬람 여성들.

위가 바르지 못한 여인들, 그들에게 경고하고, 그들과 합방하기를
거절하고, 그들을 때려서 버릇을 고치라. (코란 4장 3-34 절)

이슬람 규범과 경전에 반영된 여성들의 제약된 이미지를 감안한
다면, 자바 여성들의 토착적 이미지는 정경적인 이슬람 문화에서 요
구하는 여성상과는 다소 상이한 면을 보여주고 있는 반면, 자바 농
경사회의 사회경제적인 생태 및 토착적인 문화와 깊은 연관성이 있
음을 다시금 확인할 수 있다. 비록 이슬람 문화가 어떠한 과정을 거
쳐서 자바의 토착적 문화체계와 융합하였는지 설명하기는 힘들지
만, 이슬람 문화가 자바의 토착적 문화체계와 상당부문 융합이 된
것은 부인할 수 없는 사실이다(그림 13).
하지만, 정경적인 이슬람 종교와 문화가 인도네시아의 혼합적인
토착적 문화체계를 쉽사리 능가할 수는 없었다. 예를 들어, 비록

1950년대 대부분의 자바인들이 이슬람교를 믿고 있었지만, 자바 섬의 많은 지역에서 그들이 신앙 고백하는 이슬람 신앙은 토착적 알리란의 영향을 받은 명목상의 이슬람교였다. 결론적으로, 혼합적인 사회문화 요소들, 즉 물활론(物活論, animism), 힌두―불교, 그리고 이슬람 요소들을 균형감 있게 포용하고 있는 자바 농경사회에서는, 교리적이고 보수적인 이슬람 규범이 자바 여성들의 사회문화적 삶에 절대적인 영향력을 미치지는 못했던 것이다. 따라서 자바 여성들의 이미지를 이해하기 위해서는 후꿈 아가미 자위 뿐만 아니라, 자바 섬의 토착적인 관습법인 아닷 자위도 자세히 고찰할 필요가 있다.

아닷 자위는 오랜 세월에 걸쳐 힌두―불교 및 이슬람의 영향 아래에서 형성된 자바인들의 전통과 관습의 체계로써, 자바 농경사회를 사회문화적으로 지탱하는 관습적인 기준틀로 작용해왔다. 비록 그 기원은 잘 알려져 있지 않고, 그 양식은 자바 전 지역에 걸쳐 다양하지만, 아닷 자위는 역사적으로 진행된 종교적, 정치적 그리고 사회문화적 변화에 놀라우리만치 민감하게 반응하여 왔다. 자바의 개개인은 이러한 아닷 자위를 준수하면서 규범적인 공동체 생활에 적응해 왔다. 자바인들의 농경 공동체 안에서, 아닷 자위는 일반적인 벼농사 활동에서부터 남성과 여성사이의 관계에 이르는 거의 모든 사회문화적 행위를 규제해 왔다. 사실상, 현재 존재하는 민족지학적인 자료에서 아닷 자위의 규범이 전적으로 자바 여성들의 독립적인 사회 문화적 지위를 보장하기 위해서 자바 남성들의 사회. 문화적 지위를 관습적으로 제약하였다는 증거를 찾아보기는 힘들다. 더욱이, 자바 사회의 한 영역에서는 젊은 소녀들의 결혼이 부모들에 의해서 전적으로 결정되고 여성들이 불평등한 재산 소유권을 가지는 "쁘리야이(priyayi, 자바 귀족계층)" 문화가 존재하였다는 것은 엄연한 사실이다(그림 14).

그림 14. 쁘리야이 계층의
복장을 한 자바 남성과 여성.

　그럼에도 불구하고, 대부분의 문화인류학적인 자료들은 보편적
으로 쁘리야이 계층과는 달리 자바의 일반 농경 사회에는 자바 여성
들의 평등성을 위한 토착적인 사회문화 기반이 실재하였었다고 주
장한다. 다시 말해서, 비록 예외는 항상 있었지만, 아닷 자위는 성
(性, gender)의 사회문화적 지위에 대한 윤리적인 접근을 용인하고
있었다고 지적한다.

　이러한 측면에서, 수많은 자바의 전통과 문화의 여러 영역에서
자바 여성들의 사회문화적 지위에 대한 윤리적 평등주의를 발견할
수 있다. 예를 들어, 중부 자바에서 유래한 "빤지 끌라라스(Panji
Kelaras)"의 이야기 중간에 다음과 같은 시가(詩歌)가 소개된다. 이
시가는 빤지의 수탉이 부르는 노래로서, 이 이야기의 전체적인 복선
(伏線)을 윤리적 평등주의에 입각하여 상징화하고 있다.

꼬꼬댁 꼬꼬꼭(blek-blek kukeluruk). 나는 빤지 끌라라스의 수탉이요! 그의 어머니는 오래된 초라한 오두막에 살고 있죠. 그러나 그의 아버지는 궁전에 살고 있다오.

결국, 빤지 끌라라스의 아버지는 자신의 부인을 다시 만났을 때, 그녀를 정글에 홀로 내버려두고 떠나온 것을 후회하고, 빤지 끌라라스와 자신의 부인을 그의 궁전으로 데려와서 자신의 부인을 왕비로 삼는다.

또 다른 예는 자바 여성들의 윤리적 상호의존성의 기반을 제공하는 자바의 한 창조 설화의 일부분이다.

창조된 이후, 데위 까와(Dewi Kawa)가 놀라운 표정을 지었다. 위쉬누(Wishnu)는 무슨 문제가 있는지 그녀에게 물었다. 데위 까와는 자신의 현재 모습으로는 지상에 존재하는 바람, 폭풍, 추위 그리고 더위를 견디기 힘들다고 대답했다. 위쉬누는 그녀에게 걱정하지 말라고 이야기했다. 그는 곧 아디나(Adina)를 불러오고, 데위 까와에게 "네가 안전하게 살 수 있도록 아디나 마음의 한 부분을 너에게 주겠다"라고 말했다. 아직도 두려움에 떨면서, 데위 까와는 주저하면서, "그러나 거센 폭풍과 같이 요동하는, 밤과 같이 차가운, 그리고 동굴 속과 같이 어두운 한 남성의 마음 안에서 내가 어떻게 안전함을 찾을 수 있나요?"라고 반문했다. 위쉬누는 "너는 그 마음을 평화롭고, 따스하고, 그리고 밝게 만들지어다. 이것이 내 창조가 필요로 하는 것이다."라고 대답했다.

이와 같이, 자바인들의 아닷 자위에 나타난 여성들에 대한 윤리적 접근은 자바 여성들로 하여금 이슬람 규범의 영향 아래에 있는 그들 공동체의 삶에서 격리되지 않도록 하는 역할을 하였다. 아닷 자위에 나타난 이러한 윤리적 평등성은 또한 이슬람 사회의 결혼이 남편들의 일방적인 요구에 의해서 파기되는 것과는 달리 결혼 생활에 있어서 자바 여성들의 사회문화적 권리를 보호하는 역할을 하였다. 더욱이, 아닷 자위는 자바 여성들의 관습적인 사회문화적 자유를 보전하는 측면에서 "딸릭 앗 딸락(talik at talak, 유예된 이혼)"과 같은 이혼 양식을 수용했다. 딸릭 앗 딸락의 역할과 자바 여성 개개인에 있어서 이 이혼 양식의 중요성은 전 인도네시아 내각 수상인 알리 사스뜨로아미조요(Ali Sastroamidjojo)가 1928년 〈인도네시아 여성회의(Indonesia Women's Congress)〉에서 발표한 연설문에 다음과 같이 잘 나타나 있다.

우리나라[인도네시아]에서는 딸릭이 이슬람 규범에서는 찾아보기 힘든 특별한 의미를 가지고 있다. 인도네시아의 관습법에 의하면, 이 딸릭은 결혼 합의 직후 결혼식에서 공표되었다. … 이 규칙은 여성들의 지위를 보호하는 조건을 공식화한다. 왜냐하면, 딸릭에 의거하여, 남편들은 만약 자신들이 결혼식 때 공표하였던 조건들을 지키지 않았을 경우, 그들의 아내가 명백히 자유롭게 될 것이라고 맹세해야 하기 때문이다.

새로운 사회문화적 조건들에 적응하면서, 아닷 자위는 종교적 문화체계인 이슬람의 규범과 영향을 주고받았을 뿐만이 아니라, 더 나아가서 특정한 아닷 자위의 사회문화적 영역은 후꿈 아가미 자위와 동화하였다. 이러한 상황 아래에서, 자바 여성들은 비록 정경적인 이슬람 문화의 성차별적인 규범의 영향에도 불구하고, 끄자웬의 울타리 안에서 윤리적 평등성을 누릴 수 있었다.

맺음말 : 경합하는 이미지들

이 글에서는 자바 사회의 민속자료 및 자바 농경사회의 생태학적인 사회경제적인 환경을 고찰하면서 자바 여성들의 다양한 토착적 이미지를 살펴보았다. 첫째, 자바 토착 설화에서, 여성들의 토착적 이미지는 일반적으로 "상보적", "매개적" 그리고 "독립적 혹은 상호의존적"인 양상으로 표방된다. 둘째, 비록 이러한 자바 여성들의 토착적 이미지가 15세기 이래로 자바 농경 사회에 지배적인 영향을 미쳐온 정경적인 이슬람 문화에 반영된 여성 이미지의 영향 아래에 있어 왔지만, 아닷 자위와 후꿈 아가미 자위로 대표되는 혼합적인 끄자웬에 나타난 윤리적 평등주의의 영향으로 인하여, 자바 여성들의 토착적인 이미지는 면면히 그 사회문화적 함축성을 유지해오고 있다. 셋째, 자바 농경 사회의 생태학적인 사회경제적 조건 아래에서, 자바 여성들은 농경지 활동뿐만이 아니라 공동체 삶에 있어서도 남성들과 거의 동등하게 참여했으며, 이러한 사회경제적인 역할은 자바 사회의 민속자료에서 발견되는 토착적인 이미지와도 상당 부분 일치한다.

1970년대 이래로 앞서 언급된 자바 여성들의 토착적인 이미지는 이상적인 여성상에 대한 국가적 이데올로기와 새로운 여성의 이미지를 요구하는 근대화와 조우하게 된다. 1967년 등장한 수하르또(Suharto)의 "신질서(Orde Baru, New Order)" 정부 이래로, 인도네시아 정부는 사회문화적인 측면에서 "인도네시아의 토착적인 전통과 문화의 부활"을 추구해 왔다. 이러한 국가적 차원의 노력 가운데 하나가 바로 "인도네시아적인 여성상"을 정립하는 작업이었다. 이러한 작업들은 주로 "다르마 와니따(Dharma Wanita, 정부출연 여성기구)"나 "뻬까까(PKK, 가족 복지 프로그램)" 등과 같은 정부 조직이나,

텔레비전 등의 대중매체를 통하여 이루어져왔다. 하지만, 정부가 계몽하는 "인도네시아적인 여성상"은 인도네시아 인구의 대다수를 차지하는 농촌 여성 등의 일반적인 대중 계층이 아닌 "상류계층의 여성 문화(priyai ibuism, 쁘리야이 이부이즘)"를 그 이상적인 역할모델로 삼았으므로, 이미지의 사회 계층적인 괴리감을 야기시켰다.

　이러한 상류층 문화 중심의 "인도네시아적인 여성상"과 더불어, 현대 자바 여성들은 일상생활 가운데 대중매체를 통하여 전파되는 다원화되고 다각화된 문화 속에서 근대화된 여성의 이미지 또한 끊임없이 접하며 살아가고 있다. 특히, 젊은 층의 자바 여성들은 이러한 근대화된 새로운 여성의 이미지에 매력을 느끼고 있고, 자바 토착적인 여성들의 이미지와 정부의 "인도네시아적 여성상"에 대한 기대와는 달리, 다원화되고 다각화된 새로운 이미지를 추구하고 있다.

　결론적으로, 비록 전통적인 자바 농경사회에서는 여성의 "상보적", "매개적", 그리고 "독립적 혹은 상호의존적"인 토착적 이미지와 역할이 지배적이었지만, 산업화되어가고 근대화되어가는 오늘날 자바의 여성들에게 있어서는 이러한 경합적인 이미지들 중 어느 것이 지배적인 영향력과 구속력을 가졌다고 쉽게 단정하기 어렵다. 다만, 분명한 것은 앞으로 자바 여성들의 토착적인 이미지의 사회문화적인 위상은 산업화되고 근대화되어가는 자바의 사회경제적인 구도 아래에서 그들이 어떠한 생태학적인 역할을 하느냐에 따라 크게 변화될 것이라는 점이다.

이 글은 『국제지역연구』 제 7권 제 2호(2003)에 게재된 글을 수정 · 보완한 것이다.

Ⅱ. 공예와 일상생활

동남아시아의 귀걸이와 피어싱 풍습

주경미

귀걸이는 사람의 귀를 장식하는 장신구의 일종이다. 사람의 몸을 치장하는 데에 사용하는 장신구는 선사시대부터 지금까지 지속적으로 발달한 중요한 조형예술품으로서, 미술 공예 분야에서 매우 중요한 연구 장르이다.

현대 사회에서는 장신구가 단지 개인의 몸을 아름답게 꾸민다거나 개성 표현의 한 방식, 혹은 값비싼 보석을 자랑하기 위한 허영심의 충족 등을 위해서 사용되는 개인적 기호품으로 인식되는 것이 일반적이다. 그렇지만, 전근대사회에서의 장신구는 개인적인 욕구 충족을 위한 장식이 아니라, 장신구를 착용하는 사람의 사회적, 문화적 위치를 나타내는 사회적 기호품이자 문화적 표상인 경우가 많았다. 특히 고대 사회에서의 장신구는 착장자의 신분이나 소속을 드러내는 상징물로 기능하였다. 귀걸이는 이러한 고대의 사회적 상징물로서의 장신구 중에서도 중요한 품목 중 하나이다.

동남아시아 지역에서는 귀걸이를 비롯한 다양한 장신구들이 아주 이른 시기부터 광범위한 지역들에서 다양하게 사용되어 왔다. 동남아시아의 각 지역에서 발달한 독특한 장신구 착장 문화에 대해서는 일찍부터 각 지역의 소수민족에 대한 민족학, 혹은 인류학적 차원에서 논의되고 있으며, 지금까지도 서구의 동남아시아 문화 예술 분야 연구에서는 매우 중요한 분야로 인식되고 있다. 서구 학계가 식민지시대부터 지금까지 꾸준히 동남아시아의 장신구에 대한 관심을 기울이고 연구에 힘써온 것과는 달리, 국내 학계에서는 동남아시아의 장신구 분야에 대해 거의 관심이 없었다. 물론 관광 산업의 발달로 국내 여행자들의 동남아 지역 관광 빈도가 늘어나면서, 동남아시아 현지에서 파는 토속 공예품의 일종으로서 구슬 장신구나 은제 장신구와 같은 장신구를 구매해서 반입하는 경우는 점차 늘어나고 있다. 그러나 동남아 장신구들의 역사적, 혹은 문화사적 의의에 대해서는 아직까지 거의 논의되지 않고 있다.

국내에서 동남아시아 지역의 장신구 문화 연구가 심도깊게 진행되지 못하는 가장 큰 이유는 동남아시아의 지역적 특성상 언어와 종교, 관습, 문화가 지역마다 다양하게 발전하였으며, 사료가 충분하지 못하여 역사적 발전 과정을 파악하기 어렵다는 지역적 특색에서 기인한다. 특히 장신구의 연구는 장신구 자체의 조형적 특성 연구뿐만 아니라, 사회적 의례와 관습, 개인의 기호 등이 포괄적으로 논의되어야하기 때문에, 현대 장신구 구매와 같은 상업적 차원 이외의 문화사적 차원에서 동남아시아 장신구에 대해 접근하기가 다소 어려운 것이 사실이다. 또한 장신구라는 것은 결국 몸에 착용하는 조형물이기 때문에, 기본적인 인체의 형상에서 크게 벗어나지 않는 한도 내에서 조형적 속성이 어느 정도 결정되어 있다. 그러므로 비전문가의 입장에서 보면 어느 것이나 어느 지역에서나 다 똑같아 보이는 보편적이며 평범한 물건으로만 인식될 수 있다. 그렇지만, 장신구가 가지는 이러한 보편적 속성 안에서 발견되는 미묘한 지역별,

혹은 시대별 차이는 각 지역의 사회, 문화적 현상을 반영하여 형성된 것이므로, 유사한 장신구를 착장하는 집단 간의 문화 비교 연구에 중요한 물질적 자료가 된다.

동남아시아 지역에서 광범위하게 사용된 전통 장신구 중에서 특히 주목되는 것이 바로 귀걸이이다. 동남아시아의 귀걸이 착장 문화는 이미 선사시대부터 시작되었으며, 아주 이른 시기부터 현대까지 꾸준히 이어지고 있다. 최근 동남아 각지에서 활발하게 이루어진 고고학적 발굴조사에서는 이미 신석기시대부터 독특한 동남아 특유의 귀걸이들이 석제, 혹은 옥제로 제작되어 사용되어 왔음이 확인되고 있다. 흥미로운 것은 이러한 선사시대의 귀걸이 형식이 현대까지도 일부 소수민족이나 지역에서 계승되어 잔존하고 있다는 점이다. 이렇게 매우 오랜 기간 동안 일정한 형식의 독특한 장신구들이 지역 사회에서 전통적으로 사용되어온 것은 각 지역에서 전통 문화를 꾸준히 유지해왔기 때문에 나타나는 현상이기도 하다. 최근 현대 문화와 개발의 열풍과 함께 이러한 소수민족들의 전통 장신구나 복식, 문화 예술들이 점차 사라지고 있다는 점은 문화사적 관점에서 매우 안타까운 현실이다.

여기에서는 동남아시아 지역의 다양한 장신구 중에서도 먼저 현존하는 작품이 풍부하고 다양한 고대 동남아시아의 귀걸이들을 중심으로 역사적 발전 과정과 조형적 특징을 살펴보겠다. 동남아시아의 귀걸이는 신석기시대부터 광범위하게 사용되기 시작했다. 동남아시아에서 귀걸이를 착용할 때에는 일찍부터 귓불에 구멍을 뚫고 그 구멍에 귀걸이를 거는 "피어싱(Piercing)" 방식이 사용되었으며, 지금까지도 소수민족 마을에서는 이렇게 피어싱하여 귀걸이를 착용한 사람들을 종종 만나볼 수 있다(그림 1). 이러한 피어싱 풍습은 동남아시아의 전 지역에서 확인되며, 선사시대부터 지금까지 계속 이

그림 1. 귀걸이를 한 흐몽족 여인. 베트남 북부 박하시장. 2009년.

어지는 오래된 풍습의 하나이다.

　중국의 유교 문화권에 익숙한 사람들은 몸에 구멍을 뚫고 장신구를 착용하는 피어싱 풍습을 야만적 풍습이라고 생각하는 경우가 많다. 특히 유교에서는 "몸과 머리카락, 피부는 모두 부모에게 물려받은 것이므로, 훼손하고 상처를 내지 않는 것이 효(孝)의 시초"라는 인식이 오래전부터 있었기 때문에 중국에서는 아주 일찍부터 피어싱 풍습은 불효하고 인의(仁義)가 없는 오랑캐의 풍습으로 인식하는 것이 일반적이었다. 중국의 유교를 일찍 받아들였던 우리나라에서는 조선 중기를 거치면서 이러한 유교적 사상이 강해져서 피어싱 풍습에 대한 부정적 인식이 강해졌다. 그리하여 지금까지도 몸에 구멍을 내는 피어싱 풍습은 불효(不孝)의 상징이나 못되먹은 불량아, 혹은 야만인의 풍습으로 치부하는 어르신들을 가끔 만날 수 있다. 그렇지만, 중국의 중원 지역을 제외한 대부분의 아시아 지역에서는 아주 이른 선사시대부터 피어싱 풍습이 있었던 것으로 추정되며, 근현대기까지도 전통 방식대로 피어싱한 귀걸이를 착용한 사람들을 종종 만날 수 있다.

동남아 지역에서는 아주 일찍부터 지금까지 다양한 피어싱 방식으로 귀걸이를 착장하는 풍습이 발전해왔다. 그중에서도 특히 주목되는 것은 귀에 거는 고리 부분이 아주 큰 대형의 태환이식(太鐶耳飾), 즉 굵은고리 귀걸이가 광범위한 지역에서 유행했던 점이다. 이러한 굵은고리 귀걸이들은 사실 우리나라에서도 신라 고분을 중심으로 종종 출토되고 있는데, 유물만 남아 있는 우리나라의 고대 귀걸이 연구에서 동남아시아의 인류학적·민속학적 자료들은 매우 중요한 비교 자료가 된다.

4~7세기경 신라 고분에서 출토되는 금제 굵은고리 귀걸이들은 조형적 측면이나 금 세공 기술적 측면에서 모두 신라 문화를 대표하는 작품으로 인식되고 있기는 하지만, 귀에 거는 고리부분이 지나치게 굵기 때문에 착장 방식에 대한 논의가 끊이지 않았다. 또한 이들과 함께 발견되는 "이전(耳栓, ear reel)"이라고 불리우는 납작한 원판형 귀걸이 형식에 대해서도 용도에 관한 논란이 꾸준히 있었다. 이들의 용도 및 착용 방식을 이해하는 데에는 고대부터 현대까지의 동남아시아 귀걸이 문화를 먼저 이해하는 것이 매우 중요하다.

동남아시아의 소수민족 중에는 귀에 피어싱을 하고 커다란 귀걸이를 착용하는 풍습이 종종 확인된다. 동남아시아 중에서 가장 북쪽에 해당하는 베트남 북부 산간지역에서부터 가장 남쪽의 인도네시

그림 2. 귀에 실고리를 매단 자오족 어린이. 베트남 북부 사파 타핀마을. 2009년.

아 섬들에 이르기까지, 각 지역의 전통 문화에서 피어싱하여 귀걸이를 착용하는 풍습은 흔하게 찾아볼 수 있다. 물론 착용되는 귀걸이의 형태나 크기, 재질은 지역마다 차이가 있다.

베트남 북부 산간의 오지마을로 알려진 라오까이(Lao Cai)와 사파(Sa Pa)지역에는 자오(Zhao)족, 흐몽(Hmong)족 등 여러 소수 민족들이 살고 있다. 이 소수 민족의 여성들은 대부분 귀를 뚫어서 커다란 귀걸이를 착용하고 있다. 이러한 귀걸이는 대부분 현지에서 은으로 제작되며, 관광객용으로 팔리는 경우도 많다. 이러한 소수 민족들은 2~3살 정도의 어린 아이 때부터 귀에 구멍을 뚫는다. 바늘에 실을 꿰어서 어린 아이의 귓바퀴 아래 부분을 찔러서 귓구멍을 낸 후, 그 구멍이 다시 막히지 않도록 그 구멍에 실을 계속 매달아 놓는다. 실제로 이 지역의 어린이 중에는 양쪽 귀를 모두 뚫은 후,

그 구멍에 실을 매어 간단한 귀걸이 모양으로 달아 놓는 경우를 종종 볼 수 있다(그림 2). 피어싱의 전통이 있는 대부분의 문화권에서는 어린 시절에 바늘로 귀를 뚫어서 귀걸이를 착용하는데, 이러한 풍습은 현재 북방 유목민족들이 살고 있는 중국의 내몽고 지역에서도 확인된다.

사실 피어싱의 풍습은 인류 문명의 초기부터 현대까지 지속된 보편적인 문화의 하나이다. 고대 메소포타미아나 이집트 지역의 문화에서도 이러한 흔적은 찾아 볼 수 있으며, 인도 아대륙이나 아프리카 지역에는 동남아시아와 마찬가지로 피어싱을 하고 귀걸이를 착장하는 풍습이 아직까지도 일부 소수 민족들의 전통으로 남아 있다. 그렇지만, 여러 지역의 피어싱 풍습 중에서도 특히 고대 동남아시아의 귀걸이 문화와 가장 밀접한 관계를 보여주는 것은 인도의 귀걸이 문화이다.

인도에서는 다른 지역에 비해서 일찍부터 귀걸이의 피어싱 착장 풍습이 사회적 의례(ritual)로서 발달했으며 보편화되어 있었다. 물론 귀에 다는 장식품의 형태와 종류, 재질은 신분에 따라 다르지만, 현재까지도 귀를 뚫고 귀걸이를 다는 풍습은 힌두교를 믿는 사람들에게는 가장 중요한 사회적 의례 중의 하나이다. 현대의 힌두교도들은 탄생부터 죽음에 이르기까지의 인생의 여러 단계를 지날 때마다 "삼스카라(Saṃskāra)"라고 불리는 일정한 사회적 의례의 단계를 거친다. 그중에서도 어린 시절에 행하는 "카르나베다 삼스카라(Karnavedha Saṃskāra)" 의례는 생후 6~7개월, 혹은 생후 3~5세의 어린이들의 귓불에 금바늘, 혹은 동바늘로 구멍을 내고 금제, 혹은 동제 귀걸이를 달아주는 의례이다. 고대부터 행해진 이 의례를 따라서, 현대 인도의 힌두교도들은 어린이의 귀에 금귀걸이를 달아주면 신체가 건강해지고 힘이 세지며 모든 병을 물리친다고 여기며

귀를 뚫어준다. 또한 신분에 따라 높은 카스트의 사람들은 대형의 귀걸이를 착용하기 위해서 해마다 피어싱한 귀걸이의 굵기를 늘려가면서 귓불의 크기를 늘려나가기도 하거나, 여러 개의 구멍을 뚫기도 했다(그림 3).

아마도 동남아시아 지역에서 다양한 형태의 귀걸이들과 피어싱 풍습이 발전하는 것은

그림 3. 여러 개의 귀걸이를 착용한 인도 여인. 인도 구자라트 지방. 현대 20세기.

이러한 인도 문화의 영향일지도 모른다. 특히 어렸을 때에 작은 구멍을 뚫고 점차 귓불의 구멍을 크게 늘려가는 풍습은 현재 인도와 동남아시아 지역 모두에서 확인되는 것으로서 고대 인도로부터 동남아시아 지역으로 이주해온 인도계 이주민 문화의 영향으로 발전한 것일 가능성이 크다. 그렇지만 아주 일찍 전래된 혹은 행해진 이러한 귀걸이 착장 문화는 오랜 시간을 거치면서 각 지역에서 현지화되었으며, 지역마다 독특한 조형성과 문화적 상징성이 결합된 중요한 전통 문화로 발전하였다.

인도나 동남아나 한국이나 기본적으로 피어싱하는 귀걸이 착장 문화권에서는 귀걸이의 형태가 크게 두 가지로 나누어진다. 하나는 귓불의 구멍에 귀걸이를 꽂아넣는 "C"자 형태의 귀걸이이며, 다른 하나는 납작한 원판형의 귀걸이이다. 부르는 이름이나 형태, 장식 등은 지역마다 조금씩 다르지만 기본적인 용도는 어디나 비슷하다. 일반적인 C자형 귀걸이들은 문화적 상징성을 가지는 조형 형태를 추구하는 경우가 많으며, 원판형 귀걸이들은 귓불의 구멍을 넓히거나 고정시키기 위한 용도로 사용되는 경우가 많다. 한편 시대가 내

려가면 이러한 두 가지 용
도나 형태가 서로 혼용된
복합적인 변형 형식으로
만들어지는 귀걸이도 종종
발견된다.

　귓불의 구멍을 넓히기
위한 원판형 귀걸이들은
대체로 굵은고리 귀걸이를
피어싱하여 착용하는 지역
을 중심으로 발견된다. 이
러한 귀걸이는 인도에서

그림 4. 원통형 귀걸이를 착용한 필리핀의 여인.
ⓒ Collectie Tropenmuseum.

기원전 6000년경 선사시대부터 현대까지 비슷한 형태가 유지되며
사용되었다. 동남아시아에서는 필리핀, 인도네시아 등에서 이러한
귀걸이가 근대기까지 착용되었던 것으로 보이는데, 근대기에는 재
질이나 형태가 다양하게 변형되기도 하였다(그림 4). 근대기 동남아
시아의 원판형 귀걸이는 토제, 금속제, 목제, 상아제 등 재질이 다양
하며, 형태도 납작한 원판형에서 긴 봉의 형태에 이르기까지 매우
다양하다. 이러한 원판형 귀걸이의 존재들은 보통 피어싱을 한 이후
귓불의 구멍을 넓혀가면서 점차 고리의 굵기를 키우는데 사용했던
것으로, 이들이 발견되는 곳에서는 언제나 굵은고리 귀걸이를 착용
하는 풍습이 확인된다.

　우리나라에서는 이러한 납작한 원판형 귀걸이들이 주로 경주를
비롯한 남부 지방의 고대 유적에서 출토되는데, 통일신라시대 이후
의 유적에서는 거의 발견되지 않는다. 이러한 원판형 귀걸이의 존재
로 볼 때, 동남아시아의 굵은고리 귀걸이 착장풍습은 선사시대에 남
방해로를 따라 한반도 남부로 전해졌다가, 7세기 중엽경 신라가 중

그림 5. 돌로 만든 굵은고리 귀걸이.
기원전 13~9세기. 베트남 동다우(Dong Dau) 출토.
베트남 하노이 역사박물관 소장.

그림 6. 석제 링링오 귀걸이. 사
후인 문화. 기원전 5세기~기원
후 1세기. 출토지 미상. 베트남
호치민 국립역사박물관 소장.

국의 복식 제도를 도입하면서부터 점차 사라진 것으로 생각된다.

고대 동남아시아에서 굵은고리 귀걸이가 언제부터 처음 사용되었는지는 정확하지 않다. 현재까지의 고고학적 발굴조사에 의하면 신석기시대 후기부터는 옥석제로 제작된 굵은고리 귀걸이들이 동남아 각지에서 사용되었다고 추정된다. 이러한 귀걸이 관련 유물의 분포는 고대 동남아시아의 해로 교역을 이해하는 데에 중요한 자료가 되고 있다.

현재까지의 유물 중에서 비교적 이른 시기의 것은 베트남 북부의 동다우(Dong Dau) 유적에서 발견된 돌로 만든 굵은고리 귀걸이이다(그림 5). 동다우 유적은 베트남 홍강 인근의 선사시대 유적으로, 신석기시대에서 청동기시대로 전환하는 시기의 유적으로 알려져 있다. 이 유적의 연대에 대해서는 논란이 많지만, 최근 연구에 의하면 기원전 13세기에서 기원전 9세기 경으로 추정되고 있다. 이러한 굵은고리 귀걸이는 둥그렇게 말아 놓은 고리 형태로 단면은 납작한 경우가 많다. 이러한 형태의 굵은고리 귀걸이들은 청동기시대와 철기시대까지 베트남 뿐만아니라 동남아시아의 전지역에서 지속적으로 유행하며, 금속기를 사용하는 시기에는 금속으로 재질이 전환되어 제작된다.

청동기시대와 철기시대의 베트남 중부 지역에서 발달한 독특한 형태의 귀걸이들은 선사시대에서 역사시대로 넘어가는 과도기의 중요한 문화사적 자료들이다. 그중에서도 베트남 중부 지역을 중심으로 발달한 사후인(Sa Huynh, 沙黃) 문화권에서 즐겨 사용된 굵은고리 귀걸이들은 독특한 형식과 재질로 인하여 일찍부터 주목되었다. 청동기시대에서 철기시대의 베트남 중남부지역 해안에서 발달한 사후인 문화권 출토 유물들은 대체로 기원전 500년경부터 기원후 100년경으로 편년된다.

사후인 문화권에서 출토되는 귀걸이들은 대체로 옥(玉, Jade)과 같은 옥석제로 제작되는데, 형태에 따라 크게 두 가지 형식으로 나누어진다. 하나는 필리핀어로 "링링오(Lingling-o)"라고 불리는 둥글고 큰 C자형 고리 모양의 귀걸이로서, 고리의 세 곳, 혹은 네 곳에 뾰족한 장식이 달린 형태이다(그림 6). 최근 이러한 형식의 귀걸이는 태국, 필리핀 일대에서도 출토되어서, 베트남 뿐만 아니라 매우 광범위한 지역에서 사용되었음이 확인되었다.

또다른 형식은 둥근 C자형 고리를 중심으로 양쪽으로 독특한 동물의 머리를 표현한 쌍두형(雙頭形) 귀걸이이다. 이 귀걸이는 앞쪽에서 보면 뾰족한 새 얼굴과 같은 기묘한 형태의 얼굴이 새겨져 있다. 이러한 쌍두형 귀걸이는 베트남 남부 지역을 중심으로 출토되고 있지만 역시 태국이나 필리핀의 유적에서도 종종 출토된다.

1994년 베트남 남부 종까보(Giong Ca Vo) 유적에서는 옹관묘 안에서 쌍두형 귀걸이를 착장한 두개골이 발견되어, 이러한 형태의 귀걸이가 실제로 사용되었던 것임이 밝혀졌다(그림 7). 이 유물은 출토된 유적의 성격으로 보아 기원전 4세기~2세기경에 제작되었던 것으로 추정되고 있다. 이러한 쌍두형 귀걸이는 옥제품이 가장 많지만, 간혹 유리로 제작된 예가 발견되기도 한다.

그림 7. 옥제 쌍두형 귀걸이와 두개골. 베트남 남부 종까보 유적 출토. 사후인 문화. 기원전 4-2세기경. 베트남 호치민 국립역사박물관 소장.

링링오 귀걸이와 쌍두형 귀걸이 형식은 사실 베트남 남부지역에서만 출토되는 것이 아니다. 이 두 가지의 고대 귀걸이 형식은 필리핀에서부터 태국과 베트남 남부지역까지 광범위하게 출토되고 있다. 링링오 귀걸이나 쌍두형 귀걸이는 모두 암록색의 연옥(軟玉, nephrite)으로 만들어진 경우가 많은데, 이러한 암록색의 연옥은 성분 분석 결과 대만 동부의 펑티엔(Fengtien, 豊田)에서 산출되는 것으로 밝혀졌다. 즉, 이 귀걸이들의 재질인 연옥은 대만에서 생산되어 해로를 타고 고대 동남아 전역으로 퍼져나갔던 것이다.

고대 대만산 연옥제 귀걸이들의 분포는 생각보다 광범위하다. 현재까지의 고고학적 자료를 통해서 보면, 대만에서 남쪽으로 내려와 필리핀 군도를 지나서 인도네시아의 보르네오 섬을 거쳐서, 인도차이나반도의 베트남 해안가와 캄보디아, 태국 남부의 카오 삼 카에오(Kao Sam Kaeo), 말레이시아의 사라왁(Sarawak)에 이르는 광범위한 지역에서 관련 유물들이 확인되고 있기 때문이다. 대만산 옥제 공예품들은 이미 기원전 15세기경부터 필리핀 지역으로 전해지기 시작했다고 추정되고 있으며, 베트남 지역으로 전해진 것은 기원전 1300~1100년경부터 추정된다. 초기의 대만산 옥제 공예품들은 귀걸이보다는 구슬과 팔찌가 중심이다. 링링오 귀걸이와 같은 굵은 고리 귀걸이의 제작은 기원전 5세기경부터 본격화된다.

아마도 초기에는 대만에서 옥제 유물을 가공해서 다른 지역으로 전해졌을 가능성이 크다. 그렇지만 네모난 모양으로 자른 옥 덩어리가 필리핀, 베트남, 태국의 고대 유적에서 모두 출토되고 있는 것으로 보아, 고대의 대만산 옥은 방형 덩어리로 잘라진 상태로 다른 지역으로 수출되어 각 지역의 현지 공방에서 귀걸이로 가공했다고 생

그림 8. 각종 옥기 파편. 기원전 5세기~기원전후. 2005년 필리핀 아나로 유적 출토.
필리핀 국립박물관 소장.

각된다. 동남아시아의 고고학적 유적 중에서는 대만산 연옥 가공 공방 유적이 종종 발견되고 있는데, 그중에서도 비교적 이른 시기의 유적이 대만 남쪽 해상에 위치한 필리핀의 잇바야트(Itbayat) 섬에 있는 아나로(Anoro) 유적이다. 여기에서는 기원전 500년 이후로 추정되는 옥기 공방의 흔적이 발견되었으며, 거친 옥덩어리와 방형의 연옥판, 그리고 연옥판을 가공하여 둥글게 잘라낸 옥조각 등이 다수 발견되었다(그림 8). 대만산 연옥의 가공 흔적은 필리핀 팔라완(Palawan) 섬의 타봉 동굴 (Tabong Caves) 유적을 비롯하여 대만에서 약 3000km이상 떨어진 태국의 카오 삼 카에오 유적에서도 발견되고 있다.

이러한 여러 지역의 각종 공방지 유적에서 출토된 옥조각들의 상태로 볼 때, 당시 귀걸이 제작 방식은 다음과 같다. 먼저 연옥은 장방형의 판 형태로 가공되어 각 지역의 현지 공방으로 전해졌다. 현지 공방에서는 그 판의 모서리를 잘라내서 둥근 디스크 형태로 만든 후, 디스크 모양에서 링링오, 혹은 쌍두형 귀걸이의 기본 형태를 다시 잘라내어 만든다. 그리고 나서 세부 장식과 문양을 조각하고 표면을 매끈하게 마연하여 완성한다. 링링오 귀걸이는 보통 초생달 모양에 가깝게 고리 부분이 가늘고 배 부분이 뚱뚱한 형태이다. 몸체의 세 곳, 혹은 네 곳에 작은 원추형의 돌기를 조각해 놓는 경우가 많다. 쌍두형 귀걸이의 경우에는 동물의 얼굴 표현 및 몸체 장식을 가느다란 선으로 새겨서 섬세하고 세밀하게 장식하는 경우도 있다.

현재의 고고학적 연구에 의하면, 이 두 가지 귀걸이 형식을 사용한 사람들은 오스트로네시안(Austronesian) 어족에 속하며, 이들의 활동 범위는 대만산 옥의 분포범위와 마찬가지로 사후인 문화권의 중심지인 베트남 중남부 해안가에서부터 필리핀과 대만에 이르기는 넓은 지역이었다고 추정된다. 즉 이러한 옥제 귀걸이의 광범위한 분포 범위는 당시 남중국해 연안과 동남아시아의 해양 문화 교류가 이미 선사시대부터 광범위하게 이루어졌음을 알려주는 물질문화적인 증거가 된다. 이 두 귀걸이 형식의 분포와 오스트로네시안 어족의 해양 활동에 대해서는 빌헬름 솔하임(Wilhelm G. Solheim II)의 선구적 연구가 있다. 솔하임은 이 귀걸이들을 사용하던 오스트로네시안들이 동남아시아의 원주민으로서, 그의 후손들은 해로를 통하여 동남아시아의 섬들과 폴리네시아지역까지 이동해갔으며, 동북쪽으로는 일본을 거쳐 한반도 남부지역으로 이동했을 것이라고 추정하였다. 솔하임은 이러한 해양 활동 민족들을 "누산타오(Nusantao)", 즉 "해양민족"이라고 부른다.

선사시대의 동남아시아에 광범위하게 퍼져있던 옥제 귀걸이 착장 문화와 누산타오들의 문화는 청동기와 철기의 도입과 함께 각 지역에서 고대 국가들이 성립하면서 각각 독특한 지역색을 띠며 발전하게 된다. 기원전후한 시기의 인도차이나 반도 남부 지역에서는 옥제 대신 금속제와 유리제로 만든 링링오 귀걸이가 제작되기도 하였다. 기원후 2-5세기경부터는 동남아시아 각 지역에서 금속공예의 발달과 함께 링링오 귀걸이와 비슷한 C자형 굵은고리 귀걸이들이 금속제로 만들어지기 시작하는데, 이러한 형태의 귀걸이는 현대의 동남아시아 각 도서 지역을 중심으로 전통 문화의 일부로서 전해져 내려온다.

동남아시아의 고대 문헌 기록에서 귀걸이 관련 자료를 찾는 것은 그다지 쉽지 않다. 중국의 사서(史書)인 『양서(梁書)』「제이전(諸夷傳)」에 의하면, 베트남 북부와 중부에 있었다고 하는 고대국가 임읍(林邑)국에서는 "귀를 뚫어서 작은 고리를 매다는 풍습이 있으며, 왕은 법복을 입고 영락, 즉 구슬로 만든 목걸이를 매다는데 마치 불상의 장식과도 같다"고 하였다. 그러므로, 귀를 뚫고 작은 고리를 매다는 풍습은 임읍국을 비롯한 고대 인도차이나반도 일대의 여러 나라에 널리 퍼져 있던 풍습이었다고 생각된다. 베트남 북부 지역의 흐몽족이나 자오족과 같은 소수민족들이 아직까지도 귀를 뚫는 피어싱 풍습을 가지고 있는 것은 기록상으로만 보아도 적어도 1500년 이상 지속되어온 풍습인 것이다.

임읍과 같은 시기에 베트남 남부와 캄보디아 일대에는 부남(扶南, Funan)국이라는 나라가 있었다. 부남국의 풍습은 임읍국과 비슷했다고 하는데, 아직까지 임읍국의 유적으로 알려진 고고학적 유적은 드물지만 부남국과 관련되었다고 추정되는 고고학적 유적들은 베트남 남부지역과 캄보디아 일대에서 상당수가 발굴조사되었다. 그중에서도 가장 유명한 유적은 베트남 남부 지방의 옥에오(Oc Eo)

그림 9. 석제 주조틀. 옥에오 문화권. 기원후 2~6세기. 베트남 옥에오 유적 출토. 베트남 반호아 유적박물관 소장.

유적이다. 프랑스 고고학자들에 의해서 1930년대에 발굴조사된 옥에오 유적은 한동안 부남국의 수도로 알려지기도 했으나, 현재에는 당시의 수도가 아니라 해상 무역 및 상업의 거점 도시로 보는 것이 일반적이다.

베트남 남부 및 캄보디아 일대에서 발견되는 옥에오 유적과 비슷한 성격의 고대 유적들은 대체로 기원후 2~6세기경으로 편년되며, 옥에오 문화권, 혹은 부남국 시대 유적으로 알려져 있다. 이 유적들에서는 금제, 혹은 금동제, 은제로 만든 굵은고리 귀걸이들이 종종 출토되었다. 또한 이러한 금속제의 C자형 굵은고리 귀걸이를 만들 때에 사용하는 석제 주조틀도 출토되어, 현지에서 직접 금속을 주조하여 금속제 귀걸이나 장신구를 제작했음을 확인할 수 있다(그림 9). 이러한 석제 주조틀은 보통 같은 형태의 틀 2개를 맞붙인 후, 금속을 녹여서 위쪽의 구멍에 부어 넣은 후 틀에서 꺼내어 다듬어서 형태를 완성하는 주조기법에 사용했던 것이다.

옥에오 유적에서 출토된 귀걸이 제작용 주조틀과 함께 발견된 동제, 혹은 은제 굵은 고리 귀걸이들은 이러한 주조틀을 사용해서 현지에서 직접 제작한 것으로 보인다(그림 10). 이 귀걸이들은 그 이전 시대에 사용되었던 옥석제 귀걸이들에 비해서 귓구멍에 집어넣는 고리 부분이 커지고, 고리의 가운데 부분이 가늘어진 형태로 변형되었다. 또한 삼각형이나 물결무늬와 같은 장식이 표현된 경우도 종종 있다. 청동제품 중에는 표면에 얇은 금박을 입혀서 금제품처럼 보이게 만든 귀걸이도 있다.

옥에오 유적에서는 드물게 금으로 만든 굵은 고리 귀걸이가 발견되기도 하는데, 역시 주조기법으로 제작된 경우가 많다. 간혹 표면에 금알갱이를 붙여 장식한 화려한 굵은고리 귀걸이들이나, 고리의 중간 부분을 나누어 여닫을 수 있도록 만든 귀걸이도 보여서(그

그림 10. 금속제 굵은고리 귀걸이. 옥에오 문화권. 기원후 2~6세기. 베트남 옥에오 유적 출토. 호치민 역사박물관 소장.

그림 11. 금제 굵은고리 귀걸이. 옥에오 문화권. 기원후 2~6세기. 베트남 옥에오 유적 출토. 호치민 역사박물관 소장.

림 11), 굵은고리 귀걸이의 형태와 장식이 다양해졌음을 알 수 있다. 이러한 C자형 굵은고리 귀걸이들은 좀 더 이른 시대에 동남아시아 지역에서 널리 유행했던 링링오 형식의 굵은고리 귀걸이를 금속제로 바꾸어 새롭게 창안된 것이다.

금으로 귀걸이를 만드는 것은 베트남의 경우에는 이미 사후인 문화권에서부터 나타나기 시작하며, 자바 섬 지역의 고대 유적에서도 가끔 발견되고 있다. 옥석제 귀걸이와는 달리 금제나 금속제 귀걸이들은 가는고리 귀걸이도 상당히 많이 발견된다. 가는고리나 굵은고리나 모두 이러한 귀걸이들을 착용하기 위해서는 기본적으로 귓불에 구멍을 뚫는 피어싱 방식이 사용되었던 것으로 추정된다. 물론 옥에오 유적에서 발견되는 것처럼 고리 가운데가 열리도록 고안된 굵은고리 귀걸이는 구멍을 내지 않고 귓불에 부착했을 가능성도 생각해 볼 수는 있다.

이와 같이 옥에오 문화권으로 통칭되는 기원후 2~6세기경의 인도차이나 남부 지역에서는 그 이전 시대에 유행했던 옥석제 귀걸이 대신 금속제로 귀걸이의 재질이 바뀌면서 동시에 귀걸이의 형태도

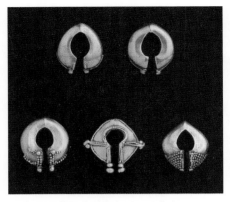

그림 12. 금합금제 귀걸이. 18~19세기.
인도네시아 바바르 군도. 높이 3~4cm. 개인소장.

다양해지는 점이 특징이다. 이러한 금속제 귀걸이의 발전은 대체로 부남국시대에 이루어진 것으로 보이며, 당시 인도 및 중국에서 전래된 다양하고 새로운 금속공예 기법의 발전과도 깊은 관계가 있다고 생각된다.

사후인 문화권과 옥에오 문화권 출토 굵은고리 귀걸이와 비슷한 형태의 유물들은 사실 말레이시아와 인도네시아 일대에서도 종종 출토되고 있다. 특히 옥에오 유적에서 발달한 C자형의 각종 굵은고리 귀걸이 형태는 캄보디아 지역에서 10세기까지 사용된다. 또한 링링오 형태의 귀걸이들은 금이나 은, 엘렉트럼(금과 은의 합금)으로 제작되면서 동남아시아 각지에서 꾸준히 사용되었던 것으로 보인다. 특히 인도네시아와 필리핀의 도서 지역에서는 현재까지 이러한 링링오 형태의 귀금속제 귀걸이가 다양한 지역 전통 양식으로 변형 및 발전하여 사용된다.

고리 끝부분이 굵고 중앙 부분이 가늘어지는 옥에오 문화권의 귀걸이 형태를 계승하는 C자형 링링오 귀걸이의 예들은 인도네시아 바바르 군도(Babar Archipelago)에서 근세까지 유행하였다(그림 12). 바바르 군도에서 사용되었던 굵은고리 귀걸이들은 비교적 신분이 높은 남성이 착용하는 경우가 많았다고 한다. 금이나 은으로 만들고 표면에는 작은 금알갱이를 붙여서 장식하는 누금세공기법(鏤金細工技法, granulation and filigree)이 사용되었기 때문에, 형태는 단순하지만 장식성이 강조된 점이 특징이다.

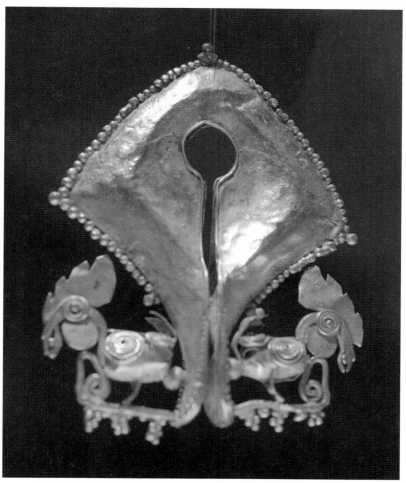

그림 13. 금제 마물리 귀걸이. 근대. 인도네시아 숨바섬 수집. 네덜란드 암스테르담 트로펜뮤지움 소장.

　이러한 금속제 굵은고리 귀걸이 중에서 가장 독특한 형식은 인도네시아에서 "마물리(Mamuli)"라고 부르는 귀걸이들이다(그림 13). 마물리 형식의 귀걸이들은 인도네시아의 여러 도서 지역에서 전통 장신구의 일종으로 제작 및 사용되었는데, 귀걸이의 재질과 제작 방식, 형태는 지역별로 차이가 많다. 각 귀걸이들은 대부분 해당

지역에 산재한 금속공방에서 제작되며, 주조기법으로 제작되는 경우도 있지만, 얇은 금판을 두드려서 만드는 타출기법과 단조기법을 이용해서 만들고 섬세한 누금세공기법으로 장식한 경우가 많다. 금판으로 만드는 경우에는 대부분 속이 비어 있다. 마물리 귀걸이들은 대체로 사용되는 지역에서 비교적 신분이 높은 사람이 신분의 표상으로서 사용하기도 하며, 혹은 각종 의례 때에만 사용하는 의례용 장신구로도 사용된다.

인도네시아 지역에서 발전한 근대의 마물리 귀걸이 중에서도 가장 대표적이면서도 독창적인 것은 인도네시아 숨바(Sumba) 섬, 특히 이스트 숨바 지역에서 사용되었던 금제 마물리 귀걸이들이다(그림 13). 이스트 숨바 지역에서는 19세기 이후부터 네모난 형태로 변화된 독특한 형식의 금제 귀걸이가 널리 유행했는데, 크기는 보통 4cm~9cm 이상의 대형이다. 표면과 사방 모서리는 모두 금선과 금알갱이를 붙여서 장식하는 누금세공기법을 이용하여 화려하게 장식했으며, 고리의 양쪽 끝부분에는 여러 가지 크기의 금알갱이를 이어 붙여서 나뭇가지 형태를 표현하기도 하고, 금선과 금알갱이를 꼬거나 이어 붙여서 사람이나 동물의 형태를 추상적으로 표현하기도 한다. 숨바 섬의 마물리 귀걸이는 그 지역의 독창적인 미의식이 반영된 중요한 예술작품들이다.

현대의 숨바 섬에서는 이러한 귀걸이들이 부족 내에서 행해지는 각종 의례에 참석하는 상류층의 남성들이 주로 착용하는데, 종종 나이가 든 여인들이 착용하기도 하였다(그림 14). 숨바 섬에서의 마물리 귀걸이는 주로 조상 숭배 신앙과 관련된 의례에서 사용되는 의식적 성격의 장신구였다. 현대에 와서는 이전처럼 전통 방식에 따라 귀를 뚫어 귓불을 늘인 사람들이 많지 않기 때문에, 현대 의례에서는 이러한 형태의 장신구를 좀 더 크게 만들어서 가슴이나 몸에 매다는 펜던트로 사용하기도 한다. 숨바 섬의 독특한 마물리 귀걸이 양식은 선사시대부터 내려오는 전통적인 형식에 새로 전래된 금세공기술과 지역적 특징이 합쳐져서 나타난 것으로서, 전통성과 함께 지역적 독창성을 보여주는 중요한 금속공예품이다.

이상에서 간단하게 고찰한 바와 같이, 동남아시아에서는 선사시대부터 지속적으로 귀에 피어싱을 하고 대형의 굵은고리 귀걸

그림 14. 금제 마물리 귀걸이를 착용한 여인. 인도네시아 숨바 섬 이스트 숨바. © Collectie Tropenmuseum.

이를 착용하는 풍습이 널리 발달하였다. 중국 사서에서도 피어싱의 풍습은 동남아시아 지역의 고대 복식 문화의 특징 중 하나로 기록하고 있으며, 현재까지도 베트남, 인도네시아, 필리핀 등 여러 나라에서는 이러한 피어싱의 전통이 그대로 남아 있다. 특히 대형의 굵은고리 귀걸이를 착용하기 위해서 어린이의 귓불에 구멍을 뚫고 귓불의 구멍을 서서히 늘려 가는 방식은 인도와 동남아시아 문화에 공통적으로 남아 있는 독특한 전통적 풍습이다.

고대 동남아시아 문화를 대표하는 링링오 귀걸이, 혹은 C자형 굵은고리 귀걸이의 기원은 명확하지 않다. 링링오 형식의 귀걸이가 신석기시대의 남중국에서 왔는지, 아니면 인도나 이집트에서 왔는지는 현재로서는 단정할 수 없다. 여하튼 동남아시아 지역에서는 이러한 굵은고리 귀걸이 형식들이 신석기시대부터 널리 유행했으며, 금속공예 제작기법이 전래된 기원전후의 시기부터는 금속으로도 제작되기 시작했다. 이후 옥에오 지역을 중심으로 정착된 금속제 링링오

그림 15. 금제 굵은고리 귀걸이. 신라 6세기.
경주 보문동 부부총 출토. 국립중앙박물관 소장.

귀걸이 형식은 링링오, 혹은 마물리라는 명칭으로 불리면서, 동남아시아의 여러 도서부 지역에까지 퍼져서 현재까지 이어지고 있다.

한가지 주목되는 것은 옥에오 문화, 혹은 부남국이 발전했던 시기의 중국에서는 이러한 커다란 굵은고리 귀걸이를 전혀 찾아볼 수 없지만, 비슷한 시기의 한반도 남부 지역에서는 이러한 대형의 굵은고리 귀걸이의 착장 흔적이 남아 있다는 점이다(그림 15). 경주를 중심으로 하는 한반도 남부 지역에서는 일찍부터 독특한 금속제 굵은고리 귀걸이의 착장 풍습이 있었는데, 이러한 풍습은 아마도 해로를 통해서 고대 동남아시아 지역으로부터 전해진 독특한 해양 문화 교류의 산물로 해석해 볼 수 있다.

이미 신석기시대 이후로 대만과 필리핀, 그리고 인도네시아와 인도차이나 반도로 이어지는 뱃길은 대만산 옥의 유통 과정으로 볼 때, 상당히 활성화되어 있었던 것으로 보인다. 그러므로 대만에서 다시 오키나와와 대마도를 거쳐 한반도 남부 지역으로 이어지는 뱃길이 고대에 불가능했다고 볼 수만은 없다.

한반도 남부, 특히 고신라 지역에서는 다른 지역과는 달리 일찍부터 굵은고리 귀걸이들이 본격적으로 제작 및 유행했는데, 이러한 굵은고리 귀걸이는 동남아나 인도와 마찬가지로 피어싱한 귓불의 구멍 크기를 늘려야만 착용이 가능하다. 즉, 이러한 굵은고리 귀걸이들의 존재는 한반도 남부의 고신라와 고대 동남아시아가 일찍부터 해로를 통해서 간헐적으로 인적 교류가 있었을 가능성을 보여주는 것이다. 물론 당시의 교류가 쌍방 교류였는지, 혹은 동남아시아에서 고신라에 이르는 단선적 교류였는지에 대해서는 앞으로 좀 더 논의될 필요가 있지만, 이러한 고대 바닷길의 가능성을 보여준다는 점에서 고대 동남아시아 장신구 문화에 대한 연구는 매우 중요하다.

　앞으로 옥에오 유적과 같은 시기의 고대 동남아시아 문화에 대한 현지의 연구 성과들이 좀 더 국내에 자세히 소개된다면, 한국과 동남아시아의 고대 문화 교류에 대한 다각적인 논의가 좀 더 본격적으로 이루어질 수 있을 것이다. 또한 고대부터 현대까지 지속되고 있는 동남아시아의 독특한 장신구 착장 문화에 대한 다각적인 연구가 이루어진다면, 좀 더 폭넓은 고대 세계의 문화교류 양상을 이해할 수 있을 것이다.

─────────

이 글은 『미술사논단』 제 34호(2012)에 게재된 글을 수정·보완한 것이다.

인도네시아 중부 자바의 고대 금제 공예품

주경미

　17,000여개의 섬으로 이루어진 인도네시아는 동남아시아의 거대한 군도 국가로서, 일찍부터 동남아시아 해상 교육의 중심지이자 수많은 자원의 보고(寶庫)였다. 현대 인도네시아의 중심지는 수도 자카르타가 있는 자바(Java) 섬으로, 크게 서부 자바(West Java), 중부 자바(Central Java), 동부 자바(East Java) 등 세 지역으로 나누어진다. 그중에서도 유명한 고대 유적들은 대부분 중부 자바 지역에 집중되어 있다. 중부 자바 지역에는 세계 문화 유산으로 유명한 보로부드르(Borobudur)나 프람바난(Prambanan)과 같은 거대한 고대의 사원군이 현존하고 있으며, 이 고대 유적들에 남아 있는 건축이나 조각에 대해서는 이미 수많은 연구가 이루어져 왔다.

　아직까지 그다지 널리 알려져 있지는 않지만, 이 유적들 인근에서는 금이나 은, 청동 등으로 만든 고대의 금속공예품들이 종종 출토되고 있다. 특히, 중부 자바 지역에서 출토된 고대의 금(金, Gold)제 공예품들은 동남아시아 고대 문화를 대표할 만큼 중요한 문화유산들이다. 그중에서도 비교적 근년에 출토된 워노보요(Wonoboyo)

마을 출토품은 매우 중요하다.

　고대부터 인도네시아의 자바 섬과 수마트라 섬은 금이나 은과 같은 귀금속의 산출지로 유명했다. 이미 식민지시대부터 이 지역에서 출토된 고가의 금, 은, 동으로 제작된 희귀한 금속공예품들은 유럽의 호사가들에 의해서 열광적으로 수집되기 시작했다. 당시 유럽인들의 수집은 고대 유물들이 가진 역사적, 문화사적 가치에 대한 관심보다는, 금이나 은, 보석과 같은 재료 자체가 가진 재화적 희소성과 물질적 가치에만 관심을 두고 이루어졌다. 그러므로 이들에 대한 학술적 연구는 그동안 거의 이루어지지 못했다.

　20세기 중반 이후 인도네시아 각지에서는 다양한 고대의 금속공예품들이 출토되었으며, 이러한 신발견 유물들의 등장은 동남아시아, 특히 인도네시아의 고대 금속공예품에 대한 학술적 연구와 대중적 공개를 촉진하는 데에 중요한 역할을 했다. 인도네시아 각지에서 출토된 고대 금속공예품들은 종류와 수량이 상당히 방대한데, 특히 중부 자바지역의 워노보요 마을에서 출토된 금제 공예품들은 재화적 가치 뿐만아니라, 역사적, 예술적 가치가 높아서 매우 중요하다.

　자바 섬 출토 고대 금제 공예품들 중에서 특히 유명한 것은 캐나다의 헌터 톰슨 부부가 수집한 유물들이다. 이들은 현재 미국 예일대학의 헌터 톰슨 소장품(Hunter Thompson Collection)으로 소장되어 있다. 인도네시아의 고대 금속공예 연구는 바로 이 톰슨 소장품을 중심으로 본격화되기 시작했다. 1990년 존 믹식(John Miksic)은 이 유물들을 중심으로 『고대 자바의 금(Old Javanese Gold)』이라는 책을 저술했다. 이 책의 출간 이후, 톰슨 소장품은 동남아시아와 유럽의 여러 박물관에서 특별전 형식으로 공개되었으며, 2006년과 2008년 등 두 번에 나누어 미국 예일대학 박물관으로 기증되어 현재에 이르고 있다. 존 믹식은 2011년 이 유물들을 중심으로 기존의 저서를 대폭 수정하여 『고대 자바의 금 – 예일대학교 미술관의 헌터 톰슨 소장품(Old Javanese Gold : The Hunter Thompson Collection at the Yale University Art Gallery)』이라는 제목으로 개정증보판 서적을 발간하였다. 이 개정증보판에서는 그동안에 새롭게 발견된 동남아 각지의 발굴조사품들을 추가하여 재검토하여 소개하였다. 그의 개정증보판 서적은 지금까지도 고대 인도네시아 금속공예 연구에서 가장 중요한 연구서이다.

톰슨 소장품은 양적으로나 질적으로나 소장 유물의 수준이 상당히 높지만, 돈을 주고 구입한 수집품이라는 한계 때문에 정확한 출토 지역이나 편년은 어려운 편이었다. 톰슨 소장품 이외에도, 싱가포르 아시아 문명박물관, 네덜란드 헤이그 시립박물관, 네덜란드 라이덴의 왕립민족학박물관, 네덜란드 암스테르담 트로펜뮤지움 등에도 고대 자바 섬에서 출토되었다고 전하는 뛰어난 양식의 금제 공예품들이 다수 소장되어 있다. 그러나 이러한 박물관 및 개인 소장품들은 모두 구입품들이기 때문에, 기본적인 편년이나 역사 · 문화사적 의의를 논의하기는 어려운 편이다. 이들에 대한 연구가 새롭게 진전될 수 있었던 것은 1990년과 1991년에 중부 자바의 작은 마을인 워노보요(Wonoboyo)에서 우연히 다수의 금제 및 기타 금속제 공예품이 발굴되면서부터이다.

한국에서는 2005년 서울 용산에 국립중앙박물관이 개관할 때에 개관전의 일환으로 인도네시아 자카르타 국립박물관에서 소장하고 있는 인도네시아의 고대 유물 101점을 2년간 특별 대여하여 전시하면서 고대 자바의 금속공예에 대해서 알려지기 시작했다. 당시 전시에서는 국내에서 처음으로 인도네시아 중부 자바 지역 출토 고대 금제 공예품이 대중들에게 공개되었다. 이 전시를 통해서 처음으로 이루어진 한국과 인도네시아 국립박물관의 교류는 인적 교류를 중심

그림 1. 『적도의 황금왕국 인도네시아』 특별전 전시장 내부. 국립제주박물관. 2012년.

으로 꾸준히 이루어졌다.

그러한 교류의 결과로서 2012년에는 국립제주박물관의 주관으로 인도네시아의 금속공예품을 주제로 한 특별전이 단독 개최되었다(그림 1). 2012년 7월 30일부터 10월 28일까지 열렸던 이 특별전은 『적도의 황금왕국 인도네시아』라는 제목으로 진행되었으며, 인도네시아 자카르타 국립박물관에 소장되어 있는 고대부터 근대까지의 뛰어난 금속공예품 101건 120점이 전시되었다. 이 특별전은 인도네시아의 발달된 금속공예 문화를 국내 대중들에게 새롭게 알리는 데에 매우 중요한 역할을 했다.

이 전시에서 소개된 유물들은 인도네시아 고대의 청동기, 불교 및 힌두교 관련 종교용품 및 신상(神像), 중부 자바 지역의 워노보요 출토 금제 공예품 및 각 지역별 전통 공예품 등으로 매우 다양한 종류로서, 고대부터 발달했던 인도네시아 금속공예의 아름다움과 우수함을 대표하는 작품들이었다. 당시 전시 중에서 특히 주목을 받았던 유물들은 바로 중부 자바 지역의 워노보요(Wonoboyo)에서 출토된 금제 공예품 5점이었다.

워노보요는 중부 자바의 족자카르타 프람바난 사원군의 동쪽에서 5km 정도 떨어진 클라텐(Klaten)군 조고날란(Jogonalan)읍 플로소쿠닝(Plosokuning)마을의 한 지역 이름이다. 워노보요 출토 고대 유물들은 1990년 10월 17일 이 마을에 사는 칩토 수와르노(Cipto Suwarno) 여사가 인부를 고용하여 자신의 밭을 경작하는 도중, 인부들이 땅속에서 우연히 처음 발견하였다. 유물 발굴 신고 이후, 이 지역 인근은 중부 자바 지역에 있는 가자마다 대학의 고고학과 팀에 의해서 추가 발굴조사가 되었으며, 그 이후 1990년 11월 26일, 1991년 2월 등 총 3번에 걸쳐 다량의 유물들이 출토되었다. 발굴된 유물은 각종 금은제 공예품, 중국제 도자기, 청동제 용기, 금은제 동전 등이다.

당시 발굴과 조사를 담당했던 인도네시아 국립박물관의 학예사 와효노 마르토위크리도(Wahyono Martowikrido)에 의하면, 발굴 당시 맨 처음에는 땅속 2.75m 깊이에서 중국제로 추정되는 도기(陶器) 세 개를 발견했다고 한다. 세 개의 도기는 높이 30~40cm 가량에 녹갈색 유약이 입혀진 항아리로서, 각 도기 안과 주변에서 다수의 금은제 공예품들이 출토되었다. 출토된 각 유물들의 상세한 상태와 정확한 수량은 아직까지 자세하게 알려져 있지는 않으나, 발견된 유물의 무게는 금제품 총량 12.5kg, 은제품 총량 3.95kg에 달했다.

워노보요에서 발견된 금속공예품들의 종류는 반지, 귀걸이, 목걸이, 팔찌 등의 다양한 장신구류, 접시, 대접, 숟가락 등 다양한 그릇류, 금은제 동전류 등이다. 당시 수습 발굴조사에서는 유물 출토지 주변에서 벽돌로 쌓은 건물 기초부와 테라코타 편, 동물뼈 등이 발견되었으므로, 유물이 발견된 지점은 거주지 인근이거나 중앙부로 추정된다.

이후 인근의 땅속에서 또다른 녹갈색 유약이 입혀진 중국제 도기가 출토되었는데, 이 도기 안에는 6396개의 금제 동전과 각종 금은제 유물이 들어 있었다. 이 안에서 발견된 금의 총 무게는 15kg 이상이었다.

세 번째로 발견된 것은 역시 인근의 땅속에 묻혀있던 중국 당나라제 도기와 커다란 청동제 용기였다. 이 그릇들 안에서는 역시 다양한 금은제 공예품들이 발견되었는데, 발견된 금의 총 무게는 4.8kg이었다고 한다.

아쉽게도, 워노보요 출토품에 대한 학술 발굴보고서가 아직까지 정식으로 출판되지 않았기 때문에, 발굴 당시의 유적 상황이나 유물 출토 상황에 대해서는 자세하게 알려진 바가 없다. 간단히 발간된 약보고서에서는 당시 발견된 금과 은의 무게 및 주요 유물의 물질적 가치에만 관심을 보이고 있어서, 고고학적 관점에서의 층위나 출토 상태, 공반 유물에 대한 학술적 보고는 거의 이루어지지 않았다. 그러므로 워노보요 출토품들은 구체적인 발굴 상황이 확인되었음에도 불구하고 이들에 대한 심도깊은 연구를 진행하기에 미진한 부분이 많다.

이러한 발굴보고서의 학술적 미비함은 식민지시대를 겪은 이후부터 당시까지의 인도네시아 고고학계가 금이나 은과 같은 귀금속제 공예품들을 역사적, 문화적 가치를 가진 문화 유산으로 인식하지 못하고, 그들의 현물적 가치만 중시하여 귀중한 수집품으로만 여겼던 호사가적 관점에서의 수집에만 집중했던 문화적 풍토에서 벗어나지 못했기 때문에 나타난 현상이다. 사실, 고대 유적에서 발견되는 금은제 공예품을 귀중한 수집품으로 인식하여 호기심어린 수집의 대상으로만 인식했던 것은 근대 식민지시대를 겪은 대다수의 아시아 국가에서 나타났던 현상이기도 하다.

일제 강점기에 일본 고고학자들에 의해서 발굴되었던 우리나라의 금관(金冠) 및 금제 장신구, 근대기 몽골과 중앙아시아 지역에서 러시아 탐험대가 흉노 및 고대 유목민족의 분묘에서 찾아낸 금공품들, 식민지시대 이후 인도네시아와 캄보디아, 베트남 지역에서 발견되고 있는 고대의 금이나 보석 세공품들은 모두 이러한 식민사관의 영향 아래에서 민족지적 관점에서 수집되고 연구되기 시작했다는 공통성을 가지고 있다. 그러므로 식민지시대를 겪은 아시아 지역에서의 고대 금공품 연구는 고고학적, 혹은 역사, 문화적 관점보다는 대부분 호사가적 수집 취미와 피지배지역의 역사에 대한 낭만적인 동경이 어우러져서, 어느 지역에서나 매우 비전문적이고 반역사적 관점에서 진행되어온 경향이 강하다. 그것은 우리나라 신라 고분에서 출토된 금관이나 금제 장신구의 연구에서도 보였던 현상이다. 인도네시아를 포함한 동남아시아 지역에서는 이러한 식민주의 관점에서 이루어진 호사가적 연구 경향이 금은제 공예품 뿐만 아니라 피식민지의 전통 물질 문화 연구 분야에서 전반적으로 나타났던 현상이었다.

인도네시아의 자바와 수마트라 섬은 일찍부터 유명한 황금의 산출지로 알려져 있었으며, 19세기부터는 유럽인들에 의해서 본격적으로 금광이 개발되었다. 식민지시대의 인도네시아에서 네덜란드인에 의해서 개발된 금광들은 대부분 수마트라 섬에 있었으며, 19세기 말부터는 자바 섬의 서쪽 해안에서도 금광의 개발이 이루어지기 시작했다. 아직까지 자바 섬에서는 고대부터 채광되었던 금광의 존재가 알려져 있지 않기 때문에, 존 믹식은 자바 섬에서 사용된 고대의 금이 대부분 수마트라를 비롯한 인근 섬에서 수입된 것으로 추정하고 있다. 그렇지만, 현대 자바 섬에서도 금광이 확인되기는 하므로, 고대 자바 섬에서 사용된 금이 모두 자바 섬 이외의 다른 섬에서 유입되었다고 단정하기는 어려운 상태이다.

그림 2. 인도네시아 자카르타 국립박물관의 금제 공예품 전시실유물 전시 상태. 2012년.

　19세기말 인도네시아에서 활동하던 네덜란드 학자들은 자바 섬에서 다양한 금속공예품들을 수집하여 자카르타와 본국 암스테르담의 주요 박물관에 소장했다. 현재 네덜란드에는 당시 식민지 시대에 수집된 인도네시아의 고대 금제 공예품들이 암스테르담의 국립박물관과 트로펜뮤지움, 그리고 라이덴의 국립민족학박물관 등에 나누어 소장되어 있다. 또한 인도네시아에서도 그 수집품의 일부가 남아 있는데, 당시 수집품들이 현재 자카르타의 인도네시아 국립박물관의 주요 소장품에 해당한다. 인도네시아 국립박물관에 소장된 금제 공예품들은 2층의 상설 전시실에 마련된 별도의 전시실에 전시되어 있는데(그림 2), 이 전시실은 박물관 현지 사정에 따라서 개방될 때도 있고 닫혀있는 경우도 있다.

　식민지시대에 수집된 각종 금은제 공예품들은 사실 본격적인 미술사나 고고학적 연구의 대상으로서 인식된 것이 아니라, 식민지시대의 학자들에 의해서 전개된 식민주의 담론에 의한 동양의 환상을 보여주기 위한 전시품으로서 기능하였다. 금이나 은, 보석과 같은 귀중품의 수집은 인도네시아의 "부(富)"를 과시하고 고대 문헌에 나오는 "황금의 나라"라는 환상을 강조하기 위한 것이다. 이러한 금은제 공예품에 대한 재화적 가치에 대한 중요성의 강조는 출토 유물의 문화사적 가치를 무시하고 역사적 의의를 반감시키는 것으로서, 19세기 이후 형성된 식민주의 담론의 영향이다. 1990년에 발굴된 워노보요 출토 금제 공예품들에 대한 보고서의 내용과 유물의 보존 현황은 바로 이러한 근대 식민주의 담론에 의한 고대 공예품에 대한 인식 경향이 1990년대까지도 큰 변화없이 이어졌음을 드러내는 것이다.

1990년에 발굴된 워노보요 출토품 중에서 현재 금은제 공예품은 자카르타의 인도네시아 국립박물관에 소장되어 있다. 그러나 이 유물들이 담겨져서 함께 발견된 중국제 도기와 청동제 용기는 출토지 인근 보겜(Bogem)에 있는 선사역사 유물관(Suaka Peninggalan Sejarah dan Purbakala)에 별도로 보관되어 있으며, 아직까지 정확한 도판이나 크기 등이 공개되지 않아서 자세한 상태는 알 수 없다. 즉, 일괄 유물들이라고 하더라도 재화적, 현물적 가치가 중요시되는 귀금속제 공예품은 중앙의 국립박물관으로, 그에 비해서 별로 중요하지 않다고 판단된 중국제 수입 도기는 분리하여 현지에 보관함으로써, 금은제 공예품의 중요성 만을 강조한 것이다. 이러한 보존 현황은 고대 황금 왕국의 환상을 보여주는 보물로서의 재화적 가치만 중요시한 결과로서, 일괄 출토품이 가진 시대적, 문화사적 의의를 완전히 무시하는 식민주의적 관행을 따른 것이다. 이러한 발굴 당시의 유물에 대한 가치관은 이후에 이루어진 학술적 연구에서도 크게 변화되지 않았다.

인도네시아 국립박물관에 소장된 워노보요 출토품들은 발굴 직후부터 최근까지 여러 차례에 걸쳐 전 세계의 여러 나라에 소개되었다. 워노보요 출토품이 본격적으로 서구 학계에 소개된 것은 1993

년 7월 암스테르담 트로펜뮤지움 주최로 열린 자바섬의 금제 장신구 특별전 관련 세미나였다. 이 세미나에서 와효노는 처음으로 워노보요 출토품의 현황을 국제학계에 소개했으며, 명문의 서체를 통하여 이 유물들이 9세기 후반에서 10세기 초반으로 편년됨을 처음으로 밝혔다. 그의 연구는 지금까지도 워노보요 출토품에 대한 가장 종합적이며 자세한 소개문으로서 중요한 의의가 있다.

이후 워노보요 출토품들은 1995년 프랑스에서 열린 『인도네시아 군도의 황금』 특별전, 같은 해 독일에서 열린 인도네시아 특별전, 1997년 일본 동경국립박물관에서 열린 『고대 왕국의 지보(至寶)』 특별전, 1999년의 호주 사우스 브리스번과 시드니에서 개최된 『인도네시아의 황금』 특별전 등을 통해서 국제적으로 소개되었다. 또한 이들에 대한 연구가 1995년부터 국제 학술지에서 본격적으로 발표되기 시작했으며 1996년에는 자카르타의 인도네시아 국립박물관과 암스테르담의 트로펜뮤지움 주최로 자바섬의 고대 금속공예품에 대한 대규모의 국제 학회가 열리기도 했다.

1997년 일본 동경국립박물관에서 열린 특별전에서는 워노보요 출토품이 30여점 이상 출품되었다. 이 특별전을 통해서 일본 학자들은 인도네시아 금제 공예품의 제작기법을 비교적 상세하게 연구하고, 워노보요 출토품들에서 종종 확인되는 "타출한 금판 아래에 흙을 채워넣는 기법"은 고대 인도네시아에서만 보이는 독자적인 기법으로 파악하였다. 또한 라마야나 그릇을 비롯한 몇몇 그릇의 형태 및 제작기법은 중국 당나라 금은기의 영향을 받았을 가능성을 제시하기도 했다. 이러한 일본학자들의 견해는 지금까지도 인도네시아 금속공예 연구에서는 보편적으로 받아들여지고 있으나, 워노보요 출토품 중에는 당대 금은기와는 상당히 다른 독자적 양식도 보이며 타출한 금판 아래에 흙을 채워넣는 기법도 다른 지역에서 확인되고 있다. 그러므로 이러한 일본 학자들의 견해에 대해서는 앞으로 좀 더 비판적으로 검토될 필요가 있다. 그럼에도 불구하고 워노보요 출토 금제 공예품들은 매우 독자적인 도상과 양식을 보이고 있으며, 중부 자바 지역의 현지 공방에서 제작된 것으로 추정되기 때문에, 고대 동남아시아의 발달된 금속공예 문화를 대표하는 작품이라는 점은 변함이 없다.

지금까지 국내외 특별전 도록 및 출판물에 공개된 워노보요 출토품은 금은제 동전 10점을 포함하여 약 70여점에 불과하다. 와효노에 의하면, 인도네시아 국립박물관에 소장된 워노보요 출토 공예품들은 박물관 등록번호 8838번부터 9009번까지로, 유물의 종류는 (1)그릇류, (2) 장신구류, (3) 무기류, (4) 동전류 등 네 종류로 나누어지며, 그중에서 금제 동전은 6336점, 은제 동전은 약 600점이라고 한다. 171건의 등록 번호 중에는 이러한 다량의 동전을 포함한 유물들이 모두 포함되어 있기 때문에, 아직까지 출토유물 전체의 정확한 수량은 확인할 수 없다. 동전을 제외한 각종 금은제 공예품은 약 200여점에 달한다고 하므로, 아직까지 상당수의 유물이 미공개된 상태이다.

이 유물들 중에서 가장 주목되는 작품은 바로 동남아시아에서 널리 알려진 『라마야나(Ramayana)』의 내용을 표현한 금제 〈라마야나 그릇 (Ramayana Bowl)〉이다(그림 3). 얇은 금판을 두드려서 만든 이 그릇에는 표면에 고대 인도의 서사시인 라마야나의 내용을 도해해 놓았는데, 뛰어난 조형양식과 제작기법의 수준을 보여준다. 이 그릇은 커다란 금판을 두드려서 그릇을 만든 후, 각 면마다 라마야나의 중요한 내용을 타출기법으로 도해하였다. 바닥에는 별도의 금판으로 만든 굽을 달았다.

타출기법(打出技法, repoussée)이란 돋을새김기법이라고도 하는

그림 3. 금제 라마야나 그릇. 9~10세기. 워노보요 출토. 높이 9.3cm. 최대 폭 28.8 x 14.4cm. 인도네시아 자카르타 국립박물관 소장.

그림 4. 오른손으로 망치를 잡고, 왼손으로 정을 잡은 후, 금속판에 타출기법을 행하는 장면.

데, 얇은 금속판을 정과 망치로 두드려서 금속판의 표면에 요철이 있는 문양을 표현하는 장식기법의 일종이다(그림 4). 타출기법은 망치로 두드려서 그릇을 만드는 단조기법(鍛造技法, hammering)과 마찬가지로, 금속의 전연성(展延性), 즉 늘어나는 성질을 이용한 제작기법이다. 그러므로 금속 자체의 전연성이 뛰어난 금이나 은으로 물건을 만들 때에 많이 사용되며, 입체적 장식의 표현 효과를 높일 수 있다. 워노보요 출토품 중에서도 금으로 만든 공예품들은 대부분 아주 발달된 고부조의 타출기법으로 장식되어 있어서, 중부 자바 지역 특유의 양식을 보여준다.

타출기법은 지역마다 여러 가지 정과 다양한 방식으로 여러 가지 입체적 문양을 표현하며 발달해왔다. 일반적으로 금속판을 타출할 때에는 금속판의 뒷면을 코울타르나 감탕, 고무와 같이 탄력성이 있는 재질의 바탕재 위에 올려놓고 고정시킨 후, 한 손으로는 정을 잡고 다른 한 손으로는 망치를 잡고서 망치로 정의 머리를 쳐가면서 금속 표면에 요철을 표현해낸다. 보통 금속판의 뒷면에서 정질을 해서, 표현하는 문양의 앞면을 고부조로 높게 올리는 방식이 사용되지만, 반대로 금속판의 앞면에서 문양의 여백에 정을 대고 쳐서 문양만 높게 남기는 방식을 사용하기도 한다. 또한 표현하는 문양이나 형태에 따라 금속판의 앞과 뒤를 번갈아 쳐서 문양과 여백의 높낮이를 조절하고, 세부 문양을 다시 정으로 쳐서 요철을 다듬어 부조의 형태를 만들어내기도 한다. 타출기법에서는 금속판을 올려놓는 바탕재의 재질이 중요한데, 타출을 완성한 후에는 바탕재를 떼어버리고 세척을 하기 때문에 표면에 남아 있지 않은 경우가 많다. 아직까지 동남아시아의 고대 금속공예가들이 바탕재로서 어떤 재료를 사용했는지는 자세하지 않다. 고대 중근동지역에서는 유전에서 나오는 검은색의 코울타르를 이용했다고 알려져 있으며, 동아시아지역에서는 진흙과 송진, 식물성 기름을 섞은 감탕을 주로 사용했다고 알려져 있다. 동남아시아지역에서는 어떠한 재료를 사용했는지 아직까지 자세하지 않으나, 고무와 비슷한 성질을 가진 열대성 식물성 수액과 같은 것을 사용했을 가능성도 생각해볼 필요가 있다.

워노보요 출토품에서는 여러 가지 크기와 형태의 다양한 정들을 사용하여, 약간 도드라진 낮은 부조의 문양 표현에서부터 요철이 매우 심한 고부조에 이르기까지, 다양한 높낮이의 복잡한 문양들이 타출기법으로 표현되었다. 워노보요 출토품에서 보이는 고부조의 타출기법은 사실 정교한 철제 정들이 있어야 가능하며, 금속판을 대고 두드릴 감탕과 같은 바탕재도 발달해 있어야하기 때문에, 금속공예의 표면 장식기법 중에서도 가장 숙련되고 발달된 단계의 제작기법에 해당한다. 즉, 고부조의 문양이 타출된 워노보요 출토 금은제 공예품들은 당시 중부 자바의 금속공예의 수준이 매우 높았음을 알려주는 것이다.

워노보요 출토품 중에서도 가장 뛰어난 타출기법을 보여주는 〈라마야나 그릇〉은 타원형을 변형하여 네 개의 꽃잎 형태로 그릇의 형태를 만든 독특한 그릇 형식이다. 표면에는 ① 라마가 국외추방당

그림 5. 라바나에게 잡혀가는 시따. 〈라마야나 그릇〉(그림 3)의 세부. 인도네시아 자카르타 국립박물관 소장.

하면서 아버지와 헤어지는 장면, ② 라마와 시따가 나란히 앉아서 사슴을 바라보는 장면, ③ 라마가 사슴 사냥을 나가는 장면, ④ 라마가 사슴을 쏘자, 사슴이 거인으로 변하는 장면, ⑤ 시따가 고행자로 변한 라바나에게 납치되는 장면, ⑥ 10개의 얼굴과 6개의 팔을 가진 라바나(그림 5), ⑦ 라바나에게 충고하는 뜨리자따, ⑧ 시타를 회유하는 뜨리자따 등과 같은 라마야나의 이야기 중 여덟 장면을 도해해 놓았다. 이 여덟 장면에 대해서는 도상적 해석이 학자마다 조금씩 다르기는 하지만, 이것이 모두 라마야나의 이야기 장면에 해당한다는 것은 확실하다.

각 이야기에 나오는 주인공들은 얕은 돋을새김으로 입체감있게 표현되었다. 표현된 인물들을 자세히 살펴보면, 각각 코, 입, 머리카락, 장신구 등과 같은 세부가 작고 세밀한 정을 사용하여 앞쪽에서 뚜렷하게 새겨져 있기 때문에, 인물의 표현이 매우 생동감있고 인상적이다. 이러한 표현 방식은 그릇의 앞면과 뒷면에서 골고루 정질을 해서 입체감 있는 효과를 높이는 수준 높은 타출기법을 통해서 표현된 것으로, 당시 인도네시아에서 금속공예의 제작기법이 고도로 발전해 있었음을 알려준다.

현대 인도네시아의 전통예술에서는 라마야나와 관련된 내용이

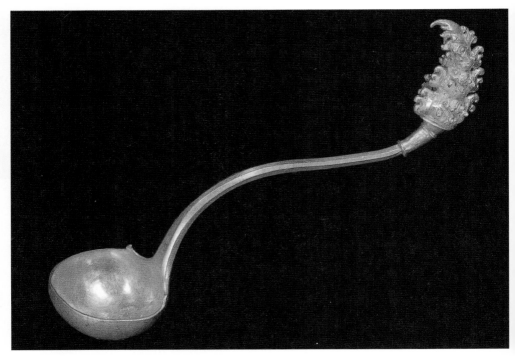

그림 6. 금제 국자. 9~10세기. 워노보요 출토. 길이 17cm, 지름 4cm. 인도네시아 자카르타 국립박물관 소장.

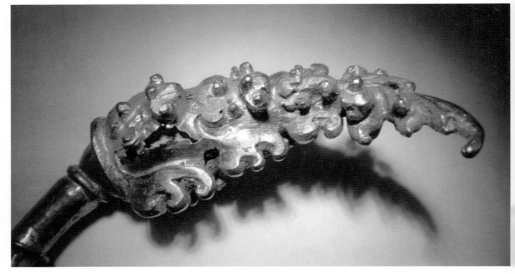

그림 7. 〈금제 국자〉(그림 6)의 손잡이 부분 세부. 인도네시아 자카르타 국립박물관 소장.

많기 때문에, 워노보요 출토 라마야나 그릇의 존재는 인도네시아의 전통 문화가 워노보요 출토품이 제작된 9~10세기 이전부터 발달해 왔음을 알려준다. 그러므로 이 〈라마야나 그릇〉은 인도네시아의 전통 문화의 고대와 현대를 잇는 대표적인 예술품으로 평가되고 있다.

〈라마야나 그릇〉 이외에도 중부 자바의 워노보요 유적에서 출토된 다양한 금제 공예품들은 당시에 타출기법과 단조기법, 그리고 정과 끌을 이용하여 선이나 문양을 새기는 각종 조금(彫金)기법 등이 상당히 높은 수준으로 발달되어 있었음을 알려준다.

2012년 국립제주박물관의 특별전을 통해서 국내에 소개되었던 〈금제 국자〉는 타출기법과 단조기법으로 제작된 또 다른 중요한 작품이다(그림 6). 이 국자는 몸체를 단조기법으로 제작하고, 손잡이는 별도의 얇은 금판을 이용하여 단조하고 타출기법으로 장식한 것으로, 손잡이 부분의 속은 완전히 비어 있다. 특히 손잡이 끝장식부분에는 요철이 매우 심한 고부조의 꽃 문양 장식이 타출기법으로 표현되어 있는데, 매우 화려하다. 이 국자 손잡이의 끝부분은 워낙 얇은 금판으로 만들어져 있어서 일부 찢긴 부분도 보이는데, 안쪽에는 진흙이 채워져 있음이 확인된다(그림 7).

워노보요 출토 금은제 공예품 중에서는 이렇게 얇은 금판을 타출하여 화려하고 장식적인 고부조의 형태를 만든 후, 속을 진흙으로 채운 경우가 많다. 타출된 공예품의 내부를 진흙으로 채우는 것이 무엇을 위한 것인지는 자세하지 않지만, 타출기법을 행할 때 속에 채워 넣었던 재료가 남아 있을 가능성, 혹은 지나치게 얇은 금판이 사용하는 도중에 실수로 찌그러지거나 부서지거나 휘지 않도록 속을 채웠을 가능성 등을 생각할 수 있다. 일본 학자들은 이와 같이 진흙으로 금속 내부를 채워 넣은 기법이 다른 나라에서 찾아보기 힘든 인도네시아 금속공예 특유의 제작기법이라고 주장하고 있지만, 실

제로는 이렇게 고부조의 타출기법으로 제작한 금제 공예품 중에서는 내부에 진흙과 같은 충전물을 채우는 것이 이미 기원전후 시기의 유라시아 대륙에서도 사용되었으며, 비슷한 시기나 조금 이른 시기의 인도나 스리랑카 쪽에서도 확인되고 있다. 그러므로 이렇게 금속기의 내부를 진흙으로 채우는 것이 고대 인도네시아만의 특징이라고 보기는 어려우며, 이러한 방식은 고부조의 타출기법이 사용된 금제 공예품에서는 종종 보이는 현상이다. 그렇지만 이 국자에서 보이는 것과 같은 고부조의 섬세하고 입체적인 타출기법의 수준은 9세기 전반 중부 자바 지역의 금속공예가 매우 높은 수준으로 발달해 있었음을 알려준다.

워노보요 출토품 중에서 금판을 두드려 만든 〈연화형합(蓮花形盒)〉은 뚜껑과 몸체를 각각 별도의 금판을 이용해서 단조 및 타출기법으로 제작한 것이다(그림 8). 이 연화형합은 지름 10.1cm에 불과한 작은 그릇이지만, 연꽃의 형태를 입체적으로 잘 표현하여 조형성이 매우 뛰어난 작품이다. 이 그릇의 뚜껑에는 작은 꼭지가 달려 있는데, 이 꼭지는 땜 기법으로 부착되어 있다. 또한 그릇 안쪽에 마련

그림 9. 금제 그릇. 9~10세기. 워노보요 출토. 높이 9cm. 지름 11cm. 인도네시아 자카르타 국립박물관 소장.

된 전과 몸체 바닥에 달린 굽도 역시 땜으로 접합해 놓았다. 땜은 순도가 조금 낮은 금제 땜납을 사용하여 녹여 붙여서 금속을 접합하는 기법으로, 이 그릇에서는 매우 깨끗하고 완전하게 접합된 수준높은 땜 기법이 사용되었다. 이 연화형합은 당시 중부 자바 지역의 금속 공예 장인들은 타출기법이나 단조기법 이외에도 매우 고도로 발전한 금땜 기법을 가지고 있었음을 알려준다.

워너보요 출토품 중에는 금으로 만든 그릇이 상당히 여러 개 있는데, 이 그릇들은 대부분 금판을 단조하여 그릇 형태를 만들고 가늘고 뾰족한 정으로 그릇의 표면을 새겨서 명문이나 문양을 장식하였다(그림 9). 이러한 뾰족한 정으로 장식하는 기법은 금속의 표면을 장식하는 조금기법(彫金技法)이라고 하는데, 조금기법은 사용하는 정의 끝부분 형태에 따라서 다양한 표현이 가능하다. 특히 정으로 가늘게 명문을 새긴 예들은 여러 개가 남아 있는데, 명문의 내용은 인물의 이름이나 사용한 금의 무게 등을 새겼다. 그중에서도 "사라기 디아 붕아(saragi dyahbunga)"와 "라케 하루 비에니 탕가왕가(Rake halu byeni taggawangga)"라는 인물의 이름은 당시 워노보요 출토품의 주인 이름으로 추정된다. 이들은 9세기 전반경에 중부 자바 지역에 살았던 마타람 왕족의 왕과 왕비로 추정되고 있어서, 이 유물들이 고대 중부 자바의 왕족들이 사용하던 귀중품이었음을 알려준다.

워노보요 금제 공예품들은 다양한 형태와 도상, 그리고 제작기법이 사용되었는데, 특히 제작기법에서는 단조기법, 타출기법, 땜접합 기법, 조금기법, 그리고 보석장식 기법 등이 주목된다. 단조, 타출, 땜접합, 조금기법은 그릇이나 장신구 모두에서 보이지만, 보석장식기법은 대체로 장신구 제작에서 많이 사용되었다.

보석장식기법은 금속제 공예품의 표면에 보석이나 준보석을 감입하여 장식하는 기법으로, 고대 중근동에서 시작하여 인도와 동남아시아 지역에서 크게 발달한 장식기법이다. 워노보요 출토품 중에서 보석이 장식된 공예품은 대부분 허리띠 장식이나 반지 등과 같은 장신구이며, 그릇의 표면에 보석이 장식된 예는 아직까지 확인되지 않았다. 보석을 장식하기 위해서는 먼저 적당한 크기의 보석을 가공하고, 그것을 부착할 장신구의 표면에 보석을 집어넣을 수 있는 장치를 만든다. 이렇게 보석을 물릴 수 있는 장치를 "난집"이라고 하

그림 10. 금제 카스트 목걸이 장식. 9~10세기. 워노보요 출토. 길이 22.5cm. 인도네시아 자카르타 국립박물관 소장.

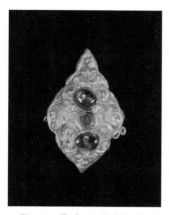

그림 11. 금제 보석장식 반지. 9~10세기. 워노보요 출토. 인도네시아 자카르타 국립박물관 소장.

는데, 워노보요 출토품의 난집들은 보통 얇은 금판을 감입할 보석 형태로 만들어서 장식할 공예품의 표면에 땜으로 붙인다.

카스트를 표현하는 목걸이 장식품으로 추정되는 금제 장신구는 2장의 금판을 타출하여 접합한 것이다(그림 10). 윗면의 중앙에는 보석을 감입하고, 아랫면에는 꽃 문양과 둥근 원 문양을 조금기법을 이용하여 장식하였다. 두 개의 금판으로 만든 사이의 빈 공간에는 역시 진흙을 넣어서 채워 놓았다. 현재 윗면에 남아 있는 난집은 19개였던 것으로 추정되지만, 보석은 8개만 남아 있다. 현존하는 보석의 상태로 볼 때, 보석의 표면은 둥그런 타원형으로 마연되어 있기는 하지만 형태는 그다지 정형화되어 있지 않았던 것으로 보인다. 남아 있는 보석의 색은 반투명한 붉은 색과 무색투명한 것 등 2종류인데, 붉은 색 보석이 이 지역에서 종종 사용되었던 것으로 보인다.

보석이 감입된 또다른 장신구로는 반지가 있다. 워노보요에서는 17개의 반지가 출토되었는데, 보석이 감입된 예는 그다지 많지 않다. 능화형의 금판을 타출한 후 보석을 장식한 반지는 반지 윗면 중앙 부분에 보석 3개가 배치되어 있다(그림 11). 보석을 감입하기 위한 난집은 위에서 살펴본 카스트 목걸이 장식의 난집과 같이 금판을 땜해서 만들었으며, 감입된 보석은 역시 붉은 색이 많고 형태도 비정형이지만 윗면은 매끈한 타원형으로 마연되어 있다.

그 외에 반지의 형태를 꽃모양으로 주조하여 만들면서 9개의 난집 형태를 마련한 후, 각 난집에 보석을 장식한 반지도 있다. 이 반지에 감입된 보석은 역시 붉은 색 보석이 많은데, 보석의 형태는 다소 비정형이다. 반지의 측면에는 비늘 모양의 장식이 음각되어 있는데, 이 음각 장식은 금속을 파새기는 인그레이빙(engraving, 陰刻)기법을 사용한 것으로 추정된다.

워노보요 출토 금은제 공예품에 보이는 가장 큰 양식적 특징은 단조와 타출기법이 고도로 발달했다는 점이다. 특히 대다수의 공예품에는 타출기법으로 장식한 화려하고 복잡한 꽃과 물결 문양이 새겨져 있으며, 요철이 심한 고부조의 장식도 상당히 많다. 표현된 문양 중에는 마카라(makara)나 칼리(kali)와 같은 상상의 동물이나 유명한 종교적, 혹은 서사적 도상도 있다. 이렇게 조형성이 뛰어난 문양의 표현은 제작기법의 발달을 바탕으로 하는 것이며, 고대 중부 자바 지역 금속공예의 제작 기술 수준이 상당히 높았음을 반증하는 것이다.

인도와 스리랑카, 그리고 동남아를 거쳐서 중국 남부 지역으로 이어지는 해로는 일찍부터 발달했는데, 이러한 고대 해로 상에 위치한 중부 자바 지역은 인도와 스리랑카, 그리고 중국의 문화를 골고루 받아들이면서 나름대로 독특한 문화를 발전시켰다. 중부 자바의 워노보요에서 출토된 금제 공예품들은 이러한 해상 교역로의 영향을 골고루 보여주고 있어서 흥미롭다. 고부조의 타출기법, 꽃과 물결을 중심으로 하는 화려한 장식 문양, 보석감입기법 등은 남아시아, 특히 스리랑카 장식미술의 영향을 강하게 받은 것으로 추정된다. 한편, 워노보요 출토품들이 발굴 당시에 들어 있었던 대형의 중국제 도자기들을 통해서, 당시 중부 자바 지역은 중국과도 활발하게 교역하고 있었음을 알 수 있다.

그러나 이러한 외래 문화의 영향에도 불구하고 워노보요 출토 금제 공예품들은 9~10세기경 중부 자바 지역에서 자체적으로 제작된 것으로서, 이 지역 나름대로 독특하게 발달시킨 동남아시아 특유의 미술 양식과 수준높은 공예 기술을 보여준다. 워노보요 출토 금제 공예품에 보이는 다양한 양식과 제작기법적 특징은 당시 중부 자바가 해로를 따라 중국 뿐만 아니라 스리랑카나 혹은 인도에 이르는 광범위한 지역과 교류를 맺고 있었으며, 다양한 지역에서 전래된 기술과 문화, 미술 양식을 동시에 받아들여서 자신들만의 독특한 문화양식을 형성하여 발전시켰음을 보여준다. 워노보요 출토품으로 대표되는 8~10세기경의 중부 자바의 금속공예는 동시대의 다른 어떤 지역들보다 발달한 단조기법과 타출기법의 수준을 보여주고 있는데, 이후 이러한 기법들은 동부 자바를 비롯한 인도네시아의 각지로 퍼져서 지속적으로 발달하게 된다.

9~10세기경 중부 자바의 상류층에서는 금을 애용했으며, 금속공예 문화가 절정에 달했다. 이와 같은 당시의 금제 공예품에 대한 애호 문화는 당시의 종교적, 사회적 상황과 밀접한 관련이 있다. 힌두교와 불교에서 금은 빛과 불멸, 햇빛의 이미지를 나타내며, 우월의 상징이었다. 힌두교와 불교가 동시에 극성하게 발달했던 고대 중부 자바의 사회에서 금제 공예품은 재화적 가치 뿐만 아니라 종교적 의미가 부여되었기 때문에, 상류층의 종교문화 뿐만아니라 생활문화에서 널리 사용되었던 것이다. 워노보요 출토품들은 9~10세기경 중부 자바의 상류층 문화를 폭넓고 자세하고 보여주며, 도상과 양식을 통해서 당시에 발달했던 다국적 해양 문화 교류의 실제적 양상을 드러내주고 있다는 점에서 매우 중요한 문화적 의의가 있다.

이 글은 『역사와 경계』 제 86집(2013)에 게재된 글을 수정 · 보완한 것이다.

동남아시아의 칠기

김인규

동남아시아 칠의 특징

칠기(漆器)란 옻나무의 수액에서 만들어진 칠(漆)을 발라서 만든 각종 기물(器物)이다. 칠기에 바르는 칠(漆)은 옻나무를 상처를 내어 얻어낸 점성을 가진 갈색의 끈적끈적한 액체로서, 동양에서는 아주 이른 시기부터 건축, 회화, 공예품 및 일반 생활에 쓰이는 가구 등에 도장제로서 주로 사용되어 벌레나 공기의 노출 및 외부에서 침입하는 물 등으로부터 표면 등을 보호하는 역할을 해왔다.

칠은 아시아 전역에 존재하며, 화화적인 분석에 따르면 우루시올(Urushiol, 55~70%), 폴리사카라이드스(Polysaccharides, 6.5~1.0%), 그리코프로타인(Glycoprotein, 1.4~2.8%), 엔자임(Enzyme, 0.1~1.0%), 물(Water, 20~25%)의 성분으로 이루어졌다.

동남아시아의 칠은 동아시아의 칠과 화학구조가 대동소이하지만, 구체적인 성분에서 약간 다르다. 동아시아의 한국, 중국, 일본의 칠은 우루시올($C_{21}H_{32}O_2$)이 주성분인 것에 반하여 동남아시아의 베트남의 칠은 라콜(Laccol, C23H36O2)이, 그리고 타이와 미얀마지역의 칠은 찌치올(Thitsiol)이 주성분을 이룬다(〈표 1〉 참조).

칠의 주요성분인 우루시올은 카테콜벤젠기의 3번 탄소에 15개의 불포화탄화수소를 가진 것으로, C15H26-31의 숫자가 26에 가까울수록 양질의 옻이다. 라콜은 카테콜벤젠기의 3번 탄소에 17개의 불포화탄화수소를 가지며, 찌찌올은 카테콜벤젠기의 4번탄소에 17개의 불포화탄화수소를 가진다.

베트남의 칠기

베트남에서 칠의 사용은 기원전 4세기경 동썬(Dong Son)문화에서 그 기원을 찾을 수 있다. 그리고 하이퐁(Hai Phong)의 베케(Viet Khe) 마을에서 발굴된 관에서 목기와 칠기를 제작하는 도구가 확인되었으므로, 이 지역에서 칠기의 제작이 본격적으로 이루어졌음을 알 수 있다.

베트남 지역에서 나전칠기의 기원은 북부지역에서 시작되었다고 전해진다. 중심지역으로 남딘(Nam Dinh)의 닌샤(Ninj Xa) 마을과 하노이 교외에 있는 츄엔미(Chuyen My) 마을, 그리고 츄옹고(Chuon Ngo) 마을이 있다. 전자의 나전칠기 창시자는 닌후흥(Ninh Huu Hung)이고, 후자의 창시자는 투옹콩탄(Ttuong Cong Thanh)으로 알려져 있다. 그러나 이들이 어떤 경로를 통해서 나전기술을 창안했는지에 대한 명확한 언급은 없기 때문에 정확한 기원은 알 수 없다. 아마도 중국의 절강성(浙江省)이나 광동성(廣東省)에서 발전했던 나전칠기 제작기술을 받아들였을 가능성이 있다.

베트남 사서에는 쩐(陳) 왕조의 성립과 더불어 베트남 나전칠기

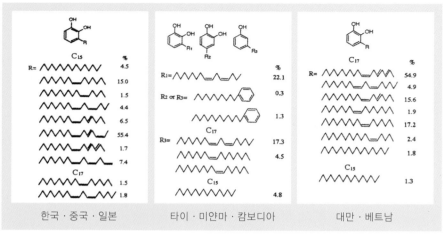

| 한국 · 중국 · 일본 | 타이 · 미얀마 · 캄보디아 | 대만 · 베트남 |

〈표 1〉 아시아 칠의 화학구조

의 기술이 절정에 달했으며, 당시 만들어진 나전칠기의 일부를 중국 원(元)나라에 공물로 바쳤다는 기록이 남아 있다. 그러므로 이러한 기록들을 통해서 볼 때, 베트남의 나전칠기 제작 기술은 늦어도 13세기 전반경에는 시작된 것으로 여겨진다.

베트남의 나전칠기는 보통 6단계의 과정을 거쳐 완성된다. 1단계는 문양을 그린다. 2단계는 나전 장식에 쓰일 조개껍질을 자르고 갈아낸 후, 물에 불려서 평평하게 만든다. 3단계는 문양에 쓰일 적당한 조개껍질을 골라서 문양 모양대로 실톱으로 자른다. 4단계는 칠기의 바탕이 되는 나무에 문양을 새겨 넣는다. 5단계는 문양대로 잘라낸 조개껍질을 칠을 사용하여 문양이 새겨진 나무에 붙여서 고정시킨다(그림 1). 6단계는 조개껍질에 발라진 칠을 제거하고 광택제를 사용하여 연마한다.

이러한 베트남 나전칠기는 19세기 후반 경부터 유럽의 만국박람회(萬國博覽會)와 같은 전시회에서 소개되어 서양에 알려지기 시작했다. 당시 제작된 나전칠기 중에는 한자 명문이 새겨져 있어서 제

그림 1. 베트남의 나전칠기 제작 과정 중. 5번째 과정을 마친 상태.

그림 2. "明命玖年造(밍망 9년조)" 명문이 새겨진 베트남 나전칠기 탁자의 세부. "밍망(明命)"은 베트남 왕조의 연호로서, 이 탁자가 제작된 밍망 9년은 서기 1837년에 해당한다.

작 연대를 알 수 있는 작품들도 많다(그림 2). 19세기말에 제작된 베트남의 나전칠기는 오랫동안 유럽에서 높은 평가를 받았으며, 일부 유물들은 프랑스 학자들에 의해 책으로 출간되어 널리 소개되기도 했다.

최근 베트남에서는 칠을 칠기나 나전칠기의 제작에 사용하는 것으로 그치지 않고, 칠이나 나전을 이용한 칠회화 및 나전회화와 같은 새로운 예술 영역을 개발하여 칠의 사용 영역을 확장해나가고 있다.

태국의 칠기

태국에서 칠은 대나무로 만든 바구니와 같은 기물 위에 주로 방수용으로 도포되었다고 추정된다. 그러나 태국에서도 본격적인 칠기 및 나전칠기가 정확하게 언제부터 제작되기 시작했는지에 대한 근거와 현존 유물 사례는 아직 명확하지 않다.

드와라와티 시대(Dvaravati, 8~11세기), 스리비자야 시대(Srivijaya, 11~12세기), 롭부리 시대(Lop Bury, 12~13세기), 수코타이 시대

(Sukhothai, 14~15세기)의 유적에서는 모두 칠기 유물이 확인되었으며, 아유타야 시대(Ayutthaya, 15~18세기)에는 고도로 발전한 칠공예품이 제작되었던 것으로 보인다. 이와 같이 태국에서는 일반적인 시대의 흐름에 발맞추어 꾸준히 칠기의 제작과 사용이 증가했으며, 제작기법 역시 지속적으로 발전했다고 생각된다.

일반적으로 태국의 칠기는 아유타야(Ayutthaya)와 란나(Lanna) 지역에서 만든 것으로 나눌 수 있다. 아유타야 칠기는 흑칠의 바탕에 화려한 금박과 나전으로 장식되어 있는 것이 특징이고, 란나 칠기는 흑칠의 바탕 위에 주칠(朱漆), 즉 붉은 색의 칠을 바르는 독특한 방식을 보이고 있다.

태국 칠기 및 칠공예품에서는 장식기법으로 금박(Lai Rot Nam, 라이롯남), 색칠(Lai Kammalaor, 라이카마라올), 조칠(Lai Kud, 라이쿳) 및 유리, 조개껍질, 계란껍질 등을 이용한 나전기법 등이 사용되었다. 특히 나전을 이용한 칠기는 아유타야 시대에 절정을 이루었는데, 대부분 왕궁이나 사원의 주문에 의해서 제작되었다.

태국 나전칠기의 제작과정은 다음과 같은 4단계를 거친다. 1단계는 야광패를 잘게 잘라낸다. 2단계는 나무나 대나무로 만든 표면 위에 잘라진 야광패를 붙여서 문양을 만든다. 3단계는 문양이 만들어진 부분에 칠과 잿가루를 섞어 얇게 바르고, 마르면 다시 바르는 작업을 여러 번 반

그림 3. 태국의 나전칠기. 19세기.

복해서, 문양이 보이지 않을 때까지 칠과 잿가루 섞은 것을 바른다. 4단계는 칠해진 기물을 건조시킨 후, 붙여서 장식한 야광패의 문양이 드러나 보일 때 까지 문질러 내서 완성한다(그림 3).

미얀마의 칠기

미얀마의 옻나무는 전국에 걸쳐 분포되어 있다. 이 중에서 태국 국경에 근접한 샨(Shan) 고원은 옻나무의 산지로 유명한데, 3월과 5월 사이에 채취하는 칠이 흑색으로 가장 양질의 칠로 간주된다.

미얀마 칠기의 토대는 주로 대나무로 만들어진다. 대나무의 바깥부분은 사용하지 않으며, 안쪽만을 사용한다. 대나무로 그릇의 형태를 만드는 방법은 두 종류가 있다. 하나는 대나무를 말아서 만드는 것으로, 주로 호(壺)나 병(甁)을 만드는데 사용한다(그림 4). 또 다른 한 가지는 대나무로 형태를 짜는 방법인데, 이 방법은 주로 각진 형태를 만드는데 적용한다.

미얀마 칠기의 주요 제작지는 만달레이(Mandalay) 지구의 버강(Bagan), 만달레이(Mandalay), 잉와(Inwa), 저가인(Sagain) 지구의 짜욱까(Kyaukka)와 마웅 다웅(Maung Daung), 샨(Shan) 주(州)의 짜인똥(Kyaingtone), 라이코(Laihko), 모네(Moe Ne), 인레(Inle) 등으로 크게 나눌 수 있다.

이 지역들은 중국 운남성(雲南省)의 서려(瑞麗), 로서(路西), 보산(保山), 대리(大里), 곤명(昆明), 성도(成都)로 이어지는 중국 남부의 실크로드, 즉 차마고도(茶馬古道)와 가까운 곳에 위치하고 있기 때문에, 고대부터 중국과 밀접한 교류가 이루어졌던 곳이다. 아마도 이 지역의 칠기도 역시 중국 남부지역의 칠기 제작기술로부터 많은 영향을 받은 것으로 생각되지만, 이 지역에서도 칠기의 제작이 언제부터 어떻게 이루어지기 시작했는지, 혹은 어느 곳의 영향인지에 대해서는 아직까지 분명하게 밝혀진 바가 없다.

만달레이(Mandalay) 지구의 버강은 미얀마 최대의 칠기 생산지이다. 버강은 불탑과 사원이 즐비한 불교의 성지로 국내외의 순례자들이 다수 방문하고 있는 지역이다.

이 곳에서 제작된 칠기는 꿍잇(Kun-it, 통형의 그릇), 러펫옥(Lahpet-oak, 발효차를 넣는 용기), 숭옥(Hsun-oak, 뚜껑이 있고 여러 겹으로 그릇으로 구성된 기물) 등이 있다. 문양의 장식 기법으로는 카닛(Kanyit) 기법, 쉐자와(Shwei-zawa) 기법, 떠요(Thayo) 기법, 망지쉐차(Humanzishehca) 기법 등이 있다. 카닛기법은 낀마(Kinma, 蒟醬) 기법이라고도 하는데, 칠기의 표면을 섬세한 선으로 새겨서 문양을 장식하는 기법을 뜻한다. 쉐자와 기법은 금박으로 문양을 만들어서 장식하는 기법이며, 떠요 기법은 부조기법으로 입체감있게 장식하는 기법이다. 흐망지쉐차 기법은 색이 있는 유리 조각을 칠기의 표면에 붙여 장식하는 기법으로 유리의 전래 이후에 발전한 독특한 기법이다.

저가인(Sagain) 지구의 짜웃까(Kyaukka)는 만달레이에서 서쪽으로 160km 떨어진 몽유와(Monywa) 마을에서 약 15km 정도 떨어진 곳에 위치한 마을이다. 짜웃까는 버강에 이어 미얀마의 제 2의 칠기 생산지이다.

이곳의 칠기는 흑칠기를 비롯하여 장식이 별로 없는 소박한 칠기가 중심을 이루고 있으며, 꿍잇(Kun-it), 러펫옥(Lahpet-oak), 숭옥(Hsun-oak), 상자, 쟁반, 접시 등과 같은 기물들이 제작되었다. 문양은 흑칠로 문자와 같은 무늬를 넣어 장식하거나, 표면에 선으로 섬세한 무늬를 새겨서 장식하기도 한다.

그림 4. 미얀마 칠기. 뉴욕 자연사박물관 소장.

샨(Shan) 주(州)는 빠오(Pao)족, 바라웅(Palaung)족 등의 소수민
족이 거주하고 있는 지역으로, 이 지역의 칠기 제작지로는 짜잉똥
(Kyaingtone), 라이코(Laihko), 모네(Moe Ne), 인레(Inle) 등이 있다.
짜잉똥(Kyaingtone)의 칠기는 대나무로 짠 형태에 칠을 바르고 다
시 그 위에 벼 나락을 태워 만든 재를 칠과 섞어 바른 다음, 그 위에
삼베를 바른다. 그리고 다시 벼 나락을 태워 만든 재와 칠을 섞은 것
을 나무로 잘 두드려서 반죽한 후에, 평평한 나무판 위에 올려 놓고
여러 가지 모양으로 만든 후, 그 모양을 칠기의 표면에 발라 붙여서
입체적인 장식을 만든다.

이밖에도 미얀마에서 칠은 파고다를 금박으로 장식하거나, 가야
금과 같은 악기를 만드는 등, 여러 가지 영역에서 다양하게 사용되
고 있다.

이 글은 『수완나부미』 제 4권 제 1호(2012)에 게재된 글을 수정·보완한 것이다.

동남아시아의 "씹는 담배" 문화

김인아

동남아시아를 방문하면 동남아인들이 무엇인가를 열심히 씹고 있는 모습을 종종 발견할 수 있다. 남녀노소 할 것 없이 나뭇잎 뭉치로 보이는 것을 껌처럼 질겅이며 있는데 자세히 보면 하나같이 치아와 혀가 검붉게 변해 있는 것을 볼 수 있다. 심지어 입술과 턱 주변까지 검붉게 물들어 있어 그 모습이 자못 기괴하고도 생경한 인상을 준다.

이것이 바로 동남아시아의 대표적인 토착 문화인 "씹는 담배 (betel chewing)" 문화이다. 베텔(betel)은 구장목(蒟醬木, betel vine), 또는 그 잎을 지칭하는 용어이지만, 일반적으로는 구장 잎에 빈랑목 (檳榔木, areca palm)의 열매 조각과 생석회, 향료 등을 넣어 둥글게 싼 씹는 담배를 포괄적으로 나타내는 용어로 사용한다(그림 1). 수천년동안 지속되어온 베텔을 씹는 문화는 동남아의 다양한 역사문헌, 구전전승, 신화, 문학, 회화, 지방지 등에서 광범위하게 등장하고 있으며, 현대에도 대중문화로서 널리 자리매김하고 있다. 베텔에 들어가는 각종 재료는 마약성, 최면성 성분을 지니고 있어 일반 담배 이상의 강한 중독성을 띠고 있다.

그림 1. 베텔을 펼쳐서 나열한 모습. 잎사귀 표면에 발린 붉은색 물질이 석회와 향신료를 섞은 반죽으로 치아 흑화의 원인이 됨. 미얀마.

동남아에서 베텔을 만드는 일반적인 방법은 구장 잎(그림 2) 표면에 석회 반죽을 바른 후 그 위에 빈랑 열매 조각이나 씨앗을 얹어 둥글게 싸는 것이다. 석회와 빈랑 열매, 구장 잎이 베텔을 만드는데 빠지지 않는 기본재료인데, 이것은 대부분의 동남아 지역에서 자체적인 생산이 가능하다보니 베텔이 오랜 기간 지속적으로 생산될 수 있었다.

빈랑 열매는 일반적으로 둥글거나 타원형이며 지름은 약 5센티미터에 달한다. 열매가 익기 전에는 단맛을 내지만, 익고 나면 쓴 맛 혹은 짭짤한 맛을 내는 특징이 있다. 이 열매를 얇게 저미거나 뭉떵하게 썰어내기도 하며, 때로는 씨앗을 사용하기도 한다(그림 3).

생석회는 조개와 같은 갑각류를 불에 구워서 망치나 손을 이용해 빻은 후 물과 섞어 만든다. 동남아 해안지역에서는 주로 달팽이 같은 연체동물이나 바다조개, 산호 등이 석회의 원료로 사용되는 반면, 태국과 라오스, 베트남에서는 산에서 채취한 석회암을 갈아서 만든다. 필리핀에는 강이나 개울에 사는 갑각류나 홍합을 사용하기도 한다. 이렇게 만든 생석회 반죽은 쿠민(cumin) 열매나 심황이 첨가되어 붉은색을 띠게 된다. 이 외에도 지역에 따라 정향, 장뇌, 사향, 육두구,

그림 2. 베텔의 기본재료인 구장목의 잎사귀.

그림 3. 빈랑 열매를 조각낸 모습.

후추, 생강 등의 향신료가 첨가되기도 한다. 둥글게 싸서 완성된 베텔은 정향가지를 사용해 덩이별로 묶어둔다. 풍미를 더하기 위해 계피, 고수풀, 용연향(龍涎香, ambergris)을 첨가하기도 한다. 이러한 각종 향신료가 침의 흐름을 자극하여 중독성을 일으킨다.

동남아인들은 베텔을 치아와 볼 사이에 넣어 혀로 눌러서 덩이 속 액체를 빨아들이고 남은 것은 껌처럼 씹으며 즐긴다. 이렇게 몇 시간씩 씹거나 때로는 입에 물고서 잠을 자기도 한다. 베텔을 입에 넣어 씹으면 입 안에서 상쾌한 기분과 청량감을 주기 때문에, 동남아와 같은 열대지방에서 기호식품으로 널리 퍼졌다. 게다가 동남아인들은 베텔이 구취 및 구강 박테리아 감염의 예방에도 도움이 된다고 설명한다.

베텔을 씹는 동안 내부 재료들이 서로 섞이면서 혀와 치아가 검붉은 색으로 착색이 일어나게 되는데(그림 4), 이를 서양인들은 미개한 시선으로 바라보기도 했다. 16세기에 유럽인들이 동남아에 당도했을 때 많은 서양인 여행가들에 의해 작성된 기록물에서 하나같이 동남아의

그림 4. 베텔로 인해 치아 흑화가 일어난 모습.

베텔 씹기 관습을 "지저분하고 흉하며 역겨운" 문화라고 멸시하기도 했으나, 동남아 전통시대의 여러 지역에서는 흑화(黑化)가 일어난 치아를 미적(美的)인 것으로 간주하였으며 동남아의 젊은 여성들은 이 붉은 색소를 미용의 목적으로 입술에 침착시키기도 했다.

베텔을 씹는 관습의 지역적 범위는 동서로 1,000km, 남북으로 6,000km에 달하는 범위를 포괄하며 동남아와 인도, 스리랑카 지역 전역이 여기에 포함된다. 서쪽으로 아프리카 연안지대와 마다카스카르, 동쪽으로 멜라네시아와 티코피아, 북쪽으로는 중국 남부지역, 남쪽으로는 파푸아뉴기니 지역을 포함한다(그림 5). 약리학자인 르윈(Lewin)은 세계 역사상 베텔과 같은 마약성 성분을 사용하는 관습이 지역적으로 가장 광범위한 분포를 나타내고 있는 곳이 동남아라고 설명하고 있는데, 이것은 그만큼 베텔 씹기 관습이 동남아의 대표적인 토착문화로 자리잡았기 때문이다.

이렇듯 광역적으로 애용되고 있음에도 불구하고 동남아에서의 베텔 문화에 관한 초기 일차문헌 사료는 불행히도 거의 찾아볼 수 없다. 그러나 중국 사료에서 기원전 2세기에 베트남에 퍼져있는 베텔 문화와 6세기 초에 인도네시아에서 성행한 빈랑 열매의 사용에 관한

그림 5. 베텔 문화의 분포 범위.

기록이 남아있다. 중국 당대(唐代)의 사료에는 인도네시아로부터 빈랑 열매를 수입해 왔다고 기록하며, 자바에서는 이미 15세기 초에 베텔을 씹는 문화가 존재했다. 이렇듯 베텔은 매우 광역적으로 애용되어 왔음을 알 수 있다. 또한 베트남 남부지역에 건설되었던 초기 국가인 참파(Champa)는 10세기와 11세기에 중국에 빈랑 열매를 공물로 바쳤다는 기록이 있다. 태국의 기록에서는 13세기에 "수코타이 사람들이 까친(Kachin)족의 행사를 기념하기 위해 빈랑 열매를 내어 왔다"는 문구가 발견되기도 한다. 중국 사료에서는 주로 11세기 이후 동남아 왕실에서 베텔을 즐겨 씹었다는 기록이 다수 존재한다.

초기 동남아의 베텔 문화에 관한 증거는 이곳을 방문한 서양인들의 기록을 통해서도 찾아볼 수 있다. 1598년 네덜란드 함대가 인도네시아 자바의 서부지역에 위치한 반뜬(Banten)에 도착했을 당시의 기록에는 "네덜란드인이 자바에 도착했을 때, 그들은 베텔을 씹지 않는 자바인을 좀처럼 찾아볼 수 없었다. 베텔에 함유된 석회로 인해 자바인의 입안 전체는 붉은색으로 변했다. 또한 만약에 그들이 왕과 이야기를 나누려고 하면 즉시 베텔 한 세트가 왕실 중앙에 비치되었다." 그리고, "사람들은 배와 비슷하게 생긴 아레카(areca)라 일컫는 과일을 끝없이 씹었다. 그들은 이 과일을 베텔(betre)이라 불리는 나뭇잎에 싸서 석회와 섞어 먹었다. 그들은 이것을 씹은 후 뱉어버렸다." 등의 내용을 발견할 수 있다.

한편 가장 오래된 빈랑에 대한 고고학적 증거는 태국 서북부 지역에 위치한 땀피민(tham phi maen) 동굴에서 발견된 것으로 기원전 10,000년의 것으로 나타났다. 태국 반치앙(Ban Chiang)에서 발견된 베텔은 기원전 3,600년에서 기원후 200년 정도의 유물로 추정되고 있다. 초기 베텔에 관한 또 다른 증거는 필리핀에 위치한 두용(Duyoung) 동굴에서 발견된 것으로 기원전 3,000년의 것으로 추정된다. 인도의 역사 문헌에는 베텔을 씹는 관습이 기원후 4세기 경에 최초로 등장하는 것으로 볼 때, 동남아가 인도보다 훨씬 일찍부터 베텔을 씹었다는 것을 알 수 있다. 이렇듯 동남아의 베텔 씹기 관습은 그 역사가 매우 오래되었다.

"베텔(betel)"이란 용어는 17세기에 포르투갈인에 의해 최초로 사용되었다. 영국의 식물학자 버킬(Isaac Henry Burkill)에 의하면, 이 용어는 잎을 뜻하는 말레이 용어 "베틸라(vetila)"에서 유래되었으며, 빈랑을 의미하는 "아레카(Areca)"는 빈랑 열매를 뜻하는 말레이 용어 "아다까(adakka)"나 인도의 "아다께야(adakeya)"에서 유래한 것으로 설명한다. 즉 베텔은 동남아 토착어를 라틴 문자로 전사(轉寫)한 것으로, 이것은 현지인들의 실제적 발음과는 거리가 먼 표현이다. 동남아의 각 지역에는 베텔을 나타내는 용어가 매우 다양하게 존재하는데, 특히 이러한 용어의 다양성은 동남아시아의 도서부 지역에서 두드러진다. 예를 들어 인도네시아의 경우 베텔은 발리어로 차낭(chanang), 자바어로 수롭(surob), 아체어로 라눕(ranub), 바딱어로 나뿌란(napuran) 등으로 부르며, 일반적으로는 시리(sirih)로 통칭한다. 필리핀에서는 베텔을 따갈로그(Tagalog)어로 뿡알릭모(bungalikmo)라고 하며, 깜빰빵안(Kampampangan)어로 루요스(luyos) 라고 불러서, 역시 지역마다 다양한 명칭을 보여준다.

동남아에서 베텔을 씹는다는 것은 단순히 개인의 기호 문제나 일상생활의 습관 차원을 넘어서서 사회적으로 중요한 함의를 지니고 있다. 베텔은 사회적 교류에 있어서 필요할 뿐만 아니라 특정한 기념일이나 행사 등 사회 전반에 걸쳐 동남아인들의 기호품이었다. 식민지 시대 이전에는 손님을 접대하는데 있어서 베텔이 필수적으로 제공되었다. 외국에서 온 외교사절단의 접대용으로도 베텔이 제공되었고, 남녀의 구애 용품, 법정 소송인의 패소의 상징, 사형수의 사형집행 직전에 제공되는 먹거리로도 베텔의 등장은 필수적이었다. 오늘날 담배가 등장하고, 바쁜 현대 생활 속에 베텔의 가치는 조금씩 줄어들고 있지만 여전히 동남아에서 베텔 씹기는 일상생활의 하나이며 지속되는 전통이다. 따라서 동남아인의 베텔 제공을 거부하거나 베텔 씹기를 권하는 것을 거절하는 행위는 매우 무례하고도 모독적인 행동으로 간주된다.

이런 문화로 인하여 동남아시아에서는 베텔이나 베텔의 재료를 담는 용기의 제작이 일찍부터 발달했으며, 각 가정에는 이러한 용기가 적어도 한 개 이상 구비되어 있다(그림 6). 서구인들에 의한 초기 사료에 의하면, 동남아시아에서는 19세기까지 줄곧 높은 계급의 사람들이 외출할 때에는 하인이나 노예를 대동해 그들로 하여금 베텔의 재료를 분리해서 보관하는 용기나 청동쟁반을 반드시 소지하고 있었다고 한다. 인도네시아 뜨르마떼(Termate)의 왕은 어린 시절에 장애로 인해 난쟁이가 된 여성들을 대동하여 그의 베텔 용기를 언제나 운반하게 했다.

동남아에서 베텔은 다양한 상징적 의미를 지닌다. 베텔은 종종

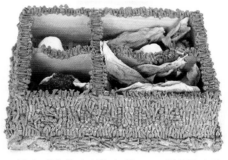

죽음과 연관되어 장례식장에서 필수품으로 등장하기도 한다. 전통적으로 빈랑 열매와 구장 잎은 종종 장례식에서 망자와 함께 부장했다. 이것은 속세의 생을 마감하고 영원의 세계로 망자를 안내하는 역할을 한다. 베텔과 그 재료는 망자의 영혼을 위무하기 위한 공물로서 사용되기도 했으며, 성난 조상신들을 위무하거나 정령들의 도움을 호소하기 위한 봉헌물로 바쳐지기도 했다. 쌀과 함께 베텔은 동남아에서 망자와 정령을 달래는데 사용되는 대표적인 봉헌물인 것이다. 16세기의 필리핀 루손(Luzon)지역에서는 망자를 방부처리하기 위해 구장 잎을 짓이겨 짜낸 액체를 사용하기도 했다.

베텔은 결혼식과 같은 의례에 있어서도 중요한 요소로서 고려된다. 동남아의 다양한 민간전승이나 지방지 등에는 베텔에 관한 내용이 풍부하게 나타나는데, 특히 남성과 여성의 혼인과 관련된 내용들을 발견할 수 있다. 예를 들어 캄보디아의 전설에서 나타나는 쁘라통(Prah Thong) 왕자는 뱀 공주와 결혼했는데 공주는 왕자에게 믿음의 증표로 베텔을 건네주었다고 한다. 이때부터 베텔은 캄보디아에서 신뢰와 결합의 상징적 의미를 지니게 되었다. 전통적인 결혼식에서 베텔을 제공하고 이것을 받는 행위는 곧 남녀의 혼인이 성사되었음을 의미하는 것이다. 결혼식에서 베텔의 재료는 주로 신부값의 일부로 사용되었으며, 자바의 신랑 신부는 결혼식에서 구장 잎사귀를 서로에게 던진다. 말레이어로 뽀꼭 스리(pokok sirih), 아체어로 라눕돈(ranub don)이라 불리는 베텔 나무는 19세기 말레이와 수마트라의 결혼식에서 필수품으로 등장했는데 화려하게 장식된 베텔 나무가 결

〈그림 7〉 베텔 재료를 담는 용기인
꿍잇(kunit). 버강 칠기박물관 소장.
미얀마. 크기 240x150mm.

혼식장에 일렬로 나열되었다고 전한다. 오늘날에는 베텔 용기가 결혼식장에 필수품으로 전시가 되기도 한다(그림 7, 8).

또한 베텔로부터 파생된 수많은 어휘들은 남녀의 결합을 의미하는 용어가 많은데, 예를 들어 빈랑 열매를 의미하는 말레이어인 삐낭(pinang)은 오늘날 청혼, 구혼의 의미를 지닌다. 여기서 파생된 어휘인 메미낭(Meminang)은 청혼을, 삐낭안(pinangan)은 약혼을 의미한다. 구장 잎사귀 뭉치를 뜻하는 레꼬 빠씨꼬(Leko passiko)는 마까사르의 결혼식에서 제공된다. 빈랑 열매 한 동이를 뜻하는 칸막(Khan mak)은 타이족과 라오족 사회에서 결혼을 의미한다. 아체어로 "베텔을 가져오다"는 뜻의 바라눕(ba rnub)은 "애인에게 선물을 주다"는 의미이며, 마까사르어로 "커다란 구장 잎사귀"를 뜻하는 레꼬롬뽀(leko-lompo)는 신부값을 의미한다.

동남아 여러 지역에서 나타나는 고대 전설에서는 베텔 상징주의가 성애(性愛)를 다룬 문학으로 표현되기도 한다. 인도의 카마 수트라(Kama Sutra)에서 성행위를 위한 필수도구 목록에 베텔이 포함되어 있는 것과 마찬가지로, 동남아의 여러 지역에서도 베텔은 성행위와 관련된 상징으로 나타나기도 한다. 구장 잎과 빈랑열매의 결합은 남녀의 상보성, 균형성을 상징한다. 특히 동남아에서 우주의 속성을 빛(양, 남성)과 그늘(음, 여성)로 구분할 때, 빈랑 열매는 빛에 해당하며 구장 잎은 그늘에 해당한다. 베트남에서는 구장 잎 넝쿨을 여성의 성기로, 빈랑 열매는 남성의 성기로 간주하며, 발리에서는 생석회가

그림 8. 꿍잇의 내부. 베텔 재료를 담을 수 있도록 여러 층의 작은 그릇이 내부에 들어가는 구조를 지니고 있다. 버강 칠기박물관 소장. 미얀마.

남성과 여성의 성적(性的) 결합을 상징하고 있다. 인도네시아 동부지역에서 발견되는 긴 자루모양의 베텔 용기는 남성의 성기를 상징하며, 그 안에 담기는 구장 잎은 여성의 성적 이미지를 나타낸다.

뿐만 아니라 베텔은 출산 및 출생에 있어서도 중요한 상징물로 여겨진다. 인도네시아의 띠모르(Timor)섬에서는 산모가 베텔을 씹는 것이 출산을 준비하는 과정에 있어서 필수적인 행위로 간주되는데, 이때 붉은색으로 변한 침은 혈액을 상징하는 것으로서 이것이 태아에 공급된다고 믿기도 했다. 띠모르섬의 마까세인은 신혼 첫날밤 신랑의 어머니가 부부와 함께 베텔을 씹었으며, 손자가 태어나면 며느리와 시모가 함께 손자의 탄생을 기리기 위해 베텔을 씹었다고 전한다. 비슷한 경우로 말레이의 전통사회에서는 임신의 성공을 위해 베텔 잎을 즙을 내어 먹는다거나, 불임 여성의 질에 빈랑 열매 조각을 집어넣는 등의 행위를 하기도 한다.

이렇듯 동남아에서 베텔을 씹는 관습은 오랜 역사를 자랑할 뿐만 아니라 개인의 기호나 습관의 차원을 넘어서서 사회적으로도 중요한 함의를 지니고 있으며 현대에까지 지속되고 있는 동남아의 대표적인 토착문화인 것이다.

※ 이 글은 『수완나부미』 제 4권 제 1호(2012)에 게재된 글을 수정·보완한 것이다.

인도네시아의 "와양 꿀릿"과
인형 제작 공방

주경미

인도네시아를 비롯하여 동남아지역의 여러 곳에서는 전통 문화의 일환으로서 각종 인형극들이 공연된다. 그중에서도 "와양 꿀릿(Wayang Kulit)"이라고 불리는 인형극은 인형의 그림자를 이용하여 공연하는 그림자 극의 일종이다. "와양(Wayang)"은 원래 인도네시아 자바(Java)어로 "그림자"를 뜻하는 말이었다고 하지만, 현대에는 "인형", 혹은 인형을 이용한 "인형극(Puppet show)"을 뜻한다. "꿀릿(Kulit)"은 "가죽"을 뜻하는 말이므로, "와양 꿀릿"이란 가죽으로 만든 인형, 혹은 그 인형을 가지고 공연하는 인형극이다(그림 1). 특히 와양 꿀릿은 인형의 형태가 관객에게 그대로 보여지는 것이 아니라, 공연장의 뒤쪽에서 빛을 이용해서 만들어지는 그림자를 이용하여 행해지는 "그림자 인형극(Shadow puppet theater show)"에 해당한다.

와양 꿀릿과 같은 그림자 인형극은 인도네시아 자바 섬과 발리 섬, 수마트라 섬, 보르네오 섬, 그리고 말레이시아와 중국 남부 일대에 이르기까지 동남아 일대에서 널리 공연되어 왔다. 각 지방별로

그림 1. 와양 꿀릿에 사용하는 인형. 인도네시아 자바 섬 족자카르타 제작. 현대. 개인 소장.

와양 꿀릿에 사용되는 인형의 종류와 극의 구성 내용들은 다양한 양식을 띠고 있으며, 지방마다 독특한 공연 양식과 음악이 곁들여지기 때문에, 동남아 특유의 종합 예술로 인정받고 있다. 이중에서도 특히 자바섬의 와양 꿀릿이 가장 유명하다. 현재 인도네시아의 와양 꿀릿은 "와양 인형극(Wayang Puppet Theatre)"라는 명칭으로 2008년 "유네스코 인류무형문화유산"으로 등재되었으며, 특히 자바섬을 중심으로 전통 문화의 보존과 전승이 활발하게 이루어지고 있다.

와양 꿀릿은 대체로 버팔로 소 가죽으로 만들어진 납작한 평면의 인형들을 사용하는데, 공연을 진행하는 것은 "달랑(Dalang)"이라고 불리는 인형을 조종하는 예능 보유자이다. 달랑은 인형에 달린 가느다란 막대기를 이용해서 혼자 모든 인형을 조종하며, 화면의 뒤

그림 2. 인형을 조종하면서 와양 꿀릿을 공연하는 달랑의 모습.

쪽에서 비치는 그림자의 효과를 사용하여 환상적인 이미지를 관객
들에게 보인다. 달랑은 인형을 조종할 뿐만 아니라, 인형들의 대사
도 읊조리며, 음악 반주와 효과도 지시를 하는 종합 예술가이다(그
림 2).

관객들은 달랑이 조종하는 인형의 그림자와 달랑이 읊조리는 여
러 가지 대사와 노래를 통해서, 인형극의 줄거리를 이해해 나가면
서, 달랑이 인도해 나가는 환상적인 그림자 극의 세계로 빠져들게
된다. 달랑은 단지 인형극의 이야기만을 전하는 것이 아니라, 그 이
야기 속에 숨겨진 철학적, 도덕적, 미적 가치를 관객들에게 전달하
는 예능인이었다. 그러므로 달랑은 단순한 인형 조종사나 공연자라
기보다는, 각 지역을 대표하는 교양있는 지식인으로 여겨졌으며, 각
지역 사회에서 중요한 사회적 교사이자 정치적 풍자가로 인식되어
왔다.

와양 꿀릿과 같은 그림자 인형극이 정확하게 언제부터 동남아시

아에서 공연되기 시작했는지는 자세히 알 수 없다. 아마도 인도, 특히 남인도 지방에서 유행하던 그림자 인형극들이 동남아시아 자바섬 일대로 전해져서 발전한 인형극의 일종이라고 추정되고 있으나, 그 기원에 대해서는 여러 가지 논란이 있다. 현재까지 알려진 바로는 인도네시아에서 와양 꿀릿이 성행하기 시작한 것은 적어도 기원후 10세기경 이전이라고 추정되고 있다.

미술사학자 클레어 홀트(Claire Holt)에 의하면, 907년경에 씌여진 중부 자바 지역 출토의 명문(銘文) 중에서 "si Galigi mawayang(씨 갈이기 마와양)"이라는 구절이 확인되었는데, 이 명문의 내용이 바로 "'갈이기'라는 사람이 '와양'을 공연했다"라는 뜻이라고 한다. 즉 이 명문에 보이는 "마와양(mawayang)"이라는 구절은 바로 "와양의 공연"이라는 뜻이므로, 적어도 이 명문이 씌여진 10세기 초반 경의 중부 자바 지역에서는 왕실을 중심으로 와양 공연이 행해졌던 것으로 추정된다. 또한 이 기록에서는 당시 중부 자바 지역을 다스리던 발리퉁(Balitung) 왕의 이름이 확인되었으며, 당시의 공연은 왕실에서 신(神)들을 위해서 행해졌다고 한다. 또한 이때의 공연 내용은 "비마야 꿈드라(Bimmaya Kumdra)", 즉 "청년 비마(Bimma)"의 이야기였던 것으로 보인다. 비마는 인도의 유명한 서사시 『마하바라타』에 등장하는 판다바 형제 중에서 2번째 형이므로, 아마도 당시 공연된 내용은 마하바라타와 관련된 이야기였을 것이다.

또한 1035년에 지어진 〈아르주나위와하(Arjunawiwaha)〉라는 인도네시아의 옛 서사시에서는, 당시 "가죽을 조각해서 만든 와양이 움직이고 말을 하면, 그것을 본 사람들이 와양의 움직임에 따라서 울기도 하고 눈물을 흘리기도 한다"라는 내용이 기록되어 있다. 이 내용에 의하면, 적어도 지금과 유사한 가죽제 와양 인형으로 진행되는 인형극이 11세기 경에는 널리 행해졌으며, 내용은 사람들의 심금을 울리는 감동적인 이야기였다고 생각된다.

아마도 초기의 와양 꿀릿 공연은 신화적인 "신(神)"들의 이야기를 들려주는 것에서 시작하여, 점차 "달랑"이라는 공연자, 즉 사람을 통해서 다시 사람의 이야기로 각색이 되어 재현되었던 것으로 보인다. 와양 꿀릿에서 공연되는 줄거리의 내용을 "라꼰(lakon)"이라고 하는데, 라꼰은 현대 연극의 대본에 해당하는 것이다. 현대의 관광지에서 공연되는 와양 꿀릿은 보통 30분~2시간 내외로 짧게 공연되고 있지만, 원래 자바 섬을 비롯한 각 지역의 마을에서 전통적으로 공연되었던 고전적인 와양 꿀릿은 대체로 밤을 지새우면서 약 8시간에서 2일 정도 계속 공연이 이어졌다. 현대의 인도네시아에서는 이러한 고전적인 8시간 이상의 라꼰을 공연할 수 있는 달랑들을 무형문화재와 같은 개념으로 교육시키며 전통 예술의 전승에 힘쓰고 있다.

이와 같은 고전적 라꼰에 의한 공연의 전통을 계승하는 달랑의 교육은 인도네시아의 여러 곳에서 이루어지고 있긴 하지만, 그중에서도 가장 권위있고 수준 높은 달랑의 교육은 자바 섬의 족자카르타에 위치한 술탄의 궁정학교 안에 마련된 "하비란다(Havirandha, 달랑이 되려는 사람을 교육하고 가르치는 학교)"이다. 이창규에 의하면, 하비란다는 1925년에 설립되었는데, 이 학교는 족자카르타 술탄의 궁정 아래에서 술탄의 지원을 받으며 자바의 궁중 문화 전통를 계승하기 위한 독자적이면서도 권위있는 달랑의 교육기관으로 명성이 높다고 한다. 현재 하비란다의 교육과정은 총 3년으로 이루어져 있으며, 난이도에 따라 입문, 초급, 중급반으로 구분되어 있다. 이 학교에서 가르치는 내용은 와양의 플롯, 와양에 삽입되는 운율적 노래, 와양 인형의 조작법과 화면에 대한 이해, 가믈란 음악 등 와양 꿀릿 공연을

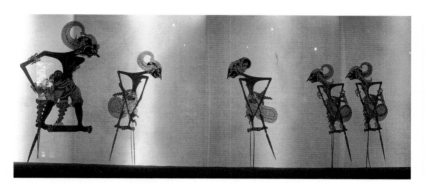

그림 3. 와양 꿀릿의 공연 장면 재현. 자카르타 인도네시아 국립박물관 소장. 전통적인 〈와양 뿌르와(Wayang Purwa)〉 형식의 이야기에 등장하는 다섯 명의 판다와(Pandawa) 형제들. 왼쪽 부터 비마(Bimo), 아르주나(Arjuna), 유디스티라(Yudistira), 나꿀라(Nakula), 사하데와 (Sahadewa).

위한 실제적인 모든 기술들을 포함하고 있다. 자바 섬의 와양 꿀릿 은 현대 인도네시아어가 아니라 현지어인 자바어로 진행되므로, 이 러한 달랑의 교육과정을 이수하기 위해서는 자바어를 익혀야할 필 요가 있다. 또한 줄거리가 되는 라꼰의 이해와 구성을 위해서도 역 시 자바어의 이해는 필수적이다.

일반적인 자바의 와양 꿀릿에서 공연되는 라꼰의 종류는 매우 많지만, 전통적인 라꼰들은 인도의 서사시인 『마하바라타』와 『라마 야나』와 같은 유명한 이야기들을 다루고 있는 경우가 많다. 가장 관 객들에게 애호되는 이야기는 마하바라타에 등장하는 판다와 (Pandawa) 형제들의 전투 이야기이다(그림 3).

그렇지만 인도네시아의 토속 신화나 페르시아의 미담에 등장하 는 영웅 이야기 같은 것들도 라꼰으로 다루어지고 있으며, 1945년 이후에는 인도네시아 독립 전쟁을 주제로 한 현대적인 라꼰들도 창 안되었다(그림 4). 1949년에는 인도네시아 정부의 현대적 국가관과 독립전쟁에서의 승리를 선전하기 위한 정치적 성격의 라꼰들도 만 들어져서 공연되기도 했다. 또한 이슬람교의 교리를 전하기 위한 이

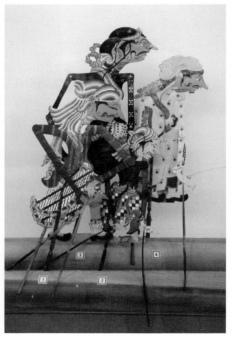

그림 4. 〈와양 레볼루시(Wayang Revolusi)〉에 등장하는 인도네시아 독립군 인형. 현대. 인도네시아 자바 섬 제작. 네덜란드 암스테르담 트로펜뮤지움 소장.

그림 5. 〈와양 사닷(Wayang Sadat)〉에 등장하는 이슬람교의 이맘 및 여러 인물들. 현대. 인도네시아 자바 섬 제작. 인도네시아 족자카르타 소노부도요 박물관 소장.

슬람 이맘들의 이야기나 가톨릭 교리와 관계된 이야기도 와양으로 만들어져 공연되기도 했다(그림 5).

　고전적이고 전통적인 와양 꿀릿 공연에서는 하룻밤의 1회 공연에서 사용되는 인형의 숫자가 보통 50개에서 90개 정도에 달한다. 한 공연에는 여러 명의 주인공들이 등장하는데, 특정 주인공의 인형은 같은 캐릭터라고 하더라도 공연에서의 인형 쓰임새에 따라 크기와 형태가 조금씩 다른 여러 개를 만들어 사용하였다. 한 주인공의 인형도 서너 점 이상이 제작되어 한 공연에서 사용되기 때문에, 공연 전체에서 사용되는 인형의 전체 숫자는 상당히 많은 편이다.

　이 인형들은 인형을 전문적으로 제작하는 공방에서 만든다. 이 인형들은 그림자 극에 사용되는 인형이지만, 모두 아름답고 정교하게 문양을 새기고 화려한 색을 칠해서 만들기 때문에 그 자체로서도 인도네시아의 전통적인 시각 예술을 대표하는 작품으로 인정받아 왔다.

현대에는 이러한 와양 인형을 관광지의 특산품으로 인식하여 값싼 종이 재질이나 나무판으로 만든 와양들이 상품으로 판매되는 경우도 종종 볼 수 있다. 그렇지만, 전통적으로 공연에서 사용하는 와양들은 공연에서의 움직임이 자연스럽고 우수해야하며, 그림자 극에서의 무대 장치나 효과에 적합해야하기 때문에, 매우 정교한 공예적 기술과 장인 정신을 바탕으로 섬세하게 만들어진 뛰어난 공예품들이다.

현재 전통적이며 품질이 좋은 와양 인형을 제작하고 있는 공방들은 인도네시아의 여러 곳에 있기는 하지만, 달랑들의 교육이 가장 체계적으로 이루어지고 있는 자바 섬의 족자카르타 지역에서 만들어지는 와양들의 품질이 가장 우수한 편이다. 특히 매일 저녁에 와양 공연을 행하는 족자카르타의 소노부도요(Sonobudoyo) 박물관 앞에 있는 와양 인형 공방은 버팔로 소가죽과 뿔을 이용해서 만드는 정교한 인형의 제작지로 널리 알려져 있다. 이 공방에서는 지금도 와양 꿀릿에 사용하는 인형의 제작 과정을 직접 실견할 수 있다. 필자는 2012년 2월 이 공방을 방문하고 와양 꿀릿 인형의 제작과정에 대해서 살펴본 바 있다.

그림 6. 와양 인형 "비마(Bima)"의 본.

와양 꿀릿에 사용하는 인형의 제작 과정은 다음과 같다.

먼저 무두질하여 평평하게 만든 버팔로 물소의 가죽을 책상 위에 놓고, 제작할 인형의 본을 따라서 선으로 형태를 그린 후, 본 모양대로 잘라낸다. 인형의 본은 와양 꿀릿의 내용 만큼이나 다양하며, 한 가지 인형이라도 용도에 따라서 여러 가지 크기로 제작된다 (그림 6).

본의 형태대로 잘라낸 가죽 인형은 나무 모루 위에 올려놓고, 그려진 선을 따라서 정교한 문양을 새겨나가기 시작한다. 인형을 만드는 장인은 가죽 위에 정을 대고 망치로 정을 쳐나가면서 투각 문양을 새기기 시작하는데, 이 작업은 고도의 집중력이 필요하며 매우 정교하고 숙련된 기술을 요구한다(그림 7, 8). 장인은 미리 그려 놓은 간단한 선 모양을 따라가면서, 작은 원이나 꽃모양, 방형 문양 등을 정교하게 새겨서 가죽에 구멍을 뚫는다. 이러한 투각(透刻) 문양은 처음부터 디자인을 정교하게 모두 다 그려 놓은 것이 아니라, 큰 선으로 대충의 형태만 그려놓고 작업을 시작한다. 장인은 그려진 선을 따라서 정교한 문양을 자의적이면서도 구체적으로 표현해서 나가기 때문에, 인형마다 장식된 문양의 형태나 크기는 조금씩 다를 수 있다. 투각된 문양은 나중에 그림자 극 공연에서 화려하고 정교한 이미지를 만들어 낼 때에 매우 중요한 장식적 요소로 작용하므로, 공연을 위한 효과적인 문양의 투각은 와양 인형을 만드는 과정에서 상당히 중요한 공정이다. 그러므로 이 공정은 공방 내에서 가장 숙련된 장인들에 의해서 행해진다.

이 투각 장식 기법으로 문양을 장식할 때에 장인이 사용하는 정은 뾰족하고 가늘고 긴 못 모양의 도구인데, 가죽에 닿는 부분의 형태가 용도에 따라 조금씩 다르다(그림 9). 와양 인형을 만들 때 사용하는 정의 숫자는 수십 개에 이를 정도로 매우 다양한 형태와 크기

그림 7. 소가죽을 잘라 만든 인형 형태에 정과 망치를 이용해서 투각 문양을 새기는 장인의 모습. 인도네시아 자바 섬 족자카르타 지역. 2012년.

그림 8. 투각 기법으로 장식이 진행되고 있는 와양 인형의 세부. 간단하게 스케치하듯이 그린 검은색의 밑그림 선이 보인다. 이 밑그림 선을 따라서 정으로 쳐서 작고 섬세한 구멍을 만들어 문양을 표현한다. 이러한 구멍들은 인형들이 그림자 극에서 이용될 때에 인형 그림자의 장식적 효과를 극대화시킨다. 인도네시아 자바 섬 족자카르타 지역. 2012년.

그림 9. 외양 인형 제작 과정 중에서 투각 문양을 새기는 공정에서 사용하는 정과 망치, 나무 모루.
인도네시아 자바 섬 족자카르타 지역. 2012년.

의 정을 사용한다. 이 정들을 그냥 대고 누르기만 하면 가죽에 투각
문양이 표현되지 않기 때문에, 장인들은 정을 가죽에 댄 후 망치로
정의 머리 부분을 세게 쳐나가면서 가죽을 조각해 나간다.

그림자 극에서 인형들은 공연 도중에 팔을 움직이거나, 활을 쏘
는 등 다양한 동작을 연기해야 한다. 이러한 동작을 위해서는 손이
나 어깨가 움직여져야 하므로, 인형의 몸체와 손을 비롯한 관절 부
분은 별도의 가죽 조각을 잘라서 따로 만든다. 각각의 조각들을 잘
라낸 후 투각기법을 이용하여 문양 장식을 마치고 나면(그림 10), 몸
체와 각 부분을 리벳과 같은 것으로 연결하여 조립을 한다. 간단하
게 구멍을 뚫고 조립하여 움직임을 확인하고 나면, 채색을 위해서
다시 신체 각 부분과 몸체를 분리한다.

형태가 다 만들어지고, 투각 장식 문양을 다 새기고 조립을 해서
형상을 완성하고 나면, 별도의 책상에서 인형의 몸체와 각 부분들을

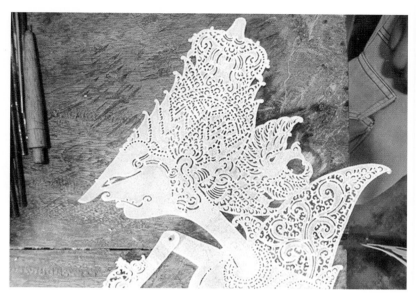

그림 10. 투각 장식이 끝난 와양 인형의 상태. 팔은 별도의 가죽 조각으로 만들어서 조립을 한다.
인도네시아 자바 섬 족자카르타 지역. 2012년.

그림 11. 와양 인형의 채색 장면. 인도네시아 자바 섬 족자카르타 지역. 2012년.

그림 12. 채색과 조립이 완료된 와양 인형들. 형태와 색채가 캐릭터마다 각각 고유한 특징을 가지고 있다. 인도네시아 자바 섬 족자카르타 지역. 2012년.

펼쳐 놓고 채색 작업을 한다(그림 11). 와양 인형에 사용하는 채색은 수채 물감을 주로 사용한다고 하는데, 마르는 것을 기다려서 여러 차례 덧발라 반복적으로 채색 과정을 진행해간다. 채색도 역시 오랜 기간 덧칠해 발라가면서 진행되기 때문에, 상당한 시간과 인내와 기술이 필요한 작업이다.

문양 장식과 채색이 끝나면, 분할되어 있던 조각들을 연결하여 인형을 완성한다. 인형들은 각 캐릭터마다 서로 다른 고유한 색채와 문양으로 장식되는데, 몸의 색깔이나 장식 등은 캐릭터 자체가 가진 고유한 성격이나 역할, 신분에 따라 달라진다(그림 12).

장식용, 혹은 기념품으로 팔리는 인형들은 이 단계에서 작업이 끝나는 경우도 있지만, 와양 꿀릿 공연에 사용하기 위해서는 이 인형들을 움직일 수 있도록 뼈대를 연결하는 작업이 필수적인 제작공정이다.

인형들을 움직이기 위해서 사용하는 뼈대이자 손잡이는 자바어로 "가삣(gapit)"이라고 불리는데, 보통 버팔로 물소의 뿔을 이용해서 만든다. 조금 값싼 인형의 경우에는 대나무를 이용해서 뼈대를 만들기도 한다. 그렇지만 전통적인 와양 꿀릿 공연에서는 반드시 버팔로 물소의 뿔을 이용해서 만든 인형을 사용한다. 물소의 뿔은 적절한 열을 가하면 굵기와 길이를 변형시킬 수 있기 때문에, 인형의 크기와 형태에 따라 적절한 굵기와 형태로 조절해서 가공할 수 있다는 장점이 있다(그림 13). 인형 머리 위쪽에는 머리 부분의 가죽을 지탱하면서도 휘청거리지 않고 무겁지 않도록 만들어야 하기 때문에, 물소뿔을 가늘게 늘여서 적절한 형태를 만든다. 뼈대의 형태는 인형의 크기와 형태에 적절하게 "S"자 형태로 구부리는데 인형에 대고 맞춰가면서 성형을 해 나간다(그림 14).

뼈대의 성형이 완료되면 실로 묶어서 뼈대를 인형에 고정시킨다(그림 15).

몸체 중앙의 뼈대를 고정시키고 나면 양쪽 팔 부분에도 별도의 작은 뿔로 만든 얇은 막대기를 각각 실로 묶어서 고정시킨다(그림 16). 양쪽 팔의 막대기를 매다는 것은 인형극에서 사용되는 인형의 팔 움직임을 자연스럽게 하기 위해서 필수적으로 이루어지는 작업인데, 몸체의 중앙에 인형을 잡고 고정하기 위해서 부착시키는 중앙의 뼈대 고정보다는 훨씬 더 섬세한 작업이 요구된다.

몸체의 뼈대와 팔의 막대기를 매달고 인형의 움직임을 관찰하여 동작이 자연스럽고 뻑뻑하지 않은지를 확인하면, 와양 꿀릿 공연용 인형이 완성된다(그림 17).

와양 꿀릿에서 사용되는 인형들은 그림자 극에서 사용되는 것이기는 하지만, 모두 다 화려한 색채와 문양으로 장식되어 있다. 그림자 극의 화면 밖에서 관람하는 관객은 인형의 색채를 감상할 수 없지만, 공연하는 달랑 자신은 인형의 색채를 인식하면서 공연 도중에 극의 흐름에 따라 인형들을 교체한다. 그러므로 이 인형들은 공연에 사용되는 용도에 적합하게 제작되는 것이 가장 중요하다. 물소 뿔로

그림 13. 버팔로 뿔을 이용하여 인형 뼈대를 만드는 작업 과정. 인도네시아 자바 섬 족자카르타 지역. 2012년.

그림 14. 물소 뿔로 만든 뼈대를 인형 몸체에 맞춰가면서 성형하는 과정. 인도네시아 자바 섬 족자카르타 지역. 2012년.

그림 15. 뼈대를 실로 묶어서 인형에 고정시키는 과정. 인도네시아 자바 섬 족자카르타 지역. 2012년.

그림 16. 인형의 양 손에 움
직임을 위한 막대기를 고정
시키는 과정. 인도네시아
자바 섬 족자카르타 지역.
2012년.

그림 17. 와양 인형의 완성.
인도네시아 자바 섬 족자카
르타 지역. 2012년.

섬세하게 구부려서 뼈대를 만들고 정교하게 움직임을 확인하는 작
업은 모두 이러한 공연에서의 용도를 고려하여 진행되는 작업들이
다.

　와양 꿀릿 공연에서는 이러한 캐릭터들을 중심으로 하는 인물
형상의 인형만 사용되는 것이 아니다. 사실 공연에서 가장 중요한
인형은 "구눙안(Gunungan)" 혹은 "카요난(Kayonan)"이라고 불리
는 부채 모양의 커다란 인형이다(그림 18). 사람 형상이 아니기 때문
에 인형이라고 불리기는 어려울 수도 있지만, 구눙안은 와양 꿀릿
공연에서 가장 중요한 기능을 가진 인형이다. 구눙안은 극이 시작할

그림 18. 구눙안. 인도네시아 자바 섬. 네덜란드 라이덴 민족학박물관 소장.

때 중앙의 나무를 표현하는 것으로 사용되기도 하며, 여러 개를 이용하여 산과 같은 배경을 표현할 때에 이용되기도 한다. 또한 극 중에는 바람에 휘날리듯이 날라가버리는 장면이나, 강력한 힘을 표현할 때에도 보조적 도구로서 사용되는 것이 이 구눙안 인형이다. 또한 극중에서는 부채질하거나 뱅뱅 돌리기도 하므로, 이러한 극중 용도를 고려하여 제작된다.

구눙안은 보통 부채 모양으로 만들어지는데, 가장 중요한 것은 중심의 뼈대가 곧고 바른 형태를 해야 한다는 점이다. 뼈대가 휘면 부채질할 때나 뱅뱅 돌릴 때에 그림자가 어그러질 수 있기 때문이다. 또한 구눙안 표면에 그려진 집이나 동물, 그리고 나무나 식물 형상, 뱀이나 가루다 등의 형태들은 매우 다양하며 크기와 색채도 여러 종류가 있다.

결국 구눙안이나 캐릭터 형상의 인형들은 와양 꿀릿 공연 자체에서 사용되는 용도를 최대한 고려하여 기능성을 살려서 제작되는 인형들로서, 인도네시아 전통 예술과 공예 기능 분야를 대표하는 중요한 예술 작품들이다. 이러한 인형의 제작 방식은 와양 꿀릿이라는 공연 예술 전통과 함께 전통적인 공예 기술 방식에 따라서 계속 전승되고 있는 것이다.

인도네시아의 와양 꿀릿에 사용하는 인형들은 이미 식민지시대부터 네덜란드 사람들에 의해서 수집되기 시작했다. 현재 오래되고 전통적인 인도네시아의 대표적인 와양 인형 유물들은 네덜란드 암스테르담의 트로펜뮤지움이나 라이덴의 국립민족학박물관 등에 소장되어 있으며, 이들에 대한 연구도 사실 네덜란드인들에 의해서 18세기경부터 시작되었다. 이러한 와양에 대한 초기 연구는 와양 꿀릿 공연의 라꼰이나 달랑에 대한 문학적, 혹은 서사적 차원에서의 접근도 있었지만, 사실 화려한 색채와 형태를 가진 와양 인형에 대한 미학적 측면에서의 접근과 수집이 중심이었다. 이후 대부분의 인도네시아 박물관에서는 이러한 와양 인형들을 수집하여 전통 예술의 중요한 분야로 소개 및 전시하고 있다(그림 19). 그렇지만, 이와 같이 용도 상실된 박물관 수집품으로서의 와양 꿀릿 인형들은 사실 인형의 시각적 특수성과 조형적 아름다움만을 강조하고 중요하게 여긴 것이다.

그러나 와양 인형에 대해서는 그림자 극 공연에서의 사용이라는 인형의 실제 용도적 측면을 가장 중요하게 고려하면서 이해할 필요가 있다. 특히 공연을 통해서 전달되는 언어와 음악적 측면까지 고려하여 총체적이자 종합 예술의 일부로서 이 인형들을 바라보고 이해하는 것이 매우 중요하다. 그러므로 이러한 와양 인형의 제작과정을 이해하는 데에도 역시, 섬세한 투각기법과 화려한 채색과 같은 시각적 측면에서의 중요성과 장인들의 제작 기술적 측면을 중요시할 필요가 있기는 하지만, 그와 함께 각각의 인형들이 공연의 어떤 장면에서 등장하고 어떻게 움직이는지에 대한 실제적 활용도를 고려해야만 인형 제작 공예의 본질적 측면을 제대로 이해할 수 있다.

현대에 들어와서 와양 꿀릿이 인도네시아를 대표하는 전통 예술이자 무형 문화유산으로 지정 및 보호되면서, 와양 꿀릿과 그의 공연자인 달랑들에 대한 지원이 국가적 차원에서 이루어지고 있으며 국제적으로도 크게 홍보되고 있다. 우리나라에서도 최근 세계 무형문화 유산의 보호와 연구를 위해서, 국립민속박물관을 중심으로 와양 꿀릿에 대한 소개가 널리 이루어지기 시작했다. 국립민속박물관에서는 2015년 2월부터 〈신이 머무는 그림자〉라는 제목으로 와양 꿀릿과 관련된 작은 기획전을 열기도 했다. 그렇지만 아직까지 와양 꿀릿에 대한 국내에서의 연구나 대중적 이해는 상당히 미진한 편이다.

그림 19. 자바 섬의 다양한 와양 꿀릿 인형들. 인도네시아 자바섬 족자카르타 소노부도요 박물관 소장.

서양에서는 와양 꿀릿의 인형을 모델로 한 종이 인형들을 아동들이 직접 만들어서 그림자 극을 공연해보기도 할 정도로, 다양하게 와양 꿀릿을 교육적 차원에서 응용하는 경우를 종종 볼 수 있다. 그러나 아직까지 우리나라에서는 와양 꿀릿이 가진 문화적, 혹은 예술적 특징에 대한 대중적 이해가 상당히 부족한 편이다.

와양 꿀릿 인형들의 화려하면서도 섬세한 아름다움과 달랑들이 읊어나가는 철학적이면서도 사회 풍자적인 이야기들은 동남아시아, 특히 인도네시아의 전통 예술을 대표하는 중요한 무형유산이다. 와양 꿀릿은 시각과 청각의 복합적 작용을 통해서 인식되는 종합예술이자 전통 문화로서, 여기에 사용되는 각종 인형들은 바로 달랑이 전하는 전통적인 아름다움과 시적, 혹은 철학적 감수성들을 효과적으로 표현해내고 관객들에게 전달하기 위한 예술적 도구인 것이다. 사실 와양 인형들의 외형은 어느 정도 일반화된 도상들을 형성해내고 있는데, 이러한 인형의 도상들은 라꼰의 구성과 밀접한 관계가 있다.

이 글에서는 인도네시아 자바 섬을 중심으로 와양 꿀릿의 특징과 인형 제작 과정에 대해서 간단하게 살펴 보았다. 현대의 와양 인형은 단순히 예쁘거나 인상적인 관광 기념품으로만 인식되는 경우가 많다. 그렇지만, 이 인형들은 원래 지역 의례로서 행해지던 중요한 와양 꿀릿 공연에서 사용되었던 것들로서, 동남아시아의 전통 종합 예술이자 의례의 일부인 것이다. 그러므로 인형의 제작은 단순한 수공적 측면에서의 숙련도로만 완성되는 것이 아니라, 공연에서의 활용도와 인형의 움직임 등을 종합적으로 고려하여 최종적으로 완결한다. 즉, 인형의 완성도는 시각적 화려함에 있는 것이 아니라, 인형의 움직임이라는 실제적 측면에 의해서 결정되는 것이다.

아직까지 우리나라에서는 이러한 고전적 성격의 와양 꿀릿이 가진 문화적, 혹은 예술적 특징과 의미들에 대해서 그다지 자세하게 알려져 있지 않다. 이 글을 통해서 앞으로 좀 더 많은 사람들이 인류의 보편적 무형 유산이자 동남아시아의 종합 예술로 널리 사랑받고 있는 와양 꿀릿과 인형들에 대해 널리 이해하고 관심을 가질수 있게 되기를 기대한다. 또한 전통 문화이자 의례적 성격을 가진 고전적인 와양 꿀릿과 공연에 사용되는 인형들이 앞으로의 현대 사회에서도 박제화된 관광 문화 상품으로서 변절되지 않고, 꾸준히 살아 있는 생생한 종합 예술이자 전통 문화로서 지역 사회 문화에 공헌을 하면서 계승되어 나갈 수 있기를 바란다.

Ⅲ. 기억의 수집과
보존

불교 성지 순례의 재현과
미얀마 버강의 마하보디 사원

주경미

　기원전 6세기 동인도 및 네팔 일대에서 활동했던 석가모니 붓다 (Buddha, 부처 혹은 불타 佛陀와 같은 말)에 의해서 시작된 불교의 가르침은 기원전 3세기 경 즈음에 인도 전역과 주변 지역으로 널리 퍼져 나갔다. 기원전후의 시기에는 동남아시아와 동북아시아의 일부 지역에까지 불교 문화가 확산되었으며, 기원후 1세기경에는 중국에서도 불교를 받아들이기 시작했다. 이와 같이 인도 아대륙의 바깥 세계에 불교가 전래된 시기는 불교를 창시했던 석가모니 붓다가 살았던 시대보다 이미 4백여 년이 훨씬 지난 후였던 것이다. 당시에는 이미 생전의 붓다에 대한 기억을 가진 제자들도 대부분 세상을 떠난 지 오래되었으며, 붓다 재세시의 모습에 대한 이미지나 "불상(佛像, Statue of the Buddha)"도 거의 존재하지 않았기 때문에, 동인도 지역에서 활동했던 실존 인물이었던 석가모니에 대한 기억은 전승으로만 남아있었다.

　붓다의 실존 시대에서 한참 떨어진 후대의 불교도들에게 있어서, 석가모니 붓다의 역사적 실존성을 기억하고 기념하는 데에 가장 중요하게 여겨진 것이 바로 붓다의 생애와 관련된 여러 곳의 불교 성지(聖地)들이었다. 아마도 이러한 성지를 방문하는 성지 순례는 아주 이른 시기부터 시작되었다고 여겨진다. 불교의 성지 순례 중에서도 가장 유명한 4대 성지, 혹은 8대 성지라는 곳은 모두 석가모니 붓다의 생애 중에서 가장 중요하게 여겨지는 사건과 관련된 곳들로서, 지금까지도 이러한 성지들의 순례 전통은 꾸준히 이어지고 있다.

석가모니 붓다가 생존하셨을 때부터, 붓다의 제자들을 비롯한 여러 불교도들은 교조 석가모니가 육신을 버리고 세상을 떠난 이후 붓다가 없는 세상에 대해서 걱정하고 있었다. 이러한 제자들의 걱정에 대해서 석가모니는 자신이 떠나고 나면, 자신 대신에 자기가 지냈던 네 곳을 생각하고 보고 기억하여 잊지 말라고 하였다. 『열반경(涅槃經)』계통의 경전에 기록된 이 네 곳은 ① 붓다께서 처음 태어나신 곳(불생처, 佛生處), ② 붓다께서 처음으로 득도를 하신 곳(불초득도처, 佛初得道處), ③ 붓다께서 처음으로 법의 바퀴를 굴리시고 교단을 이룩하신 곳(불전법륜처, 佛轉法輪處), ④ 붓다께서 열반에 드신 곳(불반니원처, 佛般泥洹處) 등으로, 현재의 불교 4대 성지인 룸비니(Lumbinī), 보드가야(Bodhgayā), 사르나트(Sārnāth), 쿠시나가라(Kuśinagara)에 해당한다. 이와 같이 이미 초기 경전에서부터 붓다의 생애를 기억하고 기념하기 위해서 대표적인 네 곳의 성지를 언급하고 있었기 때문에, 불교의 4대 성지 순례는 이미 붓다의 멸도 직후부터 꾸준히 불교도들에 의해서 행해졌을 가능성이 크다.

불교 4대 성지의 순례에 대한 경전의 내용을 좀 더 자세히 살펴보면, 이러한 불교 성지 순례는 붓다의 생애를 기억함으로써, 붓다가 걸어온 길을 되새기고 붓다를 생각하고 기뻐하고 기억해서 잊지 않으며 아쉬워하고 사모하는 마음을 내어 그의 길을 따르기 위해서 행해졌음을 알 수 있다. 팔리어계 경전에서는 이러한 네 곳을 방문할 때에는 "종교적 감정"을 가지고 방문해야한다고 했으며, 한역경전인 『장아함경(長阿含經)』「유행경(遊行經)」에서는 이 네 곳을 붓다의 가르침을 따르는 모든 사람들이 항상 생각해야하는 "사념(四念)"이라고 불렀다. 『장아함경』「유행경」에 언급된 4대 성지 순례에 대한 부분을 좀 더 자세히 살펴보면 다음과 같다.

부처님은 아난에게 말씀하셨다.

"너는 걱정하지 말라. 모든 족성(族姓)의 자제들에게는 항상 네 가지 생각(四念)이 있다. 어떤 것을 네 가지라고 하는가. 첫째는 부처님이 나신 곳을 생각하고 기뻐하여 보고자하며 기억해 잊지 않고 아쉬워하고 사모하는 마음을 내는 것이다. 둘째는 부처님이 처음으로 도를 얻은 곳을 생각하고 기뻐하여 보고자하며 기억해 잊지 않고 아쉬워하고 사모하는 마음을 내는 것이다. 셋째는 부처님이 법의 바퀴를 굴리신 곳을 생각하고 기뻐하여 보고자하며 기억해 잊지 않고 아쉬워하고 사모하는 마음을 내는 것이다. 넷째는 부처님이 반열반하신 곳을 생각하고 기뻐하여 보고자하며 기억해 잊지 않고 아쉬워하고 사모하는 생각을 내는 것이다. 아난아, 내가 반열반에 든 뒤에 모든 족성의 남녀들은 '부처님이 나신 때의 공덕은 어떠하고 부처님이 도를 얻을 때의 신력(神力)은 어떠하며 부처님이 법의 바퀴를 굴리신 때에 사람을 구제한 것은 어떠하고 멸도에 다다를 때에 남긴 법은 어떠하다'는 것을 생각하여, 각각 그 곳으로 나아가 돌아다니면서 모든 탑사(塔寺)를 예경(禮敬)하면, 그들은 죽어서 다 하늘에 태어날 것이다. 도를 얻는 자는 제외한다."(『불설장아함경』 제 4권 「유행경」 제 2에서 인용)

이와 같이 불교의 4대 성지를 순례하는 것은 바로 붓다의 생애와 가르침을 기억하고 잊지 않기 위한 기념적 행위로서,『열반경』계통의 경전들에서는 순례자들 스스로가 이 성지들을 직접 방문하기를 권하고 있다. 초기 경전들에는 이 4대 성지들의 구체적인 위치나 지명이 기록되어 있지 않으나, 이들이 붓다의 생애와 관련된 네 지역에 해당하는 곳임은 쉽게 알 수 있다. 또한 이 경전들에서는 이러한 성지 순례의 목적이 열반의 추구가 아니라 "천상에 태어나는 것"에 있음을 강조하고 있어서, 이와 같은 성지 순례는 일반 신도들을 대상으로 한 권고였을 가능성이 크다. 그러나, 실제로 이러한 불교의 4대 성지 순례가 언제부터 행해졌는지는 자세하지 않다.

이러한 4대 성지에서 일어났던 붓다의 생애에 있어서 가장 중요한 네 가지 사건은 보통 "사상(四相)"이라고 불리면서, 각각 상징화된 이미지로 구현되기도 하였다. 붓다의 탄생은 마야부인의 옆구리

그림 1. 석가모니의 탄생과 마야부인. 석조 부조상 세부. 기원후 2~3세기. 인도 마투라 출토. 마투라박물관 소장.

그림 2. 붓다의 열반. 석조 부조. 간다라 2–3세기. 파키스탄 로리얀 탕가이 유적 출토.
파키스탄 국립박물관 소장.

에서 아기로 태어나는 모습(그림 1), 혹은 붓다의 발자국 모형으로
상징화되었으며, 붓다의 깨달음은 보리수 아래에서 선정한 후 지신
(地神)을 불러내는 형상이거나 혹은 보리수 자체로서 상징화되었다.
또한 붓다의 첫 설법은 설법하는 자세의 붓다로 표현되거나, 혹은
첫 설법을 행했던 사르나트의 녹야원(鹿野院)을 뜻하는 2마리의 사
슴과 법륜(法輪)으로 상징화되기도 하였다. 한편, 붓다의 열반은 잠
자듯이 길게 누워있는 붓다의 열반상이나(그림 2), 스투파(stupa, 塔)
의 형태로 상징화되기도 하였다.

    이러한 4대 성지와 사상(四相)에 대한 관념은 불교의 포교와 함
께 불교적 세계에 널리 알려졌다. 그렇지만 실존 인물로서의 석가모
니 붓다에 대한 애착과 숭배는 깨달음과 열반을 추구해야 하는 출가
자들에게는 잠정적인 장애(즉, 집착이나 애착을 뜻함)가 될 수 있었으므
로, 후대 교단에서는 종종 출가자들의 성지 순례를 만류하는 경우도
찾아볼 수 있었다. 그럼에도 불구하고, 시대가 내려오면 올수록, 그
리고 인도에서 멀리 떨어진 지역일수록, 후대의 불교도들은 이러한

실존 인물로서의 석가모니 붓다에 대한 동경과 추모를 위한 성지 순례를 하나의 이상적 행위로 삼는 경우가 많았다.

불교의 성지가 4대 성지에서 8대 성지로 확장되는 것은 아마도 굽타(Gupta)시대 즈음으로 추정된다. 미국의 미술사학자 존 헌팅턴 (John C. Huntington)은 이들 8대 성지에 모두 기원전 3세기 인도 마우리야(Maurya) 왕조의 아쇼카 왕(King Aśoka)의 흔적이 남아 있기 때문에, 이러한 8대 성지의 순례가 기원전 3세기경부터 행해졌을 가능성을 논의하기도 했다. 8대 성지는 결국 4대 성지에서 일어났던 "사상(四相)"의 개념에서 확대된 "팔상(八相)" 혹은 "불전팔상(佛傳八相, Aṣṭamahāprātihārya)"과 관련된 지역이다. 사실 아직까지도 8대 성지의 정확한 위치 비정에 대해서는 다소 논란이 있기도 하므로, 이러한 불전팔상에 대한 개념 확립이나 8대 성지 순례의 보편화 등이 구체적으로 언제 이루어졌는지는 확실하게 단정하기 어렵다.

일반적으로 붓다의 생애와 관련되어 가장 중요한 여덟 가지 사건이라고 하는 불전팔상과 그 사건들이 일어났던 8대 성지는 앞서 살펴본 4대 성지에, 붓다의 생애에 행해졌던 가장 위대한 기적 네 가지가 일어났던 네 곳이 추가된 것이다. 즉, ① 룸비니, ② 보드가야, ③ 사르나트, ④ 쿠시나가라 이외에, ⑤ 자신을 낳고 세상을 떠나서 도리천으로 가신 붓다의 어머니 마야 부인을 위해 천상에서 내려온 사다리를 타고 도리천으로 올라가서 설법하시고 내려오셨다는 종도리천강하(從忉利天降下)의 기적을 보이신 삼도보계처(三道寶階處)로서의 상카시야(Sānkāśya), ⑥ 외도들을 조복시키기 위해서 몸을 천변만화(千變萬化)하셨던 사위성 대신변의 기적이 일어났던 쉬라바스티(Śrāvastī), ⑦ 원숭이의 왕이 붓다에게 꿀을 공양하는 기적이 일어났던 바이샬리(Vaiśālī), ⑧ 석가모니께서 술 취해 날뛰는 코끼리를 조복시켰던 라즈기르(Rājgir) 등이다. 이 8대 성지에서 일어났던 사건은 각각 ① 탄생, ② 정각(正覺), 혹은 항마성도(降魔成道), ③ 초전법륜(初轉法輪), ④ 열반(涅槃), ⑤ 삼도보계(三道寶階), ⑥ 사위성대신변(舍衛城大神變), 혹은 현대신통(現大神通), ⑦ 원후봉밀(猿猴奉蜜), ⑧ 취상조복(醉象調伏) 등이며, 이 여덟 가지 사건을 보통 인도의 "팔상(八相)"이라고 부른다.

이러한 인도의 팔상은 한국이나 중국과 같은 동아시아 불교계에서 인식하거나 회자되는 팔상과는 내용상 다소 차이가 있다. 동아시아에 남아 있는 〈팔상도(八相圖)〉는 ① 석가모니가 도솔천에서 6개의 상아를 가진 흰 코끼리의 모습으로, 혹은 코끼리를 탄 보살의 모습으로 어머니 마야부인의 태중으로 내려오는 수태 장면인 "도솔내의(兜率來儀, 그림 3)", ② 룸비니에서의 탄생인 "비람강생(毘藍降生)", ③ 정반왕의 태자였던 석가모니가 처음으로 성문 밖으로 나가

그림 3. 도솔내의. 북위(北魏) 6세기. 중국 산서성(山西省) 운강석굴(雲崗石窟) 제 6굴.

서 생로병사(生老病死)라는 인간의 가장 기본적이면서도 피할수 없는 고통을 만난 후, 출가한 사문을 만나면서 자신의 출가를 결심하게 되는 "사문유관(四門遊觀)", ④ 아버지의 반대에도 불구하고 밤에 몰래 성을 떠나서 출가하는 "유성출가(踰城出家)", ⑤ 출가 이후에 깊은 산속에서 고행하며 수련하는 "설산수도(雪山修道)", ⑥ 그이후 수자타의 우유죽 공양과 보리수 아래에서의 참선을 통해서 이루어지는 "항마성도(降魔成道)", ⑦ 사르나트에서의 초전법륜을 뜻하는 "녹원전법(鹿苑傳法)", 마지막으로 ⑧ 사라쌍수 아래에서 열반에 드시는 "쌍림열반(雙林涅槃)" 등으로 구성되어 있다.

이러한 동아시아의 팔상은 인도의 팔상과 기본적인 "사상(四相)"은 공통되지만, 인도의 팔상에 나타나는 항마성도 이후에 초월적 존재인 붓다로서 나타내 보이신 네 가지 기적 장면 대신, 항마성도 이전의 구도(求道) 과정에 해당하는 네 장면이 포함되어 있다는 점이 특징이다. 이러한 인도와 동아시아의 팔상 구성의 차이는, 아마도 두 지역의 불교도들이 중요시했던 붓다의 일생과 붓다에 대한 관념이 서로 달랐기 때문에 나타난 현상으로 해석된다.

석가모니 붓다가 역사적 실존 인물로 인식되었던 인도에서는 일반인과는 달리 뛰어난 능력을 보이며 기적을 일으켰던 초월적 존재로서의 붓다, 즉 성도 이후의 존재성에 대한 인식이 더욱 중요시되어, 붓다의 일생 중에서 깨달음 이후의 부분을 중요시여겼던 것이다. 반면, 역사적 실존 인물로서의 석가모니 붓다에 대한 인식이 거의 없으며, 머나먼 외래 종교의 교조로서 붓다를 받아들였던 동아시아 불교도들은 고타마 싯다르타라는 인간이 어떠한 과정을 거쳐서 붓다가 될 수 있었는지에 대한 구도(求道) 과정, 즉 깨달음을 얻어 나가는 과정에 대해 관심을 두었기 때문에, 붓다의 성도 이전의 행적을 중시하여 "팔상"을 구성했던 것으로 해석된다. 여하튼 인도와 동아시아의

그림 4. 석조 불전팔상 부조. 인도 사르나트 출토. 굽타시대. 6~7세기. 높이 95cm. 인도 사르나트 고고학박물관 소장. ©인도 사르나트 고고학박물관

팔상에 나오는 붓다의 일생은 총 12장면이 되며, 이러한 붓다의 일생에 대한 12장면과 그밖의 다른 이야기들은 내내 불교 미술의 주제로 애호되어 왔다. 미얀마를 비롯한 동남아시아에서는 일반적으로, 동아시아와는 달리 인도의 팔상 전통을 따르는 경우가 많다.

이러한 8대 성지에서 일어났던 여덟 가지의 사건들을 하나의 세트로 합쳐서 하나의 일관된 도상으로 조형화하는 불전팔상도(佛傳八相圖)의 개념이 정립되는 것은 인도의 굽타시기 즈음부터로 추정된다. 특히 하나의 화면에 불전팔상을 한꺼번에 표현하는 불교미술품의 조형은 기원후 6~7세기 경에 시작되었다. 인도 사르나트 고고학박물관에 소장된 〈불전팔상 부조〉에는 맨 아래에서부터 순차적으로 붓다의 탄생과 정각, 원후봉밀, 취상조복, 삼도보계, 사위성대신

그림 5. 석조 팔상상. 인도 자가디쉬푸르 소재. 팔라시대. 9~10세기.

그림 6. 석조 팔상상. 소형. 버강 왕조 시대, 11~13세기경. 미얀마 버강 출토. 버강 박물관 소장.

변, 초전법륜, 열반 등이 표현
되어 있어서, 8대 성지를 하나
의 일관된 개념으로 이해하고
있는 비교적 이른 시기의 작품
이다(그림 4). 이러한 팔상상
(八相像)의 조형은 붓다의 탄
생에서부터 열반까지의 주요
사건들을 시각화하여 한 곳에
모아놓음으로써, 하나의 조형
물을 통해서 붓다의 생애와 관
련된 주요 불교 성지 여덟 곳
을 한꺼번에 재현(再現, re-
presentation)하고, 동시에 관상
(觀相)할 수 있다는 장점이 있다.

그림 7. 토제 팔상상 봉헌판. 버강 왕조 시
대, 11~12세기경. 미얀마 버강 인근 유적
출토. 버강 박물관 소장.

　석가모니 붓다의 생애와 관련된 팔상 장면은 이후 인도의 팔라
(Pala) 왕조 시대 조상에서 좀 더 독특한 양식으로 발전한다. 팔라
시대에 종종 조형화된 붓다의 팔상상(八相像)은 일반적으로 한 가운
데에 항마촉지인(降魔觸地印)의 불좌상(佛坐像)을 본존으로 두고,
그 주변에 다른 7개의 상(相)을 배치하는 형식으로 제작되었다. 동
인도 날란다(Nalanda) 유적에서 조금 떨어진 자가디쉬푸르
(Jagdishpur) 마을의 작은 사당에 모셔진 이러한 형식의 불좌상은
깨달음을 얻은 붓다의 형상을 본존으로 표현한 대형 조상이다(그림
5). 이 상은 본존의 머리 위쪽으로 열반상을 배치하고, 다른 6개의
상(相)은 본존의 광배 양쪽 끝부분에 3개씩 나누어 조형화하여, 전
체적으로는 항마촉지인의 성도(成道) 장면을 중심으로 하는 팔상상
(八相像)으로 구현되었다. 본존의 머리 위에는 보리수를 표현해 놓

앉고, 그 아래쪽에 표현된 기괴한 인물들은 모두 붓다의 깨달음을 방해하는 마왕 마라의 군대들로 해석된다. 또한 본존 아래 대좌 부분에 표현된 춤을 추는 여성들도 붓다의 깨달음을 방해하는 마라의 딸들로 추정되고 있다. 붓다의 깨달음, 즉 정각(正覺), 혹은 성도(成道) 장면을 중심으로, 붓다의 주요 일생을 한 화면 안에 모두 표현해 놓은 이러한 형식의 팔상상은 인도 팔라 시대에 창안된 독특한 불교 조상 양식이다.

이후 이러한 팔상상은 비슷한 시기에 동쪽의 미얀마로 전해져서, 미얀마의 버강(Bagan) 왕조 시대에도 유행하였다. 버강 박물관에 소장된 소형의 석조 팔상상들은 인도 팔라 시대의 대형 팔상상에 비해서는 훨씬 작지만, 보리수 아래 앉아 있는 항마촉지인의 불좌상을 중심으로 붓다의 팔상을 표현한 양식은 그대로 따르고 있다(그림 6). 역시 머리 위쪽에는 열반상을 배치하고, 본존의 좌우에 6상을 3개씩 배치한 점은 비슷하다.

또한 정확한 제작 연대는 알 수 없지만, 버강 지역에서는 인도 팔라시대의 팔상상과 비슷하게 본존을 항마촉지인의 불좌상으로 모시고, 본존의 머리 위에 열반상을 배치한 후, 다른 여섯 장면을 본존의 주위에 배치한 팔상상들이 토제 봉헌판(clay tablet)의 형태로 종종 출토되고 있다(그림 7). 이러한 토제 봉헌판 형식의 팔상상은 비교적 완전한 상태로 남아 있는 것이 드문 편인데, 비교적 완전한 예로는 미국의 보스턴 미술관에 소장되어 있는 작품이 한 점 있다. 이 토제 봉헌판들은 대체로 버강 지역의 탑이나 사원지에서 종종 출토되고 있는데, 뒷면에 "예다르마헤뚜(ye dharma hetu)…"로 시작하는 〈연기법송(緣起法頌)〉을 새겨 놓은 경우가 많다.

도상적 측면에서 보면, 이러한 팔상상 봉헌판들은 역시 같은 버강 시기에 제작된 소형의 석조 팔상상들과 공통점이 있다. 봉헌판

그림 8. 쉐다곤 파고다. 미얀마 양곤.

중앙에는 보드가야의 첨탑과 보리수를 형상화한 감실을 마련하고, 그 안에 항마촉지인의 불좌상을 본존으로 표현해 놓았다. 본존의 머리 위쪽에는 열반상을 배치하고, 본존의 좌우에 각각 3장면씩 6상을 표현한 점도 기존의 팔상상 형식과 유사하다. 그렇지만 팔라시대의 팔상상 조각과는 달리, 버강 지역에서 출토되는 팔상상 봉헌판들에는 본존 아래 부분에 붓다가 정각 이후에 보드가야에서 지내셨던 7주간의 행적을 표현해 놓았다는 점이 인도 조상과는 달라진 양상을 보여준다.

붓다의 "정각 이후 7주간(Seven weeks after the Enlightment)" 행적에 대한 이야기는 인도 불교 미술에서는 하나의 세트로 조형화된 예를 찾아보기 어려운 주제이다. 붓다의 정각 이후 7주간에 대한 이야기는 동북아시아의 한역경전(漢譯經傳)에서도 간혹 보이기는

그림 9. 마하보디 사원. 버강 왕조 시대. 1215년경 창건. 미얀마 버강.

하지만, 그다지 잘 알려진 이야기는 아니다. 오히려 7세기에 인도를 방문했던 구법승(求法僧) 현장(玄奘)이 남긴 여행기인 『대당서역기(大唐西域記)』에는 보드가야 인근에 이 이야기와 관련된 유적이 있었음을 기록해 놓아서 주목된다. 또한, 현재 인도 보드가야의 마하보디사원 인근에는 붓다가 정각 이후의 7주간을 보냈던 유적들이 남았는데, 이들을 통칭하여 "칠선처(七禪處)"라고 부른다.

　동남아시아에서는 대체로 붓다의 정각 이후 7주간에 대해서는 팔리어로 전하는 붓다의 일생과 본생담을 기록한 『니다나 카타(Nidāna Kathā)』의 내용을 인용하는 경우가 많다. 이 경전은 미얀마를 비롯한 동남아 불교계 및 팔리어 전승의 남방 불교계에서 주로 유행했던 것이다.

　『니다나 카타』에 의하면 붓다께서는 정각하신 이후 7주간을 보드가야 인근에서 보내셨다. 첫 주간은 보드가야의 보리수 아래에서 보내시면서 마라와 그의 군대를 물리치셨다. 두 번째 주간은 보리수 아래에서 명상하시며 지내셨으며, 세 번째 주간은 금제 다리(golden bridge)를 따라서 동쪽에서 서쪽으로 걸어가셨다. 네 번째 주간에는 신들이 붓다를 위해서 칠보당(七寶堂, Ratnagara, jewelled chamber, 각종 보배로 장식한 건물)을 만들어서 바쳤으므로, 이 곳에서 거주하셨다. 다섯 번째 주에는 아자팔라(Ajapāla) 나무, 혹은 반얀 트리(Banyan tree) 아래에서 명상을 하셨으며, 이때 마라의 세 딸이 와서 춤을 추면서 유혹을 했으나 실패하고 사라졌다. 여섯 번째 주에는 폭풍우가 몰아쳐서 인근의 연못에 사는 수호신 나가 무찰린다(Naga Muchalinda)가 붓다를 감싸고 보호했다. 마지막 일곱 번째 주에는 라자야나타(Rājāyatana) 나무 아래에서 보내셨는데, 그 마지막 주를 보내고 50일째 되는 날, 붓다는 타파수(Tapassu)와 발루카(Bhalluka)라는 이름의 두 상인 형제를 만나서 불법(佛法)을 전하셨다. 이 두 상인 형제는 붓다와 헤어지면서 붓다의 머리카락, 즉 불발사리(佛髮舍利)를 기념물로 청해 받았다고 한다.

미얀마 불교계에서는 이 두 상인들이 미얀마 출신으로서, 이후 미얀마로 돌아와서 붓다로부터 받은 5개의 머리카락을 위해 탑을 세웠다고 전한다. 현재, 이 상인들이 가져온 붓다의 머리카락들은 양곤의 쉐다곤 파고다(Shwedagon Pagoda)에 모셔져 있다고 전하는데(그림 8), 탑 내부의 봉안 상태나 불발사리의 진위 및 형태 등에 대해서는 자세히 알려진 바가 없다.

팔리어계 경전에 보이는 붓다의 정각 이후 7주간 행적에 대한 서사가 각 주차별로 나누어서 조형화된 예는 인도에서도 가끔 보이지만, 7주를 하나의 세트로 묶어서 조형화한 예는 인도에서 찾아보기가 어렵다. 그러나 미얀마에서는 버강(Bagan) 왕조시대부터

그림 10. 마하보디 사원 정면 입구. 인도 보드가야. 19세기 재건.

본격적으로 조형화되기 시작하여 지금까지도 상당히 널리 퍼져 있는 전승이자 서사이다. 버강시대의 탑이나 사원 유적지에서 종종 발견되는 팔상상의 토제 봉헌판들에서 이러한 도상이 확인된다는 점은, 팔상상과 함께 정각 이후의 7주간이라는 독특한 붓다의 일생의 한 부분이 이미 버강시대부터 미얀마 불교계에서 매우 중요하게 여겨졌음을 알려준다. 아마도 이 도상은 버강 왕조시대에 인도로부터 전래된 전승을 받아들여 미얀마 자체에서 창안된 독특한 조형으로 보이는데, 이후 동남아시아 불교 미술의 중요한 특징으로 자리잡게 되었다.

버강 시대의 미얀마에서 독특하게 조형화된 붓다의 정각 이후 7주간 행적이라는 붓다의 일생과 관련된 독특한 전승을 이해하는 데에 중요한 또다른 자료는 바로 버강에 있는 마하보디 사원(Maha-bodhi Temple)이다(그림 9). 현존하는 명품에 의하면, 현존하는 명문에 의하면, 이 사원은 1215년경 버강 왕조의 제야떼잉카(Zeyat-heinhka, 나다웅미아Nadaung-Myar, 혹은 틸로민로 Htilominlo라고도 함, 1211~1234년경 재위)왕이 창건했다고 하여, 창건 연대와 발원자를 비교적 정확하게 알 수 있다. 이 사원은 사원의 이름, 건축 양식, 내부의 불상 도상 등이 모두 당시의 인도 보드가야의 마하보디 사원을 그대로 모방하여 세운 것으로 알려져 있어서, 8대 성지 중에서 가장 중요한 보드가야의 원형을 이해하는 데에 매우 중요한 자료가 된다.

인도 보드가야의 마하보디 사원은 불전팔상 중에서 항마성도, 즉 붓다의 깨달음이라는 가장 중요한 사건을 기념하기 위해서 보리수 옆에 지어진 사찰로서, 불교의 8대 성지 중에서도 가장 중요하고 으뜸가는 성지로 손꼽히는 곳이다(그림 10). 보드가야의 마하보디 사원이 정확하게 언제 창건되었는지는 자세하지 않다. 아마도 5세기 이후부터 이 사원의 규모는 상당히 컸던 것으로 추정된다. 그러

그림 11. 항마촉지인 불좌상. 인도 보드가야 마하보디 사원의 본존불.

그림 12. 항마촉지인 불좌상. 미얀마 버강 마하보디 사원의 본존불.

나 이슬람교의 전래와 함께 인도에서 불교가 쇠퇴한 이후에는 한동 안 힌두교 사원으로 운영되기도 했다.

근세기에 매우 황폐한 상태였던 보드가야의 마하보디 사원은 1802년 미얀마(옛 버마)의 순례단이 방문하면서 다시 역사상에 등 장하게 되었다. 미얀마의 순례단은 1875년부터 보드가야의 마하보 디 사원을 복원하기 시작했으며, 이후 1880년대에 이 사원은 영국 정부의 주도로 지금과 같은 형태로 복원되었다. 19세기의 복원은 미 얀마 불교도들에 의해서 시작되었으며, 구체적인 복원 양식도 역시 미얀마 버강에 남아 있던 마하보디 사원(그림 9)을 모델로 해서 진 행되었다고 알려져 있어서, 현재 두 사원의 형식적 유사성은 실제로 19세기에 형성된 것이기는 하다. 그렇지만 미얀마 버강의 마하보디 사원이 13세기 초반의 인도 보드가야의 마하보디 사원을 모방해서 세워진 것이라고 전하기 때문에, 두 사원 건축의 형식적 선후관계에 대한 논의는 다소 복잡하고 무의미한 것일 수 있다.

미얀마 불교도들이 보드가야의 마하보디 사원에 관심을 기울이 기 시작한 것은 역시 버강 왕조시대부터로 알려져 있다. 미얀마의 명문 중에는 버강 왕조의 유명한 호불왕(護佛王)인 짠시타(Kyan-sittha, 1084~1113 재위)왕이 재위할 당시, 인도에서 이슬람의 침입으 로 불교가 쇠퇴하고 보드가야의 마하보디 사원이 훼손된 채 방치되 어 있었는데, 이 이야기를 들은 짠시타왕이 막대한 재물과 함께 사 신을 보내어 보드가야의 마하보디 사원을 보수하게 했다는 기록이 남아 있다. 짠시타왕은 재위 기간에 아난다(Ananda) 사원을 건립하 기도 했으며, 이슬람교의 침입으로 도망쳐온 인도의 불교도들을 보 호하기도 했다. 아마도 짠시타왕의 재위기인 11세기말, 혹은 12세기 초에, 미얀마인들이 보드가야의 마하보디 사원을 직접 방문하고 사원 재건을 도왔을 가능성은 상당히 크다. 이러한 미얀마 왕실과

그림 13. 인도 보드가야 마하보디 사원의 외벽 벽감 전경.

그림 14. 미얀마 버강의 마하보디 사원의 외벽 벽감 전경.

그림 15. 인도 보드가
야 마하보디 사원의
모델 조형물. 12세기
경. 전 티벳 출토. 영국
대영박물관 소장.

인도 불교의 문화 교류는 이후 버강 왕조의 불교 문화 발전에 직접
적인 영향을 주었던 것으로 생각된다. 또한 13세기 전반에 버강 지
역에 인도 보드가야의 마하보디 사원을 모방, 혹은 재현한 새로운
마하보디 사원이 건립된 것은 이러한 짠시타왕 이후의 왕실에서 호
불(護佛)의 전통을 계승하면서 나왔던 문화적 현상으로 해석된다.
즉, 인도 보드가야 마하보디 사원의 현재 모습과 미얀마 버강 마하
보디 사원의 형태적 유사성은 이와 같은 짠시타와 제야떼잉카왕으
로 이어지는 미얀마 버강 왕조의 인도 불교 후원과 문화 교류 과정
에서 나타난 독특한 현상의 역사적 계승과 재현의 결과물이다.

인도의 보드가야 사원에는 내부에 항마촉지인의 불좌상이 모셔

져 있으며(그림 11), 사원 뒤쪽에는 보리수가 보존되어 있다. 마찬가지로 버강의 마하보디 사원에도 내부의 본존불로는 항마촉지인의 불좌상이 모셔져 있다(그림 12). 물론 불상의 양식은 각각 독특한 시대 양식을 따르고 있다.

인도 보드가야와 미얀마 버강의 마하보디 사원은 모두 외부 벽에 수많은 벽감을 만들고, 각 벽감마다 다양한 불교 조상들을 안치해놓았다. 그렇지만, 두 사원 모두 벽감의 조상들은 창건시기의 것이 아니라, 여러 시기에 걸쳐 이동하거나 보수되었던 것이기 때문에(그림 13, 14), 원래 조상의 배치 상태는 자세하지 않다. 버강의 마하보디 사원의 첨탑은 7층으로 구성되어 있으며, 한 층마다 44개의 벽감이 있다고 한다. 건물 전체의 벽감에 안치된 조상은 460개 이상으로 알려져 있다. 버강의 첨탑 높이는 현재 43m로, 55m에 이르는 보드가야의 첨탑에 비해 다소 규모가 작다.

현재 버강의 마하보디 사원은 방형의 1층 구조물 위에 뾰족한 첨탑 형태의 2층 구조를 얹은 2층의 건물이다. 주탑 주변의 사방에는 작은 첨탑 4개가 사방에 배치되어 있어서 오탑식(五塔式) 구조를 한 점이 특징이다. 이러한 오탑식 구조는 현재의 인도 보드가야의 마하보디 사원에서도 확인되는 구조이긴 하다.

그러나, 12세기경에 제작된 것으로 추정되는 인도 보드가야 마하보디 사원의 모델 조형물에서는 2층으로 만들어진 기본적인 건축 구조는 동일하게 확인되지만, 건물 사방에 배치된 작은 첨탑들이 보이지 않는다(그림 15). 그러므로 현재 마하보디 사원들에 남아 있는 사방의 첨탑 구조가 어디에서 시작된 것인지, 혹은 원래 보드가야의 마하보디 사원에 이러한 첨탑들이 있었는지에 대해서는 다소 논란이 있다. 물론 인도의 날란다(Nalanda) 사원지를 비롯한 팔라 왕조 시대의 불교 사원 유적에서는 벽돌로 만든 신전 구조물의 사방에 방형의 소형 구조물들이 배치되어 있었던 흔적이 보이기 때문에, 이러한 사방의 첨탑을 포함한 오탑식 구조가 인도에서부터 시작된 것일 가능성은 상당히 크기는 하다.

아마도 원래 인도 보드가야의 건축물 양식은 팔라시대나 혹은 그 이전의 건축물 양식으로 지어졌다가, 이후 이슬람의 침입과 함께 황폐화되었을 때, 미얀마 짠시타왕의 도움으로 복원되었을 것이다. 또한 짠시타왕의 재위기간 즈음에 인도에서 직접 전래된 보드가야의 독특한 건축 양식은 이후 제야떼잉카왕 때에 건립한 현재의 버강 마하보디 사원의 직접적인 모델이 되었던 것이다. 이러한 13세기의 미얀마 버강 마하보디 사원의 건축 양식은 19세기에 미얀마 불교도들과 영국 정부에 의해서 또다시 모방되어 현재의 보드가야 마하보디 사원의 건축 양식으로 재현되었던 것이다. 미얀마 불교도들은 버강 왕조 이후 꾸준히 붓다의 성도 기념지인 보드가야의 불교 사원을 후원하면서, 붓다의 생애와 관련된 성지의 기억을 자신들의 국가 안에도 이룩하고자, 버강 지역에서 동일한 양식의 건축물과 공간을 재현해냈던 것이다.

이와 관련하여 주목되는 것이 바로 버강의 마하보디 사원에 남아 있는 붓다의 정각 이후 7주간의 행적과 관련된 기념물의 구축이다. 7세기에 인도 보드가야의 마하보디 사원을 방문했던 중국의 승려 현장은 자신의 여행기에서 보드가야 주변에 남아 있는 붓다의 정각 이후 행적과 관련된 유적들을 여러 곳 소개하고 있어서 주목된다. 그 내용을 보면 다음과 같다.

보리수의 북쪽에 부처님께서 거니셨던 곳이 있다. 여래께서 정각을 이루신 뒤, 자리에서 일어나지 않고 7일동안 고요히 선정에 들어 계셨다. 그리고 나서 일어나신 뒤 보리수의 북쪽에 도착하시어 7일동안 거니셨는데, 동서쪽 방향으로 다니셨다. 그런데, 걸으신 10여걸음에는 기이한 꽃들이 발자국마다 18송이씩 피어났다. 후세 사람들이 여기에 벽돌을 쌓아서 기단을 만들었는데 높이는 3척 남짓하다.…

거니셨던 기단의 북쪽 길 왼편에 반석이 있는데 그 위에 커다란 정사를 지었으며, 그 속에는 불상이 있다. 불상은 눈을 들어 위를 바라보고 있는 모습이다. 옛날 여래께서 이 곳에서 7일동안 보리수를 바라 보셨는데, 잠시도 눈을 다른 곳으로 돌리지 않고 나무의 은혜에 보답하셨다고 한다. 그래서 이렇게 위를 바라보고 있는 모습을 취하고 계신다.

보리수의 서쪽으로 멀지 않은 곳에 큰 정사가 있는데, 그 속에 유석(鍮石)으로 만들어진 불상이 있다. 매우 진귀한 보배로 장식되어 있으며 동쪽을 향하여 서 계신다. 앞에는 푸른 돌이 있는데 그 무늬가 매우 기이하고 이채롭다. 이것은 옛날 여래께서 처음으로 정각을 이루시자 범왕(梵王)이 칠보당(七寶堂)을 일으키시고 제석이 칠보좌(七寶座)를 세웠는데, 부처님께서 그 위에서 7일동안 사유하신 곳이다.…

이어서 남쪽에 있는 또 다른 못은 옛날 여래께서 처음으로 정각을 이루신 뒤 옷을 빨려고 하시자 제석천이 부처님을 위하여 못으로 만들어 놓은 곳이다. …

제석천이 못을 만든 곳으로부터 동쪽의 숲 속에는 목지린타(目支隣陀) 용왕의 못이 있다. 그 물은 검푸른데 물 맛이 감미롭다. 못의 서쪽 기슭에는 작은 정사가 있는데 그 속에 불상이 있다. 옛날 여래께서 처음으로 정각을 이루신 뒤 이 곳에서 7일동안 선정에 잠기신 채 지내셨다. 이 때 용왕이 여래를 호위하였는데 자신의 몸으로 부처님을 일곱겹 감고 여러개의 머리를 만들어 부처님 위

로 치켜 들어서 볕을 가려 드렸다. 옛 못의 동쪽 기슭에는 부처님
께서 선정에 들어 계셨던 방이 있다.…

　　그 옆에 있는 솔도파는 두 명의 장자가 부처님께 꿀에 탄 보릿
가루를 바쳤던 곳이다. 부처님께서 나무 아래에서 결가부좌하시
고 고요히 선정에 잠기셔서 7일 동안 해탈의 즐거움을 누리신 뒤
에 비로소 선정에서 일어나셨다. 이 때 상인의 우두머리 두 사람
이 숲 밖으로 행차하였는데, 그 숲의 신이 이들에게 일러주었다.
… 그러자 두 사람이 각자 지니고 있던 꾸러미에서 꿀을 섞은 보릿
가루를 꺼내어 부처님께 올리자 세존께서 그것을 받으셨다.

　　(현장, 『대당서역기』 제 8권에서 인용).

　　이상의 내용은 『니다나 카타』에 언급된 붓다의 정각 이후 7주간
전승과 유사한 내용으로서, 7세기의 보드가야 사원 주변에 실제로
이러한 유적이자 불교성지가 있었음을 기록한 것이다. 아마도 붓다
께서 걸으시면서 꽃 발자국을 남긴 곳에 쌓았다는 기단이라는 것은
제 3주차의 금제 다리 전승에 비견할 만한 것으로 생각되며, 범왕,
즉 범천이 붓다에게 공양한 칠보당은 제 4주차의 이야기에 해당하
는 것으로 생각된다. 목지린타 용왕의 연못과 정사 이야기는 제 6주
차의 나가 무찰린다 전승과 같은 것이다. 한편 마지막 주에 붓다께
꿀을 섞은 보릿가루를 공양했다는 두 명의 선인은 『니다나 카타』에
서 이야기하는 타파수와 발루카 형제로 볼 수 있다. 다만, 현장의 기
록에서는 이들의 이름이나 출신, 혹은 미얀마와의 관계는 언급되어
있지 않다.

　　이와 같은 현장의 기록으로 볼 때, 7세기 이후 보드가야 주변에
붓다의 정각 이후 7주간과 관련된 유적들, 혹은 칠선처의 존재는 실
제로 있었던 것으로 보인다. 이러한 전승과 유적은 버강 왕조시대의

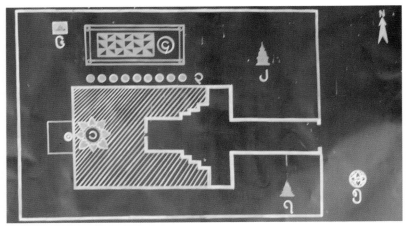

그림 16. 미얀마 버강 마하보디 사원 주변에 배치된
〈붓다의 정각 이후 7주간 행적〉의 기념물 배치도 안내판.

미얀마 인들도 보드가야를 직접 방문하면서 그 주변의 붓다의 성지
유적들을 확인하고 순례하면서 인식했을 가능성이 크다.

현대 버강의 마하보디 사원 주변에는 이러한 보드가야 주변의
칠선처를 모방한 7곳의 기념물이 전하고 있다. 이 기념물들은 『니다
나 카타(Nidāna Kathā)』에 언급된 붓다의 7주간의 행적의 재현인 동
시에, 실제 붓다의 성지인 보드가야의 공간적 재현이기도 한 것이다
(그림 16).

버강 마하보디 사원을 찾아가면, 먼저 사원 입구 바깥 쪽에는 붓
다가 제 5주차를 보낸 반얀트리가 있으며, 사원 문을 들어와서 좌우
에는 각각 붓다가 2주차를 보낸 곳을 상징하는 탑과 7주차를 보낸
곳을 상징하는 탑이 자리하고 있다(그림 17, 18). 주 사원 내부는 바
로 항마촉지인의 불좌상이 모셔진 곳으로, 제 1주차를 기념하는 곳
이 된다.

한편 주 사원의 북쪽에 자리잡은 건물 유적지는 현재의 주 사원
보다 먼저 지어진 사원이었던 것으로 추정된다. 현재의 주 사원이

그림 17. 붓다의 제 2
주차를 기념하는 탑.
미얀마 버강 마하보디
사원의 주 사원 향 우
측 입구에 위치.

그림 18. 붓다의 제 7
주차를 기념하는 탑.
미얀마 버강 마하보디
사원의 주 사원 향 좌
측 입구에 위치.

그림 19. 붓다의 제 4주차를 상징하는 사원 유적. 미얀마 버강 마하보디 사원 경내 북쪽.

건립되면서, 원래의 이 사원은 붓다가 정각 이후 제 4주차를 보냈던 칠보당, 혹은 라트나가라(Ratnagara)에 비정하는 공간으로 재현되었다(그림 19). 현재 이 유적은 1975년의 지진으로 인하여, 매우 심하게 파괴된 상태이다. 이 유적과 주 사원의 사이 공간에 붓다의 제 3주차의 경행을 기념하는 꽃모양의 기둥들이 세워져 있으며, 제 6주차를 상징하는 연못과 기념물은 이 유적 뒤쪽에 세워져 있다.

이와 같이 버강 시대 이후, 붓다의 정각 이후 7주간의 행적에 대한 전승은 버강의 마하보디 사원이라는 공간 안에서 입체적으로 구축되었는데, 이것은 인도 보드가야의 마하보디 사원의 실제 공간을 그대로 모방한 것이기도 하지만, 동시에 붓다의 일생을 기억하기 위한 미얀마 불교도들의 기념적 공간으로 재현된 것이기도 하다. 즉, 이러한 정각 이후 7주간이라는 독특한 붓다의 일생 중 일부는 불교 성지인 마하보디 사원의 재현적 구축을 통해서 조형화되기도 하고, 혹은 팔상상과 결합하여 미얀마 불교계의 독특한 붓다의 일생관을 형성하기도 했던 것이다. 인도 보드가야의 마하보디 사원이라는 공간의 모방과 재현은 이 곳이 석가모니 붓다의 깨달음의 장소라는 성지로서의 상징적 재현이기도 하지만, 동시에 역사적 실존 성자로서의 붓다의 공간적 재현이기도 한 것이다.

붓다의 정각 이후 7주간의 행적에 대한 전승과 관련된 유적에 대한 기록이 보드가야를 답사했던 중국 승려에 의해서 전하는 것으로 볼 때, 이 전승은 인도, 특히 보드가야 지방을 중심으로 전해졌던 중요한 전승으로 생각된다. 그렇지만, 이러한 여러 전승들이 7주간이라는 하나의 연결된 시간과 보드가야라는 연결된 공간으로 묶여서 하나의 전승으로 확립된 것이 인도에서부터 시작된 것인지는 다소 불확실하다.

아마도 이러한 7주간의 전승이 하나의 세트로 묶여져서 조형화되는 것은, 미얀마 버강 왕조 시대에 독특하게 나타난 현상일 가능성이 크다. 물론 보드가야에도 이러한 7주간의 행적과 관계된 기념물들의 일부를 지금도 확인할 수 있기는 하다. 그렇지만, 이들이 과연 원래부터 보드가야에 있었던 유적인지, 아니면 11세기경 미얀마 짠시타왕의 후원 아래에서 복원된 것인지, 아니면 19세기의 미얀마 불교도들의 후원으로 복원된 것인지는 미얀마 버강 왕조와 인도 보드가야와의 특수한 교류 관계로 볼 때, 다소 모호한 부분이 많다.

교조 석가모니 붓다의 생애와 관련된 불전팔상, 혹은 팔상상이라는 독특한 도상은 역사적 실존 인물로서의 석가모니 붓다의 생애와 관련된 주요 8대 성지의 기억을 모아서 붓다를 기리고 관상하기 위한 시각적 조형물로서 발전한 것이다. 이러한 팔상상은 불교의 8대 성지를 직접 가지 않아도, 하나의 상을 통해서 한꺼번에 여덟 곳의 성지를 시각적으로 참배할 수 있으며, 붓다의 생애를 한 눈에 이해할 수 있도록 한다. 즉, 이러한 팔상상의 성립과 발전 및 유행은 아마도 붓다의 생애와 가르침에 대한 불교적 명상, 혹은 관상 수행의 발전과 맥락을 같이하면서 발전했을 가능성이 있다. 이것은 조형물을 통해서 실제의 성지 순례를 행하지 않고도 성지 순례를 통한 붓다의 일생과 가르침에 대한 관상을 행할 수 있도록 마련된 종교적 수행의 수단으로 해석할 수도 있다. 이러한 팔상상의 조형은 이후 도상이나 양식이 변화되기도 하지만 지속적으로 성지 순례의 기억을 형상화하는, 혹은 기념하기 위해서 꾸준히 지속된다.

다만 동남아시아, 특히 버강 왕조 시대의 미얀마에서는 이러한 인도의 실재적 성지 및 전승을 중심으로 하는 8대 성지의 상징적 조형화 뿐만 아니라, 붓다의 일생 중에서도 동남아 불교 초전 설화와 관련된 붓다의 정각 이후 7주간의 행적 전승을 강조하여, 버강 왕조 시대 특유의 붓다에 대한 관념을 만들어 갔던 점이 주목된다.

아직까지 인도에서 발견되는 붓다의 팔상과 관련된 조형물 중에서는 붓다의 정각 이후 7주간 행적에 대한 조형과 결합된 예를 찾아보기 어렵다. 그러므로 미얀마 버강의 많은 유적들에서 발견되고 있는 독특한 팔상상의 토제 봉헌판들에 표현된 7주간의 행적 도상은 버강 왕조의 짠시따 왕이 인도 보드가야 사원을 후원하는 과정에서 접하게 된 인도 팔라시대의 독특한 불교 미술 양식의 영향과 함께, 붓다의 생애에 대한 미얀마, 혹은 동남아시아 특유의 불교 전승을 접목시켜서 형성된 버강 시대 특유의 불교미술품들이라고 해석해 볼 수 있다.

미얀마를 비롯한 동남아시아 지역에서 붓다의 정각 이후 7주간의 행적 전승을 강조하는 것은 동남아시아 불교의 초전(初傳) 기록 및 이후 세워지는 수많은 불발탑(佛髮塔), 즉 부처의 머리카락을 봉안한 사리탑의 건립 연기 등과 관련된 것으로, 동남아시아 불교의 독특한 전승이라고 생각된다. 특히 이 두 상인의 사리 전래 고사는 동남아 불교의 전래가 석가모니 붓다의 생존 시기에 붓다로부터 직접 전해진 것으로서, 가장 역사적으로 권위있고 정당성을 가진다는 종교적 정통성을 주장할 때에 언제나 인용되는 주장임에 주목할 필요가 있다. 즉, 이러한 붓다의 일생에 대한 독특한 전승의 강조와 정통 성지의 모방 및 재현이라는 조형적 활동은 바로 이러한 역사적 정통성의 강조에 활용되었던 물질적 수단이었을 가능성도 염두에 두어야할 것이다.

버강의 마하보디 사원에 조형화된 입체적 7주간의 행적 기념물이나 토제 봉헌판의 팔상상에 보이는 이러한 도상적 특징들은 바로 당시의 불교도들이 가졌던 붓다에 대한 기억의 변용된 기념물의 재현적 측면을 반영한 것이다. 동시에 역사상의 붓다와 멀리 떨어져 있으면서도 그 존재를 끊임없이 기억하고 추모하고 기념하며 자신들의 시대와 동일시하기 위한 미얀마 불교도들의 신실하면서도 동시에 자기방어적 성격의 모순된 노력을 조형화한 것이다.

세 명의 유럽인의 눈에 비친 미나하사

김예겸

미나하사 : 서구와의 접촉

미나하사(Minahasa)는 인도네시아 술라웨시(Sulawesi) 섬의 북동쪽에 위치해 있다(그림 1). 적도 인근의 열대 자연환경이 아름다우며, 과거의 토착문화나 역사가 잘 드러나 있지 않은 미지의 지역으로 알려져 있다. 호주 고고인류학자 피터 벨우드(Peter Bellwood)는 미나하사 사람들이 기원전 2세기경 중국 남부에서 필리핀을 거쳐 이주해 온 것으로 보고 있다. 힌두불교 문화와 이슬람 문화의 영향력이 지배적이었던 인도

그림 1. 미나히사의 위치.

네시아의 다른 지역들과는 달리, 미나하사는 역사적으로 힌두불교 문화와 이슬람 문화의 지배적인 영향력으로부터 벗어나 있었다. 그렇다고 미나하사가 외래문화의 영향으로부터 전적으로 자유로웠던 것은 아니다.

미나하사를 처음 방문한 서구인은 1520년경에 왕래를 시작한 포르투갈 상인들이라고 알려져 있다. 1563년에는 포르투갈 예수회(Jesuit) 선교사일행이 미나하사 지역에서 선교활동을 시작했다. 그러나 이러한 초기 그리스도교 선교는 미나하사에 그리 큰 영향을 끼치지는 못했다. 포르투갈 상인들의 뒤를 이어서 스페인 상인들이 미나하사와 간헐적인 교역활동을 하는 한편 옥수수, 토마토, 고추 그리고 말(馬)등을 전해주었다. 스페인 가톨릭 선교사들도 미나하사 지역에서 선교활동을 했다.

당시 미나하사는 언어 및 지역적 구분에 따라 8개의 하위종족단위로 구분되어 있었다. 이러한 토착적인 영역구분은 1856년경 네덜란드가 미나하사 전역을 현대적 행정구역으로 개편하면서 공식적으로 자취를 감추었다. 그러나 아직까지도 미나하사 사람들은 이러한 토착적인 영역구분을 스스로에게 유효한 사회문화적 단위로 인지하고 있다.

현지의 역사학자 와뚜세께(Watuseke)에 의하면 1644년에 스페인 군인들이 미나하사의 한 하위종족단위의 우두머리에게 상처를 입히는 사건이 발생했는데, 급기야 이 사건은 스페인 군인들과 미나하사 사람들 간의 전면전으로 발전하게 되었다고 한다. 결국 이 사건으로 인하여 스페인은 미나하사에서 영향력을 잃게 되고, 미나하사 사람들은 외부세계와 그리스도교에 대하여 배타적인 성향으로 급변하게 되었다. 이후 미나하사 사람들은 1830년대에 "네덜란드 선교사협회(NZG; Nederlandsche Zendeling Genootschap)"가 본격적으로 선교를 시작

그림 2. 미나하사에 도착하는 네덜란드인들. © Collectie Tropenmuseum.

할 때까지 그리스도교를 적극적으로 받아들이지 않았다.

1608년 처음으로 북부 술라웨시를 방문한 네덜란드인들은 점차 세력을 확장하여, 1650년경에는 "네덜란드 동인도회사(VOC; Vereenigte Oost-Indische Compagnie)"를 주축으로 활동하면서 북부 술라웨시에서 스페인 세력을 완전히 몰아내었다(그림 2). 1653년 네덜란드는 미나하사 지역에 영향력을 미치기 시작했으며, 1679년에는 네덜란드 정부와 미나하사의 하위종족단위 우두머리들 간에 우호조약이 체결되었다. 이때부터 미나하사는 네덜란드와 역사적으로 긴밀한 유대관계를 유지하게 되는데, 이로 인해서 미나하사는 한때 네덜란드의 "12번째 지방(트와프로 Twapro. 네덜란드어로 열두번째 지방이라는 'Twaalfde Provincie'의 줄임말)"으로 불리기도 했다.

네덜란드도 미나하사 방문 초기부터 간헐적으로 그리스도교 선교활동을 시작했다. 하지만 미나하사 사람들이 적극적으로 그리스도교를 받아들인 시기는 네덜란드 선교사협회가 선교를 시작한

1830년경이었는데, 이때부터 미나하사는 근본적인 사회문화 변화를 경험하게 되었다. 따라서 엄밀한 의미에서 서구문화와 관련한 미나하사 토착문화의 가시적 변화는 서구사회와의 단순한 조우의 부수적 결과라기보다는, 1830년대 그리스도교 개종 이후에 생겨난 문화적 재구성 현상이라고 할 수 있다.

두 명의 영국 자연주의 탐험가의 눈에 비친 미나하사

19세기 중후반 경, 두 명의 영국 자연주의 탐험가가 그리스도교 수용 이후에 문화적 재구성 현상을 경험하고 있던 미나하사를 방문하게 되었다. 한 명은 "생물지리학(biogeography)의 아버지"로 불리는 알프레드 러셀 월리스(Alfred Russell Wallace, 1823~1913)였고 (그림 3) 또 다른 한 명은 동식물학자였던 프란시스 헨리 길르마드(Francis Henry Hill Guillemard, 1852~1933)였다. 그들은 각각 자

그림 3. 중년의 알프레드 러셀 월리스.

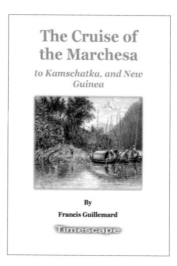

그림 4. 1886년에 출판된 길르마드의 저서 표지.

신들의 방문에 대한 글들을 남겼는데, 월리스는 1869년 출판한 『말레이 군도(The Malay Archipelago)』라는 저서에서 미나하사에 대해서 짧게 서술하고 있으며, 길르마드는 1886년에 저술한 『마르케사의 유람기(The Cruise of the Marchesa to Kamschatka, and New Guinea)』에서 미나하사에 대해서 서술하고 있다(그림 4). 이들은 미나하사를 다음과 같이 묘사했다.

> 우두머리의 집은 샹들리에 램프와 현지인이 만든 의자와 탁상 등 유럽식으로 장식되어 있었다. … 그 우두머리의 부친은 나무껍질로 만든 의상을 입었었고 우뚝 솟은 기둥 위에 세워진 초라한 오두막에 살았는데 이 오두막은 인간 두개골로 가득 차 있었다고 한다. … (미나하사 하위종족단위의) 우두머리들은 유럽식 의상을 입고 있는 것과 손님들을 정중한 매너로 접대한다는 것을 자랑스럽게 생각하고 있었다. (월리스, 『말레이 군도』 중에서 인용)

> 거실은 마치 스웨덴 역사(驛舍)처럼 벽과 바닥이 백색으로 페인트칠 되어 있었고, 또한 백색 모슬린 커튼, 복식 램프, 두개의 소파, 서적들과 함께 놓여있는 원형탁자, 네덜란드 국왕의 초상화, 그리고 여섯 개의 음률을 가진 커다란 축음기로 장식되어 있었다. (길르마드, 『마르케사의 유람기』 중에서 인용)

위에 소개한 두 명의 영국 자연주의 탐험가들의 기술은 그리스도교와 유럽 문화가 미나하사 지역에 얼마나 심오한 영향을 미쳤는가를 시사하고 있다. 이 두 명의 영국 탐험가들은 19세기 중후반경 미나하사의 하위종족단위 지역이었던 "또모혼(Tomohon)"을 방문하였다. 월리스는 1859년 방문 당시 이 지역 우두머리였던 망앙안

그림 5. 1890년경의 미나하사 교회. © Collectie Tropenmuseum

뚱(Mangangantung)을 만났던 것으로 보인다. 망앙안뚱은 1843년에 이미 네덜란드 선교사협회 소속의 니꼴라스 필립 윌큰(Nicolaas Philip Wilken, 1813~1878)으로부터 세례를 받았고, 유럽 문화 양식을 유지하면서 살고 있었다. 반면에 길르마드는 그보다 늦은 1870년대 후반 경에 이 지역을 방문하여 망앙안뚱의 아들 론도누우(Rondonuwu)를 방문했던 것으로 여겨진다. 론도누우는 네덜란드 국왕의 사진을 가지고 있을 정도로 자신의 아버지 망앙안뚱보다 더 유럽식 문화에 관심이 많았던 것으로 보인다. 그러나 망앙안뚱의 아버지인 우림베네(Wurimbene)에 대한 윌리스의 기술에서 볼 수 있는 것처럼, 망앙안뚱이 그리스도교 세례를 받기 이전의 미나하사 사람들은 꾸준히 미나하사 토착 문화와 생활 양식을 유지하고 있었다. 따라서 미나하사의 그리스도교화가 급속도로 진행되고 미나하사의 토착 문화에 근본적인 변화가 일어나기 시작했던 것은 망앙안뚱이 세례를 받은 1834년 이후의 일이다(그림 5).

그리스도교의 급속한 전파 이후 미나하사 지역에서 진행된 이러한 역동적인 문화적 변화는 1859년 6월 경 월리스의 또 다른 관찰에서도 잘 나타나 있다.

내 루루깐(Rurukan, 또모혼의 한 마을) 숙소 바로 맞은편에는 학교가 하나 있었다. … 그 학교에서는 매일 아침 3시간 정도 수업이 있었고, 일주일에 두 번 정도 저녁시간에 그리스도교 문답과 설교가 있었다. 그곳에서는 또한 일요일 아침마다 그리스도교 예배가 있었다. … 그들은 노래 부르기를 좋아했고, 외진 산골에서 말레이어로 된 우리의 고전 시편(psalm)의 노래들을 듣는다는 것은 매우 기분 좋은 일이었다. 노래를 부른다는 것은 그리스도교 선교사들이 미개한 민족들에게 소개한 진정한 축복이었다. (월리스, 『말레이 군도』 중에서 인용)

네덜란드 선교사의 눈에 비친 미나하사

그림 6. 1869년에 출판된 흐라플란드의 저서 『미나하사』의 표지.

영국의 자연주의 탐험가 월리스와 비슷한 시기에 미나하사에서 선교활동을 하고 있었던 네덜란드 선교사협회 소속의 니꼴라스 흐라플란드(Nicolaas Graafland, 1827~1898)는 장기간의 미나하사 거주와 현지 선교활동을 기반으로 그리스도교 수용 이후의 미나하사에 대한 상세한 현지자료를 제공하고 있다. 그는 1869년 『미나하사(De Minahasa)』라는

그림 7. 미나하사의 토착 태초 설화를 표현한 벽화. 인도네시아 미나하사. 현대.

저서를 출판하여, 당시의 미나하사 문화에 대한 자세한 기록을 남겼
다(그림 6).

　미나하사 사람들은 오늘날까지도 "또아르 단 루미무웃(To'ar
dan Lumimu'ut)"이라는 토착 태초설화에 근거하여 자신들의 시조
는 "루미무웃(Lumimu'ut)"이라는 전설적인 여성이며, 자신들은
"루미무웃'(Lumimu'ut)"과 동정녀로 잉태하여 낳은 그녀의 아들
"또아르(To'ar)" 사이에서 태어난 자손이라고 자랑스럽게 소개하곤
한다(그림 7).

　흐라플란드는 아래와 같이 미나하사 토착 태초설화인 "또아르
단 루미무웃(To'ar dan Lumimu'ut)" 소개하고 있다.

　　태초에 루미무웃(Lumimu'ut)이라는 전설적인 여성과 까레마

(Karema)라는 여사제가 있었다. 어느 날 까레마는 루미무웃이 아들을 가질 수 있도록 기도를 올렸는데, 이후 루미무웃이 임신을 하게 되어 또아르(To'ar)라는 아들을 낳았다. 또아르는 준수한 청년으로 자라났다. 그러던 어느 날 까레마는 루미무웃과 또아르가 서로 짝을 찾아 떠나도록 했다. 둘을 떠나보내면서 까레마는 똑같은 길이의 막대기를 루미무웃과 또아르에게 주면서 똑같은 길이의 막대기를 가지고 있는 사람하고는 절대 결혼하지 말라고 당부하였다. 결국 두 사람은 서로 다른 방향으로 여행을 떠났다. 몇 년이 흐른 뒤 또아르는 길에서 아름다운 여자를 만나게 되어 그 여자와 결혼하기를 원했다. 하지만 그 여자는 사실상 자신의 어머니인 루미무웃이었다. 하지만 또아르의 막대기는 여행 중에 심하게 닳아서 서로의 막대기의 길이가 달랐기 때문에 또아르는 그녀가 자신의 어머님임을 알아차리지 못했다. 결국 그들은 결혼하고 여러 명의 자식을 낳았는데, 이들이 미나하사 사람들의 조상이 되었다.

(흐라플란드, 『미나하사』 중에서 인용)

흐라플란드가 1895년에 미나하사의 하위종족단위 지역이었던 까까스까슨(Kakaskasen)을 방문했을 때 이 지역 우두머리는 그에게 자랑스럽게 또 다른 태초설화 하나를 들려주었다. 흥미롭게도 흐라플란드가 전해들은 이 태초설화는 "음뿡 와일란 왕꼬(Empung Wailan Wangko, 부유한 전능자)"라는 토착신과 "왕이(Wangi)"라는 전설적인 인물에 대한 토착 설화에 그리스도교적인 요소를 수용하여 재구성한 작품이었다. 흐라플란드는 그 줄거리를 다음과 같이 기술하고 있다.

음뿡 와일란 왕꼬(Empung Wailan Wangko)라고 불리는 "부유한 전능자"가 이 세상에 홀로 있었다. 어느 섬에 마하와뚜 (Mahawatu)라는 야자나무가 있었다. 어느 날 전능자는 그 야자나무를 두 토막으로 쪼갰다. 그러자 한 남자가 그 야자나무 속에서 나타났다. 전능자는 그 남자를 왕이(Wangi)라고 불렀다. 왕이는 외로이 홀로 지냈다. 어느 날 왕이는 전능자에게 왜 지상에 자신만 홀로 있느냐고 질문했다. 그러자 전능자는 왕이에게 흙으로 두 가지 형상을 만들도록 하였다. 왕이는 전능자가 시키는 대로 흙으로 두 가지 형상을 만들었는데, 그 두 가지 형상은 각각 남자와 여자가 되었다. 그 남자와 여자는 걸을 수는 있었지만 말할 수는 없었다. 그래서 전능자는 그 남자와 여자가 듣고 말할 수 있도록 왕이로 하여금 갬비어(gambier, 베텔 씹기에 들어가는 향신료의 일종)를 그들의 머리와 귀에 불어넣도록 했다. 그리고 전능자는 그 남자를 아담(Adam) 그리고 그 여자를 이와(Ewa)라고 불렀다.

  (흐라플란드, 『미나하사』 중에서 인용)

이 그리스도교화된 태초설화가 언제 그리고 어떻게 구성되고 변형되었는지는 정확하게 규명해 낼 수는 없다. 다만 1895년 흐라플란드가 까까스까슨 지역 우두머리에게서 전해들은 그리스도교화된 이 태초설화를 통하여 분명하게 드러나는 사실은, 이 당시 미나하사 사람들은 이미 토착 태초설화에 나오는 "또아르"와 "루미무웃"이 아니라 히브리 성전에 나오는 "아담"과 "이브"의 자손으로서의 새로운 정체성을 자신들의 태초설화에 반영하기 시작했다는 점이다. 앞서 언급한 태초설화와 더불어, 다른 유형의 그리스도교화된 태초설화들도 또한 미나하사 곳곳에서 발견되고 있는데, 위의 태초설화에 나타나는 것처럼 "음빵 와일란 왕꼬" 또는 "왕이" 같은 토착적 인격 또는 신격의 주인공들이 히브리 성전의 이야기 속에 등장하는

가 하면, 단편적으로 히브리 성전의 "아담"과 "이브"가 "또아르"와 "루미무웃"으로 대체되는 경우도 발견된다.

한편 그리스도교화된 태초설화를 통해서 우리가 좀 더 주목해야 할 부분은 이 당시 미나하사 사람들은 이미 토착적 여성격의 주인공들인 루미무웃(Lumimu'ut)이라는 전설적인 여성과 까레마(Karema)라는 여사제 중심의 토착 세계관이 아닌, 그리스도교화된 남성격의 존재들인 "음빵 와일란 왕꼬"라는 토착신과 "왕이"라는 전설적인 인물 중심의 새로운 세계관을 접하고 수용하기 시작했다는 점이다. 다시 말해서, 모계중심(matriarchal) 또는 양변적(兩邊的, bilateral) 세계관이 아닌 가부장적(patriarchal) 세계관을 접하고 그것을 수용하기 시작했다는 점이다. 이러한 맥락 하에서 흐라플란드는 그리스도교 수용 이후의 미나하사에 대한 또 다른 흥미로운 면모를 아래와 같이 소개하고 있다. 이는 1859년에 방문한 미나하사의 하부종족단위 지역인 또모혼에 거주하는 여성들의 일상적인 공동체 생활에 관한 기술이었다.

만약에 누군가 공개적으로 재미있는 이야기를 꺼내려고 하면 주변 사람들은 숨을 죽이고 이야기를 들었다. 한 무리의 여성들이 집 계단에 앉아서 이야기를 경청하고 있었다. 이야기에 더 깊숙이 빠져들거나 또는 이야기에 주도적으로 참여하고 싶은 몇몇의 여성들은 계단에서 내려와 바닥에 주저앉았다. 때때로 이들이 하는 이야기들은 고상한(respectful) 내용이 아닌 경우도 있고, 비도덕적인(amoral) 경우도 있었다. 그러나 이러한 외설적인 이야기를 할 때 여성들은 남성들에게 결코 뒤지는 법이 없었다.

(흐라플란드, 『미나하사』 중에서 인용)

흐라플란드가 묘사한 미나하사 여성들의 일상적인 공동체 생활

풍경은 흥미로운 패러독스(paradox)를 제시하고 있다. 흐라플란드가 선교활동을 하던 당시의 미나하사는 이미 그리스도교화가 급속히 진행되고 있었고, 이와 더불어서 19세기 유럽의 중산층 그리스도교도의 가치관에 입각한 가부장적 세계관이 빠르게 확산되고 있는 상황이었다. 당시 이러한 가부장적 세계관은 그리스도교 선교 및 네덜란드 식민행정에 의해서 이상화되어 미나하사 전역에서 장려되었다. 따라서 흐라플란드의 눈에 비친 미나하사 여성들의 모습은 당시 그리스도교 선교와 네덜란드 식민행정에 의해서 이상화된 가부장적 사회상과는 다분히 배치(背馳)되는 모순적 풍경이었다.

맺음말

16세기 초반 스페인과 포르투갈 상인들의 왕래와 그 뒤를 이어 360년 동안 계속된 네덜란드의 식민통치는 미나하사 사람들을 포함한 인도네시아 사람들이 유럽 문화를 본격적으로 받아들일 수 있는 계기를 마련해 주었다. 특히 1830년경 네덜란드 선교사협회가 그리스도교 선교를 시작한 이후 대부분의 미나하사 사람들은 그리스도교화 되었고, 이로 인해서 미나하사의 토착문화는 근본적인 변화를 경험하게 된다.

또모혼 지역의 우두머리였던 망앙안똥이 1843년에 세례를 받은 이후 미나하사는 급속도로 그리스도교화가 되어갔고, 이교도적(pagan) 요소로 인식된 미나하사 사람들의 토착 신앙과 풍습이 미나하사에서 금지되었다. 토착의 집단적 축제의례인 "포소(fosso)"가 그 대표적인 예인데, 포소가 금지된 이유는 토착신 "오뽀(opo)"에 대한 숭배를 상징하는 춤인 "마엥껫(maengket)", 머리사냥(headhu

그림 8. 1890년경의 또나아스. ©Album von Celebes-Typen

nting), 그리고 "또나아스(tona'as)" 또는 "왈리안(walian)"이라고 불리는 토착 샤먼들의 주술 활동과 같은 이교도적인 요소가 포소에 포함되어 있었기 때문이었다(그림 8). 또한 그리스도교 선교사들이 포소를 금지하도록 네덜란드 식민정부에 요청했던 또 다른 이유는 미나하사 지배계층의 사람들이 포소를 서로 경쟁적으로 성대하게 치루기 위해서 일반 계층의 사람들의 재산과 노동력을 강제로 동원하고 착취한다고 보았기 때문이었다.

모계중심 또는 양변적 세계관에 기반을 두고 있었던 미나하사의 토착문화는 서구인들의 영향을 받으면서 가부장적 세계관을 접하고 수용하기 시작했다. 이러한 19세기 중후반의 역동적인 역사적 맥락 속에서, 윌리스, 길르마드, 흐란플라드와 같은 세 명의 유럽인은 미나하사 여러 곳을 방문하고 귀중한 현장기록을 남겼다.

오늘날 이슬람 문화가 지배적인 인도네시아의 다른 지역들과는 달리 미나하사 사람들은 90 퍼센트 이상이 그리스도교 신앙을 가지고 있고 이들 대다수가 "미나하사 복음주의교회(GMIM; Gereja Masehi Injili Minahasa)"에 속해 있다. 그러나 앞에서 살펴본 세 명의 유럽인이 19세기 중후반에 목격했던 것처럼, 오늘날 미나하사의 토착문화가 전적으로 유럽화 또는 그리스도교화 지향성을 지니고 있다거나 미나하사의 토착문화가 유럽문화 또는 그리스도교의 영향 하에서 피동적으로 소멸되었다고 단언할 수는 없다. 오히려 미나하사 사람들은 1859년 흐란플라드가 그리스도교 선교와 네덜란드 식민행정에 의해서 이상화된 가부장적 사회상과는 다른 풍경을 현지에서 목격했던 것처럼, 자신들의 사회문화적 맥락에 따라서 유럽문화와 그리스도교 영향을 능동적으로 수용하고 미나하사의 토착문화를 토대로 비토착적인 외래문화에 대한 재해석의 과정을 거쳐서 "새롭게 토착화된(re-localized)" 문화를 구성할 수 있었다.

이러한 역사시간 안에서의 재해석과 새로운 토착화 과정을 통해서 미나하사의 특정한 문화요소들은 새로운 문화형태의 구성에 기여하기도 했으며, 일부 특정 문화 요소들은 시간이 지나면서 점차 사라져 가기도 했다. 예를 들어, 미나하사의 집단적 축제의례인 포소에 포함되어 있던 토착신 "오뽀"에 대한 숭배를 상징하는 춤인 "마엥껫", 머리사냥, 그리고 "또나아스"나 "왈리안" 같은 토착 샤먼의 주술 활동 등의 이교도적인 요소들은 그리스도교 세계관의 영향 아래에서 점차 쇠퇴해갔다.

반면에 오늘날 미나하사 사람들은 그리스도교의 절대자를 토착적인 개념으로 이해하려고 노력하기도 했다. 다시 말해서 토착신 오뽀를 그리스도교의 절대자와 상응하는 존재로 이해하려고 하거나, 오뽀를 "지상과 하늘을 창조한 존재(Sinimema' tana so langit)"로 인식하려고도 했던 것이다.

이러한 맥락에서 미나하사 사람들은 그리스도교 종교의례 안에 토착적 요소들을 접목하려는 시도도 해왔다. 예를 들어, 오늘날 미나하사에는 토착적 요소를 접목한 "이바닷 인꿀뚜라시(Ibadat Inkulturasi)"라고 불리 우는 그리스도교 종교의례를 목격할 수 있다 (그림 9). 이 의례는 과거에 토착신 오뽀를 숭배하기 위하여 사용되었던 마엥껫을 그리스도교의 절대자를 경배하는 공연예술로 승화시킨다든지, 혹은 그리스도교 성직자를 토착 샤만인 왈리안(walian)과 동일시했던 것과 같은 맥락에서, "새롭게 토착화된(re-localized)"

미나하사의 종교의례 문화를 구성하고 있는 중요한 예이다.

미나하사 사람들은 1859년 흐라플란드가 까까스까슨 지역에서 목격했던 것처럼 그리스도교의 영향 아래에서 토착 태초설화에 그리스도교적인 요소를 수용하면서 그리스도교화된 새로운 태초설화를 창안해냈다. 그리고 미나하사의 토착문화를 토대로 그리스도교에 대한 재해석의 과정을 거쳐서 "새롭게 토착화된(re-localized)" 그리스도교 문화를 구성해냈다. 이러한 방식으로 현재라는 시간의 사회문화적 맥락 하에서 살아가고 있는 미나하사 사람들은 지속적으로 다양한 문화요소들에 대한 재해석의 과정을 거쳐서 새로운 유형의 토착문화를 구성해 나가고 있다. 이러한 과정 속에서 새롭게 재구성되고 있는 미나하사의 토착문화는 현지 사람들이 현재라는 시간의 사회문화적 맥락을 어떻게 인식하고 수용하느냐에 따라서 또 다른 앞으로의 형태가 결정되어질 것이다.

이 글은 『선교신학』 제 13집(2006)에 게재된 글을 수정·보완한 것이다.

베트남 다낭시 참파조각박물관 기행

고정은

그림 1. 베트남 다낭시 참파조각박물관 전경.

베트남에는 현재 남부지역의 호찌민시 역사박물관, 중부지역의 다낭(Danang)시 참파조각박물관(Museum of Champa Sculpture), 그리고 북부지역의 하노이시 역사박물관을 비롯하여 각 도시마다 크고 작은 박물관이 존재한다. 이 중에서 다낭시 참파조각박물관은 중부 베트남을 중심으로 크게 활약한 참파(Champa) 왕국의 문화유산이 대거 소장되어 있는 곳으로, 전시유물은 400점에 이른다(그림 1). 소장품은 힌두교 및 불교 관련 유물이 대부분이며, 존상별로는 힌두교 관련 조상(彫像)이 압도적으로 많다. 쉬바, 비슈누, 브라흐마, 인드라, 크리슈나, 가네샤, 스칸다, 아그니, 야마, 바루나, 바유, 이사나, 스리야, 발라라마, 칼라, 우마, 락슈미, 사라스와티, 링가(linga, 링감), 기단부 부조를 포함한 각종 석조 제단(altarpiece), 드바라팔라(Dvarapala, 수문장신), 압사라(apsara, 천녀 天女), 가루다, 킨나라, 함사(hamsa, 거위의 일종인 신조 神鳥), 마카라, 용 등 매우 다양한 힌두신상과 기타조상이 소장되어 있으며, 불상도 몇 점 눈에 띤다.

이 글에서는 다낭시 참파조각박물관에 소장된 주요 힌두교 존상을 중심으로, 박물관 소장 유물의 특징을 간략히 소개하고자 하며, 구체적인 논고는 향후의 과제로 삼고자 한다.

박물관 내부에서 먼저 제일 눈길을 끄는 것은 미선(My Son) 유적군의 E그룹 주사당(主祠堂)에 있던 것을 참파조각박물관으로 옮겨와서 복원해 놓은 〈제단(祭壇, altarpiece)〉이다(그림 2). 미선 E그룹 주사당에서 볼 수 있는 조각 양식을 기준으로 한 작품들을 "미선 E1양

그림 2. 〈제단〉. 참파. 8세기 후반. 미선 E1양식. 베트남 꽝남성 즈이쎈현 미선 유적 출토. 사암. 기단 높이 65cm. 다낭시 참파조각박물관 소장.

그림 3. 〈링가 제단〉. 10세기후반. 베트남 꽝남성 즈이센현 차큐 유적 출토. 사암. 높이190cm.
다낭시 참파조각박물관 소장.

그림 4. 〈링가제단(그림 3)〉의 세부. 기단부. 루드라의 화살을 꺼내는 라마상. 차큐 유적 출토.
다낭시 참파조각박물관 소장.

식"이라고 부르는데, 일반적으로 8세기부터 9세기까지 걸친 시기에 제작된 것이다. 이 기단에는 정면 및 측면부에 다양한 부조조각이 새겨져 있는데, 먼저 기단부 정면의 중앙의 계단에는 상하로 춤을 추는 듯한 동작을 취하는 무희의 모습이 보인다. 바라보면서 왼쪽 방향에는 인도에서 전래된 상상 속의 괴수인 마카라의 머리 장식을 올린 기둥이 있고, 기둥 사이에는 플루트(flute)처럼 생긴 악기를 불고 있는 인물상이 있다. 바라보면서 오른쪽 방향에는 역시 마카라의 장식이 있는 기둥 사이에, 앉아서 하프를 연주하는 인물상이 배치되어 있다. 이 외에도 바라문들의 일상을 나타내는 다양한 도상이 표현되어 있어서 당시의 풍속을 파악할 수 있는 좋은 자료가 된다. 또 여러 부분에서 자주 나타나는 꽃문양은 인도 굽타(Gupta) 양식의 당초문(唐草文)에서 그 기원을 찾을 수 있어서 인도 장식 미술과의 연관성도 찾을 수 있다. 이 제단은 인도 문화의 영향을 받긴 했지만, 문화의 수용과 변용이라는 전개 과정을 거치면서 참파 문화의 독자적 요소가 이 유물의 양식에서도 여실히 드러나고 있음을 알 수 있다.

위와 유사하면서도 독특한 또 다른 유물은 차큐(Tra Kieu) 유적에서 발굴된 대표적인 유물인 〈링가 제단〉이다(그림 3).

차큐 유적은 베트남 중부지역의 다낭시에서 남쪽으로 약 28km 떨어진 투본강 지류연안에 위치하는데, 중국사료에서 보이는 임읍 (林邑), 즉 참파국의 도성인 "전충(典冲)"에 비정되곤 한다. 근년의 발굴조사에 따르면, 동서로 약 1.5km, 남북으로 약 0.55km의 규모에 달하는 성벽이 있던 도시였음이 밝혀졌고, 2~3세기의 참파가 출현할 시기에 속하는 유물과 유구가 발견되기도 했다. 특히 중국의 영향으로 생각되는 사람 얼굴 모습의 기와도 발굴되어 주목을 받기도 했다. 이 시기 이후의 상황에 대해서는 그다지 명확하지는 않지만, 6~7세기의 비교적 이른 시기로 비정되는 작품들도 출토되었고,

10세기 후반까지의 전기 차큐양식, 그리고 11세기 전반부터 시작되는 후기 차큐양식 등에 해당하는 유물들도 다수 발굴되었다. 현재 출토유물의 대부분은 다낭시 참파조각박물관에 소장되어 있다.

차큐 유적 출토의 〈링가 제단〉을 구체적으로 살펴보면, 방형기단 위에 원형의 앙련과 복련, 그리고 환조로 구성된 대좌를 두고, 그 위에 링가와 요니를 올려놓은 구성으로 되어 있다. 또한 이 작품의 가장 아래에 놓여진 방형기단의 사방 측면에는 찬탄하는 모습과 춤을 추는 모습의 남녀 인물상과 『라마야나(Ramayana)』의 한 부분을 부조화한 모습을 볼 수 있다. 각 부분에 보이는 조상기법은 간결하지만, 표현성이 매우 뛰어나 조각가의 레벨을 짐작할 수 있으며, 사자 및 연화와 같은 동식물 문양도 깔끔하고 선명하게 표현되었다.

고도로 발달한 조각기법과 풍부한 예술성이 표현된 작품으로 인정받는 이 〈링가 제단〉은 인도 미술과의 양식적 영향 관계를 고려하여 이른 시기에 제작된 것으로 소급하여 편년하는 견해도 있지만, 참파시대 미술 양식의 일관성이라는 측면에서 본다면 10세기 후반경에 제작된 것으로 볼 수 있을 것이다. 이 시기는 10세기경 베트남 꽝남성의 쿠옹미(Khuong My) 유적을 중심으로 새로운 미술 양식이 출현한 시기인데, 이 시기의 참파 조각양식은 새로운 세련미가 추가되고 인물상도 이전의 동즈엉(Dong Duong) 양식에서 벗어나 유연하고 경쾌하게 표현되는 양식을 보여준다.

〈링가 제단〉의 방형 기단 중에 표현된 『라마야나』 이야기의 한 부분은 "바린"과 "수그리바"라는 원숭이 왕들의 전쟁에 맞닥뜨린 라마가 수그리바를 도와 적군인 바린왕을 공격하기 위해서 번개의 위력을 가진 루드라의 화살을 꺼내는 장면을 표현한 것이다(그림 4). 이 설화는 부조의 주제로 자주 선택되면서 도상으로의 정형화가 이루어져왔다. 또한 이 조각에서는 머리카락을 둥글게 묶어서 뒤로

돌려 정돈한 두발의 표현을 볼 수 있어서, 당시의 복식 문화 풍속을 짐작케 하는 귀중한 자료가 되고 있다.

박물관에 소장된 또다른 석조 부조 한 점은 역시 힌두교 사원의 본존격인 시바링가 제단을 구성하는 기단의 한 부분일 것으로 추정되는 작품이다(그림 5). 이 부조 중앙에 표현된 조상 중에는 신체를 극단적으로 굴곡시켜 춤을 추는 동작을 취하는 천녀 압사라가 조각되어 있는데, 그 모습에서 깔끔하고 우아한 참파시대의 조형미를 엿볼 수 있다.

다음으로 힌두교의 대표적인 신으로 알려진 쉬바상에 대해 살펴보겠다. 먼저 베트남 참파왕국의 대표적인 유적이라 할 수 있는 미선 C1유적에서 출토된 쉬바상은 입상으로, 높이가 193cm나 되는 거상이다(그림 6). 이 상은 팔꿈치까지의 양손이 모두 결실되었기는 하지만, 나머지 부분은 양호한 편이다. 또 머리 위로 틀어 올린 두발의 정면과 이마 부분이 손상되어 있어서, 쉬바의 표상이라 할 수 있는 두발 정면의 초생달(三日月)과 이마에 새겨진 제3의 눈을 확인할

그림 6. 쉬바상. 12세기 후반–14세기. 베트남 꽝남성 미선 C1 유적 출토. 사암. 높이246cm. 다낭시 참파 조각박물관 소장.

수는 없지만, 원래는 표현되어 있었을 것으로 추정된다. 상반신은 나체형이고 하반신은 무릎 아래까지 내려오는 군의(裙衣)를 휘감고 있는데, 장신의 키에 넓은 어깨, 그리고 가슴과 복부에는 적당한 근육이 표현되어 있고, 정면을 향해 꼿꼿이 서 있는 모습에서 당당함을 느낄 수 있다.

이와 같은 모습은 지금은 캄보디아에 속해 있는 앙코르 미술 중에서, 9세기 전반의 꿀렌(kulen)양식 말기부터 프레아꼬(Preah Ko) 양식에 걸쳐 나타나는 작품들과 양식적 특징이 유사하다고 볼 수 있다. 하지만, 이 작품에서 엿보이는 약간 어색한 미소를 띤 얼굴 모습과 하반신에 착용한 의복 정면에 표현된 옷단 끝의 처리는 참파조각에서 보이는 독특한 것으로, 9세기 말에서 10세기 초기에 나타나는 동일한 꽝남성 당빈현의 동즈엉 양식으로 넘어가는 과도기적 양식을 시사하는 점에서 매우 중요하다.

쉬바신을 표현한 작품 중에서 위의 작품과는 다른 형태를 보이는 것으로는 꽝남성보다 아래에 위치한 빈딘(Binh Dinh)성 안농(An Nhon)현 타프 맘(Thap Mam)에서 출토된 쉬바상이 있다(그림 7). 11세기에서 12세기로 넘어가면서 참파 왕국의 중심지는 비자야

(Vijaya)로 불리던 꿔농 (Quy Nhon) 주변의 빈 딘 지구로 이전하게 되는데, 이곳에서는 타프 맘 사당을 중심으로 활발한 조상활동이 이루어졌고, 이를 가리켜 타프 맘 양식이라고 한다. 이 양식은 대체로 신체는 살이 오르고 비대한 모습으로 조형화 되지만, 세부 표현에서는 극단적이라고 할 만

그림 7. 쉬바상. 12세기 후~14세기. 베트남 빈딘성 안농현 타프 맘 유적 출토. 다낭시 참파조각박물관 소장.

큼 과장된 모습도 보이는 것이 특징이다. 이 작품은 쉬바의 무답(舞踏) 장면, 즉 "춤추는 쉬바상(Dancing Shiva)"을 표현한 것이다. 이 상은 인도의 엘로라(Ellora) 석굴 조상이나 팔라(Pala) 왕조시대의 청동상 등과 같이 수많은 팔과 무기를 든 활력에 찬 도상을 아니지만, 양손을 머리 위로 올려 깍지를 끼고, 다른 두 손은 밑으로 내려서 한 손에는 쉬바의 상징물인 삼지창을, 다른 한 손에는 칼을 쥐고 있으며, 발바닥을 서로 맞댄 상태로 춤을 추는 쉬바상의 형상을 표현하고 있는데, 다리 모양과 자세 등에서 춤추는 쉬바상의 활력을 어느 정도 엿볼 수 있다.

다음으로 락슈민드라 로케슈바라(Laksmindra-Lokesvara) 입상이라 불리는 청동제 조상도 매우 독특한 형태를 취하고 있다(그림 8, 9). 이 작품은 꽝남성 탕빈현의 동즈엉 유적에서 출토되었는데, 9세기 말이나 10세기 초 참파의 동즈엉 양식을 보여주는 대표작이다.

그림 8. 락슈민드라 로케슈바라 입상. 9세기
말−10세기초. 베트남 꽝남성 당빈현 동즈엉
유적 출토. 청동제. 높이 115cm. 다낭시 참
파조각박물관 소장.

그림 9. 락슈민드라 로케슈바라 입상(그림 8)
의 뒷면. 다낭시 참파조각박물관 소장.

머리카락을 위로 틀어 올려 장식한 두발 정면에 좌상의 화불(化佛)
을 배치하고, 평평하게 처리한 이마에는 제3의 눈을 표현한 여성형
의 신상(神像)이다. 왼손의 모습은 첫째와 두 번째 손가락만 구부려
서 서로 맞대고 있고, 나머지 손가락은 바로 펴고 있는 듯하지만, 손
끝이 손상되어 정확한 것은 알 수 없다. 오른손은 첫 번째와 두 번째
손가락 사이에 연화줄기와 같은 것이 끼워져 있다. 이와 같은 손의
형태로 보아, 이 상은 "로케슈바라(Lokesvara)"라고 하는 "세자재보
살(世自在菩薩)", 혹은 "관자재관음보살(觀自在觀音菩薩)"이라고도
불리는 관음보살의 여성 신격(神格)인 "프라즈냐파라미타(Prajnap
aramita, 반야바라밀보살 般若波羅密多菩薩)", 또는 "타라(Tara, 多羅菩
薩)"에 비정되기도 하지만, 손의 모습이 그다지 정확하지 않아 추측

하는데 그쳐야할 것 같다. 한편, 동남아시아에서는 "데바라자 (Devaraja)" 사상이라고 하는 독특한 "신왕(神王)사상"이 발달하면서, 왕이나 왕비가 살아 있을 때나 사후(死後)에 힌두교나 불교 존상과의 합체신으로서의 존칭을 갖는 일이 종종 행해졌는데, 이 작품도 당시의 신왕사상을 바탕으로 제작된 특이한 조상이었을 가능성이 높다고 하겠다. 세부 표현을 살펴보면, 양 눈썹이 이어지는 미간의 윗쪽에 표현된 제 3의 눈은 움푹하게 파여져 있는데, 이 파여진 곳에는 아마도 보석과 같은 별도의 물질을 끼워 넣어서 눈을 만들었던 것일 가능성이 있다. 이와 같이 제 3의 눈에 별도의 물질을 끼워 넣어 표현하는 기법이 사용된 작품은 이 시기 유물 중에서는 매우 특이한 것이라 할 수 있다. 가늘고 긴 체구에 정면을 똑바로 응시하는 얼굴 모습, 둥글고 탄력적인 가슴의 표현, 그리고 하반신에 줄무늬와 다양한 문양을 새긴 산포트(한 장의 천을 허리에 휘감아 착용하는 일종의 긴 스커트)를 허리선보다 높게 착용한 점이 특징이며, 청동을 주조하는 고도의 제작기법으로 조성되어, 참파미술의 동즈엉 양식을 대표하는 작품임이 틀림없다.

다음으로 쉬바의 또 다른 형상인 마하칼라(Mahakala) 흉상이 있다(그림 10). 이 작품은 차큐 지역에서 출토된 것이다. 임읍(林邑)의 고도(古都) 유적으로 추정되는 차큐 유적은 1927년부터 이듬해에 걸쳐 최초로 프랑스 극동학원의 장 이브 클레이(Jean-Yves Claeys, 1896~1978)에 의해 대규모적인 발굴이 이루어졌던 곳으로, 힌두유물이 대거 출토되었다. 마하칼라 흉상은 허리 이하의 하반신과 양팔이 손상되었기는 하지만, 서로 이어진 두 눈썹, 둥글게 부각된 눈동자와 콧날이 그리 높지 않은 뭉툭한 코, 두터운 입술, 약간 각이 지고 넓적한 얼굴형, 그리고 탄력있는 상체표현 등에서 역강함을 느낄 수 있다. 보관(寶冠) 장식과 머리 위로 빗어 올려 정상부근에서 상투

그림 10. 마하칼라 흉상. 참파. 10세기 후반. 베트남 꽝남성 즈이젠현 차큐 유적 출토. 사암. 높이 126cm. 다낭시 참파조각박물관 소장.

그림 11. 약사상. 6~7세기. 베트남 꽝남성 즈이젠현 차큐 유적 출토. 사암. 높이68cm. 다낭시 참파조각박물관 소장.

처럼 솟아오른 두발의 형태는 이 시기 이후에 일반화된 모습이라고 한다.

챠큐 유적에서 출토된 또다른 조상 중에는 고풍(古風)을 간직한 약샤(Yaksa)상이 있다(그림 11). 이 상은 둥글게 말린 두발 형태에 커다란 귀걸이를 달고 있으며, 서로 이어진 눈썹과 낮고 콧망울이 큰 코, 두텁고 큰 입, 장방형의 얼굴모습, 어깨에서 갑자기 솟아오른 듯한 어색한 어깨 표현, 탄력적인 근육의 표현이 보이는 동체 및 다리에 비해 밋밋하게 처리된 양팔과 허리에 댄 경직된 양손의 표현, 그리고 교차한 발바닥의 표현 등에서 전체적으로 조화를 이루지 못한 초기의 작풍이 느껴진다. 또한 머리 좌우의 나뭇잎 표현을 통해 태국의 드바라바티(Dvaravati) 양식의 조각과도 유사점이 엿보인다.

꽝남성 탐 키(Tam Ky)의 안미(An My)에서는 남신상과 여신상이 함께 출토되었다. 그중에서 남신상은 머리카락을 위로 빗어 올려 정상부에서 높게 틀어 올렸고, 둥글게 컬이 진 머리카락을 이마 앞부분과 양옆으로 어깨까지 늘어뜨린 특이한 머리모양을 하고 있는데,

머리에는 삼면에 장식을 한 관이 씌워져 있다. 양쪽 귀에는 앞서 설명한 챠큐 유적 출토 약샤상(그림 11)과 마찬가지로 참파인 특유의 관습이라고 추정되는 커다란 원형의 귀걸이를 착용하고 있다. 두 눈썹은 분명하진 않지만 이어진 듯이 보이고, 눈을 크게 뜬 채 정

그림 12. 여신상. 8세기. 베트남 꽝남성 탐키현 안미 유적 출토. 사암. 다낭시 참파조각박물관 소장.

면을 응시하는 모습, 커다란 코와 입 등도 역시 앞서 설명한 챠큐 유적 출토 약샤상의 양식을 연상시킨다. 다만 약간 둥글게 처리된 얼굴형이나 수염을 기른 모습, 그리고 넓고 평평한 어깨표현으로 보아, 챠큐 유적 출토 약사상보다 조금 진전된 양식을 엿볼 수 있다. 폭이 넓은 목걸이 장식에는 독특한 당초문이 새겨져 있고, 머리 뒷면에는 바퀴살 모양의 타원형 두광의 표현이 있다.

이 작품과 한 쌍을 이루는 여신상은 온화하고 탄력적인 모습으로 보아(그림 12), 당시 신왕(神王)사상에 의해 신격화된 왕과 왕비의 모습을 표현한 것으로도 볼 수 있다. 한편, 안미 양식의 경우 제작연대를 8세기로 비정하는 것이 일반적인데, 머리장식의 경우 중국의 5세기 후반부터 6세기초기의 보살의 것과 상통하는 점도 있어서, 동남아시아와 중국과의 연관성을 제시하는 중요한 작품이라고 하겠다.

이 글은 『수완나부미』 제 2권 제 1호(2010)에 게재된 글을 수정 · 보완한 것이다.

인도네시아 자카르타 국립박물관 기행

고정은

　　인도네시아의 수도 자카르타(Jakarta)에 위치한 "인도네시아 국
립박물관(National Museum of Indonesia)"은 인도네시아의 가장 대
표적인 박물관이다(그림 1). 경내에는 중앙정원을 중심으로 1층에는
조각 컬렉션, 민족 컬렉션(자바, 수마트라, 발리, 칼리만탄, 술라웨
시, 파푸아, 말루꾸), 전통 가옥 모형, 청동기, 선사시대, 도자기, 염
직물, 아시아 전시실, 주화(鑄貨), 네덜란드 통치기 컬렉션 등이 있
으며, 2층에는 고고학 및 민족학 컬렉션 등이 배치되어, 시대별로
매우 다양한 소장품이 전시되어 있다. 필자는 2011년 초에 행한 인
도네시아 현지 조사 때에 자카르타의 국립박물관 소장품을 구체적
으로 조사할 기회가 있었으며, 여기에서는 현지에서 구입한 박물관
소개 책자에 언급된 내용과 당시 조사한 대표적인 소장품을 중심으
로 소개하고자 한다.

인도네시아 국립박물관의 성립

　　"계몽의 시대"로 잘 알려진 18세기 전반의 유럽사회는 전통적

그림 1. 자카르타의 인도네시아 국립박물관 중앙 정원 전경.

가치관에 대한 의문과 과학적 이성을 바탕으로 새로운 가치관을 구
축하려는 움직임이 일던 과도기를 맞이하고 있었다. 한편 이것과 시
기를 같이 하여 인도네시아에 정착한 유럽인들 사이에서도 새로운
사고가 싹트기 시작하여, 1778년 4월 24일 네덜란드 동인도회사 총
독이던 레니엘 드 클럭(Reynier de Klerck, 1710~1780)은 "바타비
아 예술과학원(Batavian Society of Arts and Sciences)"의 창설을 허
가했다. 아시아에서 최초로 성립된 이곳은 네덜란드령 동인도(현 인
도네시아 지역) 사람들의 문화적 다면성을 과학적으로 연구하려는
목적이 있었다. 조직구성원은 네덜란드 동인도회사의 몇몇 평의원
이 이사가 되었고, 레니엘 드 클럭은 운영위원장에 임명되었다. 그
의 이복 여동생과 결혼한 자콥스 코르넬리스 마테우스 라델마하
(Jacob Cornelis Mattieu Radermacher)도 구성원에 참여하였는데,
후에 그는 과학원장까지 되었다. 라델마하는 서적, 악기, 석조 조각

그림 2. 인도네시아 국립박물관 입구. 태국 국왕이 기증한 청동제 코끼리상.

그림 3. 자카르타 인도네시아 국립박물관의 전시실 배치도.

과 그 외의 골동품 등을 다수 기증하는 등 과학원 발전에 공헌하였고, 1779년에는 코타의 자택을 전시장으로 기부하기도 했다. 이 당시 상류계습의 사람들 사이에서는 골동품 수집이 매우 고상한 취미로 인식되어 있었으므로 과학원이 창설됨과 동시에 순식간에 기증품이 증가했다. 드디어 박물관다운 면모를 갖추게 되자 매주 수요일 오전 8시부터 10시까지 일반인에게 공개하게 되었고, 서적의 대출도 3주를 한도로 해서 시행되었다.

네덜란드를 인도네시아에서 몰아낸 영국은 1813년에 토마스 스탬포드 래플스(Thomas Stamford Raffles)를 자바의 부총독 및 바타비아 예술과학원장으로 임명했다. 라델마하는 이미 1794년에 생을 하직한 후였으며, 그에 못지않은 정열을 지닌 래플스는 동인도의 역사, 문화, 예술의 각 분야에 관한 지식을 습득하기 위해 열성적이었다. 그는 과학원 내에서 새로운 연구를 장려하였으며, 수집품을 위한 별관을 기부하고 "학술협회"라고 명명했다. 그 후, 새로운 박물관의 건설이 시작되었지만, 오늘날 우리들이 알고 있는 건물이 완성된 것은 1868년이 되면서부터였다. 새로운 박물관은 당시 태국의 쭐라롱콘 국왕이 1871년에 자카르타를 방문했을 때에 청동제의 코끼리를 박물관 정면 광장에 기증한 것에서 이름이 유래하여 "코끼리 관(Gedung Gajah, Elephant Building)"이라고 부르게 되었다(그림 2).

1931년 박물관 수집품이 파리의 세계문화전람회에 출품되었을 때, 운이 나쁘게도 인도네시아관이 화재가 나서 출토품의 절반이 손실되었다. 이 때 지불된 변상보험금을 바탕으로 도자기실, 청동기실과 2층의 두 곳의 보물실이 건립되었다. 1936년에는 저명한 언어학자이자 역사학자이자 이슬람교 전문가였던 후세인 자자티닝그라트 박사가 초기 인도네시아인 관장으로 임명되어 1960년까지 재임했다. 1950년에는 그 명칭도 "바타비아 예술과학원"에서 "인도네시아 문화 협회(Indonesian Culture Council)"로 변경되었고, 1962년에는 인도네시아 정부의 교육문화성의 산하기관으로 들어가 "중앙 박물관(Museum Pusat, Central Museum)"으로 불리게 되었다.

1980년에는 이미 서적류가 박물관에서 사렌바 거리의 새로운 국립도서관으로 옮겨졌고, 1994년 당시의 문부대신이었던 와르디만 죠죠네고로의 제창에 의해 박물관의 증축이 시작되었다. 현존하는 건물에 인접해서 완전히 동일 양식의 새로운 건물이 21세기초기의 완성을 목표로 착공되어 전시장의 증설뿐만 아니라, 극장 공간도 조성되었다(그림 3).

인도네시아의 역사와 그 문화적 배경

유럽 대륙이 빙하기였을 때, 지금의 인도네시아는 그 대부분이 아시아 대륙과 연결되어 있었고, 특히 자바(Java)는 세계에서 가장 먼저 인류가 살기 시작한 곳 중의 하나였다. 1891년에 중부 자바의 솔로강 연안에서 직립보행을 하는 유인원의 일종인 호모 에렉투스의 화석이 발굴되었고, 100만년 전부터 이 지역에 인류의 조상이 존재했음이 증명되었다. 원래 호모 에렉투스는 유목 생활을 하고 있었지만, 서서히 사회성을 가지게 되자 집단사회를 형성하였고, 세월이 지남에 따라 파종을 하고 농경 작업을 하는 것을 서서히 배워나갔다. 중석기시대에는 구석기시대의 단순한 돌도끼 등이 보다 복잡화한 농경기구로 교체되었다. 신석기시대의 도래와 함께, 사람들은 나무로 만든 도구와 조각, 카누 등을 제작하는 것을 알게 되고, 동시에 다른 용구, 예를 들면, 바구니, 천, 도자기 등의 제작기술도 습득하게 되었다.

인도네시아의 금속기시대는 아시아의 다른 지역의 문명보다 조금 늦어졌기 때문에 청동기와 철기가 동시에 발달했다. 금속기시대의 도래는 사람들의 생활을 크게 변화시켰는데, 금속은 다양한 형태로 가공하기 쉬운데다가 영구성이 높아 지금까지의 어떤 용구보다도 사람들의 작업을 쾌속화했다. 금속기의 출현은 농경작업 등을 손쉽게 하고, 보다 풍요로워진 사람들은 종교로 관심을 쏟게 되었다.

사람들은 점차, 정령신앙(애니미즘, animism) 만이 아니라 조상숭배의 사상을 갖게 되었다. 소유하는 물품 중에서 가장 가치가 있는 것을 신이나 조상에게 바쳐야 한다고 믿게 되었으며, 공물을 보다 완벽한 형태로 하기 위해 다양한 아이디어를 짜냈다. 이 시기 별에 의한 항해술 등이 널리 퍼지기 시작했다. 예술가, 기술자 등이 동업자들 사이에서 조합을 만들기 시작한 것도 이 즈음이다. 예를 들면, 도공, 직공, 금은세공사 등의 조합이 결성되었고 집단사회 및 지배자를 위해 일을 하였다.

기원후 200년경에는 인도의 상인이 인도네시아로 도래하기 시작했고, 15세기에 이르기까지 인도의 영향이 크게 미쳤다. 예술, 언어, 천문학, 문학 등의 영향도 당연했지만, 힌두교와 불교의 전래에 의한 종교의 영향이 가장 컸다. 그리고 지배자를 유일신성한 신의 환생으로서 숭배하였다. 힌두 · 불교왕국을 구축한 마자파힛(Maja pahit) 시대에서도 1292년부터 1398년은 인도네시아 역사상 황금시대였고, 최대 강국의 영토를 보유하고, 동시에 최초의 국가로서 통일된 시기였다고 할 수 있다.

청동기 컬렉션

인도네시아에서 청동기시대는 기원전 1세기경부터 시작되었다고 추정하는데, 사람들의 생활양식에 있어서 청동기의 사용은 실용적 측면이나 문화적 측면에서 커다란 변화를 가져왔다. 청동은 동과 주석과의 합금으로, 융해점이 동에 비해 낮다. 제조공정은 화로 불

그림 4. 청동북(銅鼓). 기원전 2세기경~기원후 4세기경. 인도네시아 서 누사 텡가라 지역, 비마 상케앙 섬 출토. 인도네시아 국립박물관 소장.

그림 5. 청동불입상. 7세기. 1921년 인도네시아 술라웨시 시켄덴 발견. 높이 75cm. 인도네시아 국립박물관 소장.

에서 달궈지면 두드려서 성형하는 단조(鍛造)기법과 돌이나 밀랍으로 만든 거푸집에 녹인 금속 용액을 부어 만드는 주조(鑄造)기법이 있다. 도끼, 의례용구와 장식품 등이 가장 일반적인 청동으로 제작된 기물이었다. 고전시대의 시작과 함께 금속기의 제작기법은 점차 개량되어 용접을 비롯한 다양한 기법이 도입되면서 발전하였다. 청동기는 신앙의 대상인 신상(神像) 및 불상(佛像)에서부터 생활용품에 이르기까지 다양한 종류와 형태가 있고, 장식도 화려하고 아름답다. 또한 청동은 무너지기 쉬운 재료를 대체하기 위해서도 사용되었는데, 예를 들면 물항아리를 비롯한 테라코타의 생활용기 등은 원형과 같은 형태를 청동으로 대체하여 제작되기도 했다.

　　인도네시아 국립박물관에는 3,199점에 이르는 청동기가 보존되어 있으며, 청동북을 비롯하여 대표적인 작품들이 청동기실에 진열되어 있다(그림 4). 그중에는 인도네시아 술라웨시에서 출토된 대형의 청동제 불상이 있는데, 복잡한 밀랍주조기법(Lost Wax Casting)

으로 제작된 작품이다(그림 5). 상의 내부는 비어 있으며, 인도네시아에서 발견된 청동제 불상으로는 두 번째로 큰 것이다. 다만, 불교문화의 흔적이 전혀 없는 지역에서 발견되었기 때문에, 선원들 사이에서 크게 신앙되었던 디판카라 붓다(Dipankara Buddha, 연등불 燃燈佛)로 추정되며, 난파한 선박에서 해안가로 끌어올려왔던 것으로 보인다.

청동으로 만든 트리무르티(Trimurti)는 힌두교를 대표하는 3대신(大神)인 브라흐마, 비슈누, 쉬바를 조형화한 것이다(그림 6). 이세 신들은 각각 "승물(乘物, vahana)"이라는 전용의 이동수단을 가지고 있는데, 브라흐마의 승물은 "함사(hamsa, 거위, 혹은 물새의 일종)", 비슈누의 승물은 "가루다(Garuda, 상상의 새)", 쉬바의 승물은 "난디(Nandi, 흰 소)"이다. 이 조상에서는 각각의 신들이 자신의 승물 위에 서 있고, 네 개의 손으로는 자신들의 신성(神性)을 표시하는 지물(持物)을 쥐고 있다. 3대신은 인도네시아 각지에서 숭배되었지만, 특히

그림 6. 트리무르티. 11~12세기. 인도네시아 남수마트라 팔렘방 출토. 높이 (왼쪽부터) 57cm, 57cm, 46cm. 인도네시아 국립박물관 소장.

그림 7. 청동제 가루다 모양 램프. 13세기. 인도네시아 중부 자바 문티란에서 구입. 높이 30.5cm. 인도네시아 국립박물관 소장.

자바에서는 5세기 이후 유일하고 절대적인 최고신이 각각의 신격을 나타난 모습으로 신앙되었다. 그중에서도 쉬바 신앙이 널리 확산되었으며, 쉬바신을 모시기 위해 "짠디(candi)"라고 불리는 사원들이 다수 세워졌다.

관세음보살의 아름다움은 온화한 표정과 간소한 장식을 바탕으로 더 돋보인다. 대승불교의 설화에 따르면, 보살은 깨달음을 듣고 승천하기 보다는, 지상에 남아있는 중생들을 구제하는 길을 선택했다고 한다. 자비를 나타나는 부처로서 이 세상을 구제하는데 마음을 다하고, 서방정토에 주재하는 아미타여래의 가르침을 체현하고 있다. 인도네시아에서는 8세기부터 14세기에 걸쳐서 관세음보살은 불교의 최고 위치에 있는 부처이자, 또 권력을 가진 왕들의 상징으로서 널리 숭배되었다. 그 특징은 머리 위의 두발장식에 있는 작은 아미타상과 정신의 각성을 상징하는 붉은 연꽃, 그리고 오른손으로 결한 시무인의 수인을 들 수 있다.

정교하게 만들어진 끈이 달린 청동제 램프는 병 위에 앉은 가루다의 손과 발이 의인화되어 있는 점으로 보아, 동부 자바시기의 작품으로 추정된다(그림 7). 또 병의 대좌 다리의 형상과 병 주위에 있는 8개의 글자 모양을 한 넝쿨형태의 장식도 동부 자바시기의 청동기에서 자주 보이는 특징이다. 13세기경의 이야기에 의하면 당시 사람들은 태양신 수리야가 하루의 일과를 끝내면, 야간에는 비슈누신이 램프를 밝혔다고 믿고 있었다. 이와 같은 이야기를 근거로 비슈누신의 승물인 가루다는 램프를 장식하는데 매우 어울리는 형상으로 여겨졌다. 램프의 기단부에 있는 3장의 잎 모양의 용기는 기름받이 그릇으로 추정된다.

도자기 컬렉션

인도네시아 국립박물관의 도자기 컬렉션은 여러 세기에 걸쳐 인도네시아의 해양교역의 양상을 방증한다(그림 8, 9). 중국인들이 일찍이 전한(前漢, 기원전 202년~기원후 8년)시대에 인도네시아를 경유해서 인도로 항해하고 있던 점, 또한 양국 간에 정식 상업활동이 확립되어 있던 점 등이 이러한 도자기의 조사연구 결과 분명하게 드러났다.

인도네시아 제도에는 진귀한 물품이 풍부하기 때문에, 당시의 외국 상인들은 오랜 시간을 투자하여 위험한 항해에 도전했다. 수많은 선박이 목적지에 도착하기도 전에 침몰했고, 물물교환용으로 적재되었던 도자기 등의 화물이 해안가로 밀려왔다. 이처럼 표류한 도자기류는 주로 가정에서 일상용품으로 사용되었다. 또 수가 적은 고급 도자기류는 경쟁적으로 구매하여 전래의 가보로서 대대로 소중

그림 8. 인도네시아 국립박물관의 도자기 전시실 전경 1.

그림 9. 인도네시아 국립박물관의 도자기 전시실 전경 2.

하게 계승되어져 자녀의 출생을 비롯한 할례식, 혼례, 장례 등과 같은 통과의례 때에 중요한 역할을 담당했다. 때로는 주문에 응해서 제조된 것이나, 혹은 지방 권력자들이 답례품이나 기증품으로 제공된 것도 있다.

인도네시아 국립박물관의 도자기 컬렉션 중에서 대표적인 국외 도자기들은 네덜란드인 수집가 판올소이 드 흐리네스의 기증품이다. 그는 1959년에 인도네시아 국립박물관에서는 최초로 도자기 분야의 전문 학예사로 취임했다. 전시되어 있는 도자기는 모두 인도네시아 군도 일대에서 발견 혹은 발굴된 것인데, 도자기의 제작 국적은 실로 다양하다(그림 10).

이들 도자기가 가지고 있는 중요한 의의는 외형적인 형태, 무늬, 아름다움은 물론이거니와, 이를 통해 일찍이 인도네시아의 역사적 배경을 파악할 수 있는 귀중한 실마리를 제공하고 있다는 점이다.

그림 10. 인도네시아 국립박물관의 도자기 전시실에 소장된 중국 도자기. 명대 청화백자에 금제 장식이 덧붙여져 있다.

염직 컬렉션

인도네시아는 풍부한 염직 전통을 갖고 있으며, 국립박물관 컬렉션이 그 문화유산을 여실히 반영하고 있다. 전설에 의하면 어떤 여신이 인도네시아에 면을 가져와서 사람들이 천을 짤 수 있도록 자신이 방직기로 변했다고 한다. 의류는 고대로부터 다양한 재료, 예를 들면, 파인애플, 파초(芭蕉) 등의 식물성 섬유, 혹은 나무 껍질 등을 이용해서 만들어왔다. 그러나 그중에서도 일찍부터 감정가 및 수집가의 관심을 끌어왔던 것은 바틱(Batik)과 이카트(ikat)였다(그림 11).

그림 11. 인도네시아 국립박물관에 전시된 바틱과 전시 상태.

바틱은 손으로 그리는 것과 압형기로 짜내는 두 가지 방법으로 제작된다. 흰 목면 또는 비단에 방염을 위해 열을 가한 밀납을 놓고 염색한 후, 밀랍을 걷어내면 그 부분이 무늬로 되어 남는 그러한 공정을 색의 수만큼 반복한다.

반면에 이카트의 경우는 직조에 들어가기 전의 공정 과정에서 실 자체를 물들인다. 씨실(緯絲, 가로실)과 날실(經絲, 세로실), 혹은 경위사(經緯絲) 모두를 염색해서 만든다. 먼저 실타래를 나무틀에 펼치고, 방염질 섬유를 이용해서 무늬를 딱딱하게 묶은 후 염색작업에 들어간다. 시간이 걸리는 염색 작업을 수차례 반복한 후, 묶은 곳에는 염색하지 않고 남겨둔다. 무늬가 디자인한 대로 염색되어지면, 날실을 직기에 걸치고 씨실을 통과시키는 직조(織造) 작업으로 옮겨간다.

오늘날에는 합성염료가 일반화되어 있지만, 지역에 따라서는 여전히 옛스러운 전통을 지키고 식물 뿌리, 나무 껍질, 나무 열매, 나뭇잎 등에서 추출된 천연 염료를 사용하는 곳도 남아 있다. 완성된 의복에는 자수 혹은 비즈, 조개, 동전, 거울 등의 장식을 달아 멋스

러움을 더한다.

전통 염직은 인도네시아 문화에서 매우 중요한 부분을 형성하고 있으며, 의복은 그 무늬와 색에 의해 신분이나 계층을 표시하기도 한다. 이들 염직물들은 수세기에 걸쳐 전투무용이나 혼례, 장례에 이르기까지 다양한 의식과 의례에 불가분의 역할을 담당해온 것이다.

조각 컬렉션

석조 조각은 박물관 입구를 지나자마자 바로 첫 번째 갤러리에 전시되어 있는데, 크고 작은 조각품들이 좌우 양옆으로 "ㄷ"모양으로 촘촘히 진열되어 있다. 힌두신상은 물론이거니와 불교조각, 조상 숭배와 관련된 작품, 비석 등이 즐비하다(그림 12).

주로 자바의 중부와 동부, 그리고 수마트라에서 발견된 이들 조

그림 12. 자카르타 인도네시아 국립박물관 석조 전시실 전경.

그림 13. 석비. 남수마트라 팔렘방 출토. 인도네시아 국립박물관 소장.

각품들은 대체로 사원의 벽감 혹은 본당에 안치되어 있었다. 석재 중에서도 안산암이라는 재료가 일반적으로 사용되었지만, 14세기에서 15세기에 걸쳐 제작된 동부 자바기의 석상은 사암 혹은 석회암이 사용되기도 했다. 4세기에서 10세기에 걸쳐 힌두교 및 불교의 영향이 인도네시아에 널리 퍼져있었는데, 이 시기에 조성된 석상은 인도 동부에서 제작된 작품과 매우 유사하다.

　인도의 조각가들은 『쉴파 샤스트라(Śilpa Śastra)』라는 책에 따라 세부사항에 이르기까지 정해진 규정대로 "상(像)"을 제작해야만 했다. 예를 들면, 눈은 연화처럼, 눈썹은 활처럼, 팔은 코끼리의 코처럼 만들어야만 했다. 인도네시아에서도 이와 같은 인도의 영향은 어느 정도 확산되었을 것이나, 14~15세기의 마자파히트 시대에 이르러서는 보다 인도네시아적인 양식의 석상이 제작되었다.

　남 수마트라 섬 팔렘방의 바투호수에서 출토된 석비(石碑)는 반원형의 모습으로, 윗 부분에는 7마리의 코브라 머리가 표현되어 있

그림 14. 석조불입상. 수마트라섬 잠비 출토. 안산암. 높이 172cm. 7~8세기. 인도네시아 국립박물관 소장.

그림 15. 아가스티야 입상. 중부 자바. 짠디 바논 출토. 안산암. 높이 196cm. 8~9세기. 인도네시아 국립박물관 소장.

다(그림 13). 그 아래 정면에는 28행의 문자가 새겨져 있는데, 오랜 세월 속의 풍화에 의해 몇몇 문자밖에 해독할 수 없다고 한다. 하단에는 수평의 단사에 의해 길게 도랑처럼 패인 줄이 새겨져 있고, 중앙에는 요니의 형태를 한 물이 흘러나오는 꼭지 부분으로 되어 있다. 명문은 말레이 고어로 쓰여 있는데, 이 문자는 스리비자야의 명문에서도 사용되었고, 후에 팔라바 문자로 된 것이다. 명문에는 스리비자야왕에게 충성을 다하지 않는 자, 적과 밀통하여 왕에게 반란을 일으킨 자, 도망쳐서 적을 위해 스파이 활동을 하는 자는 죽음의 주술에 걸릴 것이라고 명기되어 있다. 비문의 일부이기도 한 도랑과 물이 흘러나오는 꼭지 부분은 틀림없이 돌 위에 물을 부은 후 그 물을 받기 위한 장치일 것이다. 왕국의 관리가 취임 전에 서약을 할 때에 그 물을 받아서 마신다고 한다. 이 석비는 필시 왕국이 통합되기

전인 7세기에 제작된 것으로 추정된다.

수마트라의 잠비(Jambi)에서 출토한 불입상은 7~8세기의 작품으로 추정된다(그림 14). 법의(法衣)는 통견이며, 양쪽 팔꿈치 이하는 손상되었지만 남아 있는 부분으로 추측해 볼 때, 오른팔을 팔꿈치를 거의 직각으로 굽히고 어깨 부근으로 올려 시무외인을 짓고 있었다고 추정된다. 왼팔은 팔꿈치 부분이 약간 밑을 향하고 있는 것으로 보아 아래로 내려서 옷깃을 잡고 있었을 것으로 보인다. 나발은 편평하고 성글게 표현된 것이 특징이며, 육계는 정상에서 약간 뒤로 치우쳐진 듯하다. 머리 뒤로는 두광이 마련되어 있었을 것이나 지금은 목 뒷 부분에 그 흔적만 남아 있다. 얼굴과 양손 등 마멸과 손상이 심한 편이지만, 신체 전반에서 풍기는 괴량감(塊量感)은 그대로 보존되어 있다.

이 작품이 출토된 수마트라 섬의 잠비는 멀라유(Melayu, 말레이 Malay) 왕국에 속하는 곳이었다. 멀라유 왕국은 7세기말에 인접국이던 스리비자야에게 정복을 당했다고도 하며, 혹은 스리비자야의 수도가 팔렘방에서 이곳으로 옮겨 왔다는 설도 있다. 이 작품의 제작연대는 7~9세기 사이로 폭넓게 보는 다양한 학설이 있는데, 제작배경이 멀라유 왕국인지 스리비자야 왕국인지에 대해서는 아직까지 정확하지 않다. 스리비자야나 멀라유 지역에서 대승불교가 번영하고 있었다는 점은 중국 측의 사료를 통해 잘 알려져 있다.

다음으로 대형의 아가스티야 입상은 중부 자바의 짠디 바논(Banon)에서 출토된 작품이다(그림 15). 아가스티야(Agastya)는 『리그베다』에 나타나는 성스러운 선인으로, 『라마야나』에서도 등장하는 인물이다. 그가 활약한 곳은 인도아대륙을 동서로 가로지르는 빈디야 산맥의 남쪽이라고 전해지고 있어, 특히 후대의 남인도에서 크게 숭앙받았다. 남인도 촐라 왕조의 작품에도 이 상과 매우 유사한

그림 16. 바이라바상. 13–14세기. 인도네시아 서 수마트라섬 빠당 라와스 출토. 높이 414cm. 인도네시아 국립박물관 소장.

그림 17. 칼라 장식 허리띠. 바이라바상(그림 15)의 세부. 인도네시아 국립박물관 소장.

양식의 상이 존재한다. 자바의 쉬바계 사원에서는 주실에 쉬바를 모시고, 남쪽의 측방 혹은 벽감에 아가스티야를 안치하는 것이 일반적이다.

한편, 자카르타 인도네시아 국립박물관 소장품 중에서 제일 대형 석상 중 하나인 바이라바(Bhairava)상은 힌두교의 쉬바신이 분노한 모습을 표현한 것이다(그림 16). 이 상은 허리에 힌두교의 수호신 칼라의 장식을 한 벨트를 차고 있는데, 칼라의 입에서 늘어뜨린 장식 끝에 달려있는 방울은 탄트라 불교의 심볼이기도 하다(그림 17). 그러므로 이 상의 양식을 통해서 그 당시 신앙되고 있던 탄트라 불교와 힌두교의 종교적 혼합 양상을 엿볼 수 있다. 또한 이 상은 14세기경 수마트라의 왕이었던 아디티야바르만(Adityavarman)의 형상을 바이라바상에 투영하여 표현한 작품으로 해석되기도 한다.

네덜란드 통치시대 컬렉션

이 소장품들은 16세기부터 19세기에 걸친 인도네시아의 역사를 반영하고 있다. 유럽과 인도네시아의 대표를 비롯해서 당시 유럽인들이 사용했던 유럽식 가구, 싱가포르 래플스박물관에서 기증한 스탬포드 래플스(Stamford Raffles)경의 흉상, 지금까지도 내용물이 공개되지 않은 채 보관되어 있는 보석함 등 다양한 유물이 전시되어 있다.

전시실의 천정에 걸린 나무로 만든 대들보와 자바식 조각이 새겨진 문은 예전에 바타비아지구 칼리브사르에 있던 상점 "트코 메라" 건축물의 일부라고 한다. 네덜란드 통치시기 컬렉션의 대다수는 1972년에 자카르타 역사박물관으로 이전되었지만, 1978년에 네덜란드 정부가 반환한 유품들은 이곳에 보관되어 있다. 자카르타의 인도네시아 국립박물관이 예전의 바타비아 예술과학원 소속 박물관이었을 당시에는 이 전시실이 과학원 이사들의 집회실로 사용되었다고 하며, 지금도 가끔 집회실로 이용되고 있다.

보물실(고고학 및 민족학 컬렉션)

2층에 있는 보물실은 고고학 및 민족학 컬렉션으로 구성된다. 2천점이 넘는 금은제 공예품을 중심으로 하는 소장품의 대다수는 계획적인 발굴조사에 의한 것이라기보다는 우연히 발견된 것이다. 그중에서도 1990년 중부 자바의 크라텐 지역 워노보요(Wonoboyo) 마을에서 관개용수로 작업을 하던 농부들이 5세기에서 10세기에 걸쳐 번영한 자바 고전시대의 보물이 숨겨져 있던 장소를 발견하여 알려

그림 18. 보물실에 전시되어 있는 각종 금제 반지. 인도네시아 국립박물관 소장.

진 워노보요 출토품이 매우 중요하다. 워노보요 출토품은 9세기말
에서 10세기 초반에 머라삐 활화산이 분화를 하면서 용암 밑에 매몰
되어 있다가 발견된 것으로 추정되는데, 전체 35kg 이상에 달하는
호화로운 금은제 공예품으로 구성되어 있다. 인도네시아에서 20세
기 최대의 발견 유물이라고 할 수 있는 워노보요 출토품은 현재 고
고학실 중앙에 전시되어 있다.

한편, 민족학실에는 18세기부터 20세기 초기의 보물들이 소장되
어 있다. 보물실에 소장된 유물의 대다수는 14K에서 24K에 이르는
금(金, gold)으로 만든 장신구가 많으며(그림 18), 그 중에는 화려하
고 다양한 색상의 보석으로 장식된 것들도 있다. 보물실에 전시된
다양한 종류의 진귀한 공예품은 고대부터 근현대까지의 지배계급이
사용하던 것들로서, 인도네시아의 풍부한 황금과 보석을 바탕으로
발전한 수준높은 공예 기술과 미술 양식을 잘 보여준다.

이 글은 『수완나부미』 제 4권 제 2호(2012)에 게재된 글을 수정·보완한 것이다.

일본 국립민족학박물관 동남아 전시실 기행

박장식

　일본 오사카 북쪽에 위치한 스이타(吹田)시에는 1970년 만국박람회가 개최되었던 자리에 기념공원이 조성되어 있다. 만국박람회 기념공원은 줄여서 만박공원(萬博公園)이라 하며, 박람회 당시에 상징물로 세워졌던 "태양의 탑"을 중심으로 주변에는 각종 문화 및 위락 시설이 조성되어 있다. 이곳에는 넓은 녹지 공간이 자리 잡고 있어 주말이면 많은 가족 단위의 방문객이 찾아와 자연을 만끽하는 곳으로도 이름나 있다. 특히, 일본의 거의 모든 정원 양식을 볼 수 있는 일본정원(日本庭園)은 외국 관광객들에게 인기가 높은 관광코스로도 유명하다.

　바로 이곳에 문화시설로서, 오사카일본민예관(大阪日本民藝館)과 국립민족학박물관(國立民族學博物館, National Museum of Ethnology, http://www.minpaku.ac.jp)이 자리 잡고 있다. 1977년(1974년에 박물관 설립) 일반에게 공개된 민박(民博, minpaku. 일본에서는 민박이라는 호칭을 즐겨 사용하며, 이 글에서도 민박이란 용어를 사용하겠다)은 우리에게 다소 생소한 민족학과 문화인류학에 관한 조사 및 연구를 수행함과 동시에, 그 성과에 기초하여 민족 자료의 수집과 공개 등의 활동을 전개함으로써, 세계 모든 민족의 사회와 문화에 관한 정보를 제공하여 민족에 관한 인식과 이해를 심화시키는데 그 설립 목적을

그림 1. 국립민족학박물관의 입구. 왼쪽 둥근 지붕이 있는 건물이 강연회와 세미나가 개최되는 공개홀이다. ⓒ 국립민족학박물관.

두고 있다. 흔히 이 박물관을 우리나라의 국립민속박물관과 비교하기도 하지만, 민박의 설립 목적에서 나타나듯이 두 박물관은 구조, 규모 및 기능면에서 매우 다르다.

우선, 구조를 보면 건물의 겉모양이 짙은 무채색을 띠고 있어서, 전형적인 일본식 건물이라는 것을 한눈에 알 수 있다(그림 1). 모두 4층으로 이루어져 있으며, 전시물 보관용의 지하 공간도 매우 넓다. 4층 모두 전시공간으로 이루어져 있을 것이라고 생각하면 오산이다. 전시공간은 16,830㎡의 2층에 집중되어 있다. 서비스 공간으로 이루어져 있는 1층을 제외하고, 전경의 중앙에 자리 잡은 정사각형 부분인 3, 4층은 일부 관리 부분을 제외하면 모두 연구 공간이다(그림 2). 이처럼 상당한 공간이 연구 부문에 할당되어 있다는 점은 민박이 가진 가장 큰 특징이라고 하겠다.

민박의 특징을 구체적으로 살펴보자면, 우선 그 기능적 측면을 얘기해야 할 것이다. 민박이 가진 중요한 기능은 연구소, 공동이용, 대학원교육, 정보센터, 전시 공개, 사회 환원 등 여섯 가지로 나눌 수 있다. 먼저, 박물관이라는 명칭을 사용하고 있지만, 민박은 연구소 기능이 가장 우선시된다는 점에서 일반적인 박물관과 다른 특징

그림 2. 국립민족학박물관의 전경. © 국립민족학박물관

을 지닌다. 인류학의 한 갈래로 민족의 근원, 분포, 언어, 종교, 기술 및 사회구조를 연구하는 민족학과 인간의 문화적 요소를 연구하는 문화인류학을 중심으로 인접 학문분야(언어학, 역사학, 종교학, 지리학, 생태학 등)의 연구를 수행하여, 일본의 문화인류학과 민족학 연구의 중심센터로 그 기능을 충분히 발휘함과 동시에, 연구 성과를 출판 및 다양한 형태로 공개하고, 관련 연구자 및 일반인에게 연구 정보를 제공하고 있다는 것이 민박의 가장 중요한 기능으로 꼽을 수 있다.

보통 박물관에는 큐레이터(curator, 학예사)라 불리는 전시물 관리기능의 연구자가 존재하지만, 이곳에는 문화인류학, 민족학, 언어학, 민족기술, 민족예술 등을 전공으로 하는 약 60명의 연구교수가 있고, 이들의 연구 성과에 따라 전시물의 수집 및 공개가 이루어진다. 여기에 민박의 공동연구를 수행하기 위하여 일본 국내 및 세계 각국에서 초빙된 객원교수들이 매년 20~30명이 상주하고 있다.

또한, 민박은 국립 시설이어서 일본 대학 간의 공동이용기관으로 지정되어, 관련 연구자 커뮤니티에 의해 공동연구를 수행하는 열린 연구소의 기능을 지니고 있다. 민박에서 수집되고 보관하고 있는 자료는 이러한 목적의 연구를 위하여 폭넓게 사용되며, 일정한 기준에 맞는 이용자의 신청에 대응하여 자료를 공개하고 있다. 일반적인 박물관의 수집·보관 자료나 정보는 엄격하게 관리되고 있고, 함부로 공개하지 않는다는 점에서 보면, 매우 획기적인 발상인 것이다.

민박의 연구 기능은 나아가 후속 세대의 연구자를 양성하는 교육 기능까지 겸하게 되었다. 일반 대학과는 달리 고도의 대학원 교육만을 담당하기 위해 "종합연구대학원대학(The Graduate University for Advanced Studies)"을 1988년에 설치하고, 문화과학연구과에 박사과정인 지역문화학 및 비교문화학 전공을 두고 있다. 게다가 대학공동이용기관이라는 특성을 살려 일본 국내의 각 대학원 교육과 협력하여 민박만이 제공할 수 있는 교육 분야에 다른 지역 대학 소속의 대학원생을 위한 연구지도도 실시하고 있다. 필자의 경우에도, 이곳에서 몇 년 간에 걸친 인류학 세미나에 참가하였고, 일반 대학에서 수강할 수 없는 티벳어 강좌를 민박의 교수로부터 들은 적이 있다. 인류학에 대한 학문적 입문은 타 대학 소속 학생을 흔쾌히 수용하는 열린 교육체계를 지향하는 민박의 도움이 없었다면 불가능했을 것이다.

세계 민족의 생활을 이해하기 위한 표본 자료, 민족의 사회와 문화에 관한 영상 및 음향 자료, 문헌도서 등 제반 자료를 수집하여, 심층적인 연구를 위한 기초 자료나 정보의 정리를 수행하고 있으며, 이러한 정보를 데이터베이스로 구축하여 대내외의 연구자에게 제공하고 있다. 보다 효율적인 정보제공을 위하여 민박은 2004년 "문화자원연구센터(Research Center for Cultural Resources)"를 설치하여 조사 및 자료의 수집에서 자료 정리 및 관리, DB구축을 포함한 정보화, 공동이용 및 일반공개에 이르기까지 모든 과정을 체계적으로 추진하고 있다. 이 센터에서는 "JICA(국제협력기구) 집단 연수 프로그램"으로 일종의 박물관학 집중 코스(Intensive Course on Museology)를 1994년부터 운영해오고 있다. 박물관 운영에 필요한 수집, 정리, 연구, 전시, 보존에 관한 실천적 기술의 연수를 실시하여, 박물관을 통하여 각국의 문화 진흥에 공헌할 수 있는 인재를 양성하는 것에 목적을 두고 있다. 또한, 같은 해에 문화인류학과 민족학 및 그 주변 제 분야의 최신 연구동향을 파악하여 민박 연구 활동의 전략을 기획하기 위해 "연구전략센터(Center for Research Development)"를 설치하였다. 이곳에서는 민박의 연구프로젝트에 대한 기획, 입안, 운영을 모두 담당하고 있으며, 자체적인 평가시스템을 수립하여 체계적인 연구체제를 구축하는데 주력하고 있다. 이 센터의 역할은 일반적으로 개인 연구자의 역량에 전적으로 의존하는 경우가 많은데, 민박에서는 이를 제도적으로 뒷받침하여 연구 주제를 항시 개발하고 있다는 점은 우리로서는 정말 부러운 일이 아닐 수 없다.

다음으로 민박이 표방하는 가장 큰 기능은 박물관 기능으로서의 전시공개 부문이다. 연구 활동의 성과를 전시를 통해 공개한다는 사실은 다른 박물관과 차이를 보인다. 연구교수들은 전시에 관한 기획 및 실행에 있어서 첫 단계부터 참가하는 것으로 연구와 전시의 긴밀한 유대를 기본방침으로 삼고 있다.

상설전시는 세계의 모든

그림 3. 민박의 2층 전시공간 배치도. 아시아에 관한 전시관이 압도적이다. ⓒ국립민족학박물관.

그림 4. 〈전통 옷감의 현재 – 동남아시아의 일상복에서 보는 실정〉이라는 주제로 동남아의 의복 및 옷감에 관한 기획 전시의 모습. 전시실의 입구에는 별도로 관람객이 전통의상을 입어볼 수 있는 공간이 마련되어 있었다.

민족의 문화와 사회를 지역별로 구분한 지역전시와 음악, 언어 등 인류문화에 보편적으로 나타나는 현상을 대상으로 한 통문화(通文化, cross-culture) 전시로 구성되어 있다. 2층의 전시관 배치도를 참조하면(그림 3), 지역 전시는 동아시아(중국, 한반도, 아이누, 일본), 중앙·북아시아, 남아시아, 동남아시아, 서아시아, 오세아니아, 아메리카, 아프리카, 유럽 등 세계 모든 대륙을 기본적으로 포섭하고 있으며, 그중에서도 아시아 지역을 매우 상세하게 구분하여 강조하고 있다.

　이 외에도 특정한 주제에 관하여 종합적, 체계적으로 소개하는 특별 전시를 개최하고, 급속도로 변화하는 세계 동향을 신속하게 전시에 반영하기 위하여 전시관 내에서 기획전시도 실시하고 있다(그림 4). 특별전시와 기획전시는 민박 소속 연구교수들의 연구성과를 반영하는 것으로 연중 쉽게 접할 수 없는 내용을 지닌 다채로운 주제로 개최되고 있어 민박이 자랑하는 전시이기도 하다.

　민박의 전시공개의 특징은 문화 항목별로 전시하여 그 차이를 보여주는 이른바 "구조 전시"의 수법을 채택하고 있다는 점이다.

그림 5. 동남아시아 전시관에서 만난 필리핀의 지프니. 현대 동남아의 실생활의 단면을 보여주는 전시물.

특정한 개별 문화의 구현을 떠나서 여러 문화적 요소를 조합하여 보여줌으로써 지역 문화의 전체적 이미지를 지향한다는 의미인 것이다. 전시물의 선택에 있어서도 플라스틱 도입 이전의 시간 축을 설정하여 민족지적 특징을 보다 명확하게 드러내고자 한다. 이러한 전시 의도는 지역문화가 지니는 독자적인 가치를 강조하여 결국 문화상대주의를 구현하려는 것이다. 또한, 단순히 관람객의 시선만을 고집하는 것이 아니라, 전시의 대상물에 대하여 영상 및 음향 자료를 활용한 시청각 자료를 도입하여 관람의 효율성을 더하고 있다 (그림 5).

그러나 시간이 경과함에 따라 상설전시의 경우 몇 가지 문제점이 보인다. 우선, 전통적인 생활용구가 주로 수집되어 전시되는 경향이 많아서 전시의 변화가 거의 없는, 정적인 이미지만을 창출할 가능성이 높다. 보다 현대적인 기물의 수집과 전시를 통하여 그러한 편향적인 시점을 보완해야 할 필요성이 요구된다. 게다가 전시 대상물을 단기간에 걸쳐 대량으로 수집한 탓에 각 전시물의 배경 정보가 누락된 점은 옥의 티로 여겨진다. 또 하나 지적하자면, 21세기에 들어와 범지구적으로 확산되기 시작한 "글로벌" 현상, 즉 사람과 물건과 정보의 교류로 급격한 사회변화를 양산하기 시작한 동시대적 현상을 보여줄 적절한 전시기획이 결여되어 있는 점은 정말 아쉬운 일이다. 전시 대상물의 시간 축을 과거로 고정하지 말고 현대사회로 옮겨오는 혁신적인 발상이 필요한 시점이라 생각된다.

동남아시아 전시실의 경우, 9개의 테마(벼농사문화, 바다의 생활, 산지의 생업, 생활용구, 신앙의 세계, 의복과 장신구, 와양의 광장, 불교의 공간, 도시의 풍경)로 구성되어 있다. 앞에서도 언급했듯이 동남아의 국가별 전시를 지양하고 동남아의 문화의 특징인 외부 문명의 영향과 내부세계의 기층문화를 표현하는데 주력하고 있다. 농경, 주거양식, 의복 등 의식주와 관련된 기본적인 생활문화의 전시물이 주종을 이루고 있지만, 동남아의 정신세계를 보여주는 전시물도 눈에 띈다. 하지만, 특정한 종교, 특히 상좌부 불교만 집중적으로 조명하고 있어, 다양한 종교로 구성되어 있는 동남아의 특색을 한 눈에 보여주지 못하는 아쉬움이 남는다.

특히, 동남아 전시실의 "와양의 광장"에는 인도네시아의 인형극에 관한 거의 모든 자료를 구비하고 있었다. 중앙에는 그림자극인 "와양 꿀릿(wayang kulit)"의 실제 공연에 사용되는 거의 모든 도구가 전시되어 있어 주목을 끈다(그림 6). 인도네시아의 그림자극인 와양 꿀릿은 청중이 앉아있는 스크린의 뒤쪽에서 달랑(dalang)이라 부르는 인형극 연출자가 가죽(꿀릿, kulit)으로 만든 납작 인형을 불빛에 비추어 스크린에 생기는 그림자로 공연하는 것을 말한다. 주변에는 와양 꿀릿에 사용하는 거의 모든 종류의 인형과 공연에 빠질 수 없는 음악을 연주하는 인도네시아의 전통 악단 가믈란의 악기도

그림 6. 와양 꿀릿 공연에 사용하는 모든 도구가 갖추어진 전시실.

구비하고 있다. 게다가 실제공연 장면을 비디오로 제작하여 TV 화면으로 보여준다. 이러한 전시물의 입체적 전시는 생소한 대상에 대한 관람객의 충분한 이해를 도모한다는 점에서 눈여겨볼 만하다.

　전시 외에도 최종적인 연구성과를 일반에게 공개하여 그 결과를 사회에 환원한다는 차원에서 학술강연회, 민박세미나, 민박위크엔드살롱, 연구공연, 민박영화회 등이 정기적으로 열리고 있다. 연구공연이란 세계 민족의 음악이나 예능 등의 공연을 실시하는 것이다. 대부분 특별전시나 기획전시와 함께 현지의 음악가, 예술가를 초빙하여 특별공연을 개최한다. 그리고 일반 대중들의 연간 회원제인 "국립민족학박물관 친우회(國立民族學博物館友の會)"를 설립하여 일반 대중들의 민박 활동의 지원과 박물관 이용에 적극적으로 활용하고 있다. 민박의 1층 출입구 쪽에는 '뮤지엄샵'이 있는데, 여기에서 민박의 전시물과 관련된 각종 기념품이나 도서, 음반 등을 손쉽게 구매할 수 있다. 기념품의 종류도 다양하여 방문 기념으로 선물을 준비하기에 손색이 없을 정도이다.

　연구와 전시의 결과물을 출판한 성과도 주목할 만하다. 민박의 정기적인 출판물은 『국립민족학박물관 연구보고(國立民族學博物館研究報告)』, 『국립민족학박물관 연구보고 별책(國立民族學博物館研究報告別冊)』, 『국립민족학박물관 조사보고(國立民族學博物館調査報告)』, 『국립민족학박물관 연구총서(國立民族學博物館研究叢書)』, 『국립민족학박물관 연구연보(國立民族學博物館研究年報)』 및 영문저널인 『Senri Ethnological Studies』가 있고, 현재 진행중인 연구에 관하여 학술적 특색이나 기대되는 성과 등을 담은 『민박통신(民博通信)』이 일 년에 네 차례 발행되고 있다. 이 외에도 민박 소속 연구교수들의 개인적 연구 성과를 실은 많은 단행본이 출판되어 있다.

이제 민박이 개관한지 30여년이 지났다. 세계 민족의 문화를 알리는 박물관의 기능을 강조할 때, 그동안 드러났던 여러 문제점들을 신속하게 대응할 필요성을 이해하고, 2006년 『국립민족학박물관 삼십년사(國立民族學博物館三十年史)』를 간행하였다. 이 책에는 크게 두 가지의 문제점을 지적하고 있는데, 우선 일방적인 민족지적 전시방향에 대한 해당 민족이나 문화권에서 이의 제기를 하는 경우가 있다는 것이다. 타자의 전시에 대한 시선의 문제인 것이다. 또한, 현대에서는 관람객이 입수 가능한 정보량이 엄청나다는 점에서 박물관에 대한 요구가 고도화되고 다양화된다는 점이다. 따라서 시대의 변화와 연구 수행에 있어서 신속한 대응이 필요한 시점에 와있다고 생각한다. 무엇보다 타자의 연구와 그 결과로 수행되는 전시라는 문제에 있어서 발생하는 시선의 문제는 전시자, 피전시자, 관람자 삼자간의 상호 대화와 계발의 장(포럼)을 마련하여 민박의 실현 목표에 관한 방향성을 제시하여 해결의 실마리를 풀어야 할 것이다. 관람객수준의 고도화는 현재 민박이 실현하고 있는 상설전시 외에 특별/기획 전시로 대응하고 있는 듯하다.

이 글은 『수완나부미』 제 2권 제 2호(2010)에 게재된 글을 수정 · 보완한 것이다.

싱가포르 불아사의
혼종적 불교미술 양식과 의미

주경미

　싱가포르 차이나타운에 자리잡은 거대한 사찰 "불아사(佛牙寺, Buddha Tooth Relic Temple)"는 2002년 건립된 신생 불교사원이다. 이 사찰은 최근 싱가포르의 여행 명소 중에서 차이나타운을 방문하는 수많은 관광객이 방문하는 관광 명소이자 신생 불교 성지(聖地)로서 점차 이름이 높아지고 있다(그림 1).

　싱가포르 불아사가 현대에 새로 형성된 불교 성지를 표방하는 것은, 이 사찰이 석가모니 부처님의 진신사리(眞身舍利)를 모시고 있기 때문이다. 불아사에 소장된 부처의 진신사리는 "불아사리(佛牙舍利, Buddha's Tooth relic)"에 해당하는 것으로, "석가모니 부처님의 이빨"이라고 알려져 있다. 이 불아사리는 미얀마의 옛 탑 폐허에서 출토되었다고 하는데, 싱가포르로 전해진 것은 2002년이다.

　이 글에서는 싱가포르 불아사의 현황과 건축 양식 및 구성, 박물관 소장품들을 중심으로, 현대의 신생 불교 성지로서의 불아사가 세계 여러 나라로부터 전해진 다국적 불교미술 양식들을 수집하고 보존함으로써, 자신들의 혼종적 신 불교미술 양식과 새로운 불교적 세

그림 1. 싱가포르 불아사 전경.

계를 어떻게 구현해나가고 있는지를 살펴 보겠다.

　싱가포르 불아사의 정식 명칭은 "싱가포르 불아사 용화원 (新加坡 佛牙寺 龍華院, Buddha Tooth Relic Temple and Museum in Singapore, BTRTS)"이다. 이 사찰의 본존은 미래에 오신다는 미륵불로서, "용화원(龍華院)"이라는 명칭은 바로 미륵이 정각할 때에 앉아 계실 "용화수(龍華樹)"라는 나무 이름에서 따온 것이다.

　현재 불아사에는 미얀마에서 전래된 불아사리와 본존인 미륵불이외에도, 다양한 종류의 사리들과 불교 존상들이 사찰 경내의 여러 곳에 나누어 봉안되어 있다. 또한, 내부에는 작은 불교박물관이 마련되어 있어서 수집, 혹은 기증받은 여러 나라의 다양한 불교 예술 작품들이 전시되어 있다. 또한 사찰 내에는 법당, 공연장, 상점과 카페 등 다양한 편의 시설이 마련되어 있는데, 세속적 관광지를 표방하고 있지 않기 때문에 관람료는 받지 않는다.

싱가포르의 불아사는 1989년 석법조(釋法照) 법사가 차이나타운의 탐핀스 로드(Tampines Road)에 창건한 "호국금탑사(護國金塔寺, Golden Pagoda Buddhist Temple)"라는 사찰에서 분리되어 새로 창건된 사찰이다. 호국금탑사는 지하 1층, 지상 2층 규모로 1992년 완공되었다. 당시 호국금탑사의 개막식에는 싱가포르의 국회의원이자 국회 부의장을 지냈던 츄흥칭(Chew Heng Ching, 周亨增)을 비롯한 다수의 싱가포르 화교계 유력인사들이 참여했다. 석법조 법사는 스리랑카의 대통령 라나싱하 프레마다사(Ranasinghe Premadasa)와 강가라마야(Gangaramaya) 사원의 그나니사라(Gnanissara) 승려로부터 석가모니 부처의 불사리(佛舍利)를 받아와서 호국금탑사에 모셨다고 하며, 호국금탑사의 본당인 "유리보전(琉璃寶殿, Lapis Lazuli Hall)"에는 본존으로 약사불(藥師佛)을 봉안하였다.

이후 석법조 법사는 1997년과 1998년에 걸쳐 싱가폴 관광청(Singapore Tourism Board)에서 차이나타운의 사고(Sago) 거리에 새로운 대형 사찰을 건립해달라는 요청을 받았으며, 이후 2002년부터 새로운 사찰 건립을 본격적으로 진행하였다. 그는 2002년 8월 미얀마의 사까팔라(Sakkapala) 승려로부터 미얀마의 고대 불교 유적에서 출토된 불아사리를 받아서 싱가포르로 모셔왔다. 불아사는 바로 이 불아사리를 모시는 곳으로 건립되었으며, 사찰의 기공식은 2005년에 열렸다. 불아사가 완공된 것은 2007년으로, 그해 5월 30일에 열린 개관식에는 당시 싱가포르의 대통령이었던 셀라판 라마나단(Sellapan Ramanathan)이 참석하기도 했다.

불아사의 창건자인 석법조 법사는 사찰의 건축 양식을 차이나타운의 경관에 맞도록 전통적인 중국 건축 양식을 채택하면서도 불교의 만달라(Mandala)적 구성을 갖출 수 있도록 구성하였다. 특히 5방

그림 2. 싱가포르 불아사 건축 조감도.

그림 3. 싱가포르 불아사 입구 및 상층부.

적 세계관을 바탕으로 한 만달라 구조와 함께 중국의 당나라 건축 양식을 재현하고자 현재와 같은 오탑식(五塔式)의 독특한 건물 양식을 완성했다(그림 1, 2). 완성된 현재의 건물은 건물 면적 3천평방미터 규모에 달하는 대형 건물로서, 지상 5층, 지하 3층 규모이다.

　건물의 구조를 층별로 보면, 먼저 지하 2층과 3층은 주차장이다. 지하 1층에는 용화극장(龍華劇院)이라는 공연장과 오관당(五觀堂)이라는 식당이 있다. 지상 1층에는 산문(山門)과 종루(鐘樓), 고루(鼓樓) 및 사무실, 객당(客堂), 상점, 미륵불을 모신 백룡보전(百龍寶殿), 여의륜관음을 모신 원통전(圓通殿) 등이 있다. 1층과 2층 사이의 메자닌 층에는 관음보살을 모신 법당, 여러 승려들을 기념하기 위한 제산장로덕상기념관(諸山長老德像紀念館)이 있으며, 2층에는 문수전과 다실(茶室)이 있다. 3층에는 보현전 및 불교박물관인 용화문물관(龍華文物館), 각종 불사리들을 모아서 전시하고 있는 사리전(舍利殿) 등이 있다. 불아사의 가장 핵심 성물인 불아사리는 4층의

그림 4. 중국 산서성 오대산 남선사(南禪寺). 당(唐). 9세기.

영광보전(靈光寶殿)에 안치되어 있는 불아사리보탑(佛牙舍利寶塔)에 모셔져 있으며, 5층에는 만불각과 비로전, 사방불각과 정원 등이 있다. 전반적으로 종교적 공간과 박물관으로서의 문화적 공간을 층별로 나누어 구획하였다.

실제 건물은 철근과 콘크리트로 건립되었기 때문에, 목조나 석조로 이루어진 당나라 건축과 곧바로 비교하기는 어렵다. 다만 기와지붕이나 주칠(朱漆)의 기둥, 주초석, 공포(栱包), 난간등과 같은 구조물들은 중국 고대 사찰의 목조 가구를 모방한 형태로서, 형식적 특징은 대체로 중국 당나라 때의 건축 양식을 고려하여 설계된 것이라고 한다(그림 3). 사실 당나라 때의 건축물은 중국 산서성(山西省) 오대산(五臺山)의 남선사(南禪寺)와 불광사(佛光寺) 등과 같이 현존하는 예가 상당히 적은 편이기는 하다(그림 4). 현존하는 당나라 시대의 사찰 건물들은 대부분 규모가 작은 단층 건물이기 때문에, 고층으로 건립된 불아사와는 기본적인 건축 양식이 다를 수 밖에 없다. 그리하여 형식적으로 존재하는 외벽의 기둥이나 난간, 공포, 기와 및 천정 형태 등의 일부 외관에서만 당나라 양식을 고려하여 시각적으로 재현한 것에 불과하다. 사실 전체적으로 흰 색 벽과 붉은 색 기둥 모양의 대조가 강하며, 진한 회색에 가까운 기와의 색상이나 형태 등은 현존하는 당나라의 실제 옛날 건물보다는, 오히려 중국 당나라 건축이나 일본 고대의 나라시대 건축물을 모방해서 만들어진 현대의 중국 영화 세트장에 재현되어 있는 건물들의 양식과 상통하는 부분이 더 많다.

한 가지 흥미로운 점은 불아사 조감도(그림 2)에 표현된 맨 위층의 구조이다. 불아사의 맨 윗층은 중앙과 사방 모서리에 각각 전각이 하나씩 마련되어 있는 오탑식(五塔式) 구조를 따르고 있는데, 이러 건축 형식은 사실 인도의 보드가야에 있는 마하보디(Mahabodhi) 사원의 건축 양식에서 시작한 것이다(본서 Ⅲ장 (1)절의 그림 10 참조). 마하보디 사원은 석가모니 부처님께서 보리수 아래에서 정각(正覺)을 하신 곳에 세워진 기념비적 건물이다.

인도 보드가야의 마하보디 사원의 건축 양식과 유사한 오탑식 건축 양식은 인도와 티베트, 동남아와 중국에서 널리 유행했다. 특히 중국에서는 명·청대(明·淸代)에 이러한 건축 양식이 오탑식, 혹은 금강보좌식(金剛寶座式)식 사찰 건축 양식으로 알려지면서 널리 유행했다.

오탑식 건축 양식은 중앙에 마련된 대형의 주탑(主塔)을 중심으로, 사방의 모서리에 작은 소탑 4개를 배치하는 형식으로서, 주탑과 소탑의 형태는 모두 누각식탑(樓閣式塔)인 경우도 있고 인도나 티베트·동남아식의 복발탑(覆鉢塔) 형식이 채택되는 경우도 있다. 한편 밀교에서는 이러한 오탑식 구조가 오방불(五方佛)을 배치하기 위한 만달라적 구조로 알려져 있기도 하다.

불아사에서는 이러한 오탑식 구조를 최상층부에서 채택한 후, 밀교의 오방불 배치를 염두에 두고 각 건물 내부에 불교 존상을 배

그림 5. 금제 사리탑. 중국 섬서성 부풍현 법문
사탑 지궁 출토. 당. 9세기. 법문사박물관 소장.

치했다. 그러나 전체적인 건
물 양식은 기와 지붕과 공포
(栱包)가 있는 동아시아식 목
조 건축구조 양식을 조합하
고 있어서, 사방과 중앙의
건축물은 탑이라기보다는
중국 당나라시대의 사찰 건
축 양식을 모방한 방형의 중
층 건축물 형상으로 완결된
것이다.

불아사 최상층부에 형성
된 5개의 기와 지붕을 가진
방형의 구조물들은 중국 섬
서성 부풍현(扶風縣) 법문사(法門寺) 탑 지궁(地宮)에서 발견된 9세
기의 방형단층탑 모양의 금제 사리탑 형태를 모방한 것으로 생각된
다(그림 5). 특히 이 금제 사리탑의 지붕 형태는 불아사의 사방 모서
리에 배치된 소형 전각들의 지붕과 형태가 유사하여, 불아사의 건축
이 중국 당나라 때의 황실 발원 사리장엄구 및 건축 양식을 상당히
자세하게 반영하면서 현대적으로 재현하고 있음을 알 수 있다.

법문사는 중국 당나라 황실에서 공양하던 석가모니 부처님의 손
가락 뼈 사리가 봉안되었던 곳으로, 중국 불교사에서 매우 중요한
사찰이다. 부처님의 손가락 뼈 사리, 즉 불지골사리(佛指骨舍利)가
봉안되어 있었던 이 금제 사리탑은 9세기 후반경 당나라의 황실에
서 발원하여 만든 중국 황실 발원 불교 미술품이다. 즉, 불아사는 중
국 당나라 불교 문화의 양식을 여러 가지 측면에서 고려하고 그것을
적극적으로 차용하여, 전통 중국 불교 미술 양식을 따르면서도 독특

하고 현대적인 건축 양식으로 창안해냈던 것이다.

불아사의 상층부 오방에 마련된 건물들의 지붕에는 각각 화려한 상륜부가 올려져 있는데, 이 상륜부들은 모두 고대 일본의 불탑(佛塔) 상륜부를 참고하여 조형화했다고 한다. 이 상륜부들은 모두 일본에서 제작하여 수입한 것으로 전한다. 아마도 상륜부의 형태를 고대 일본 불교 미술품으로부터 차용한 것은, 현존하는 불탑의 상륜부 중에서 가장 오래된 것이 현재 일본에 남아있는 것이기 때문일 것이다.

이와 같이 싱가포르 불아사의 건축적 요소들, 특히 외형적 측면에서의 요소들은 모두 현존하는 8~9세기 경에 제작된 범 동아시아의 국제적 불교 미술 양식을 총체적으로 고려하여 현대적으로 재창안한 혼종적 양식이다.

불아사에서는 건물내 불교 도상의 배치 방식도 만달라적 구조를 염두에 두고 배치하고 있다고 하는데, 각 층마다 매우 다양한 존상을 배치하고 있어서 불교의 만신전(萬神殿)에 가깝다는 인상이 든다. 만달라(Mandala, 曼荼羅)의 본래 의미는 "본질이 여러 가지 조건에 의해서 변하게 된다는 것"이다. 그러므로 만달라라는 조형물은 이러한 의미를 지닌 불화, 혹은 입체적 조형물을 뜻하며, 그 외에도 다양한 신앙형태를 통일하는 원리에 입각하여 상징적으로 표현한 조형물을 만달라라고 부르기도 한다. 불아사에서 조형화된 만달라적 구조는 동아시아 중기 밀교 중『금강정경(金剛頂經)』에 의거하여 구현된 오방불 체계와 관련하여 조형화된 것으로, 중국 당대 후기 및 일본 나라시대 밀교와 관련된 것이다.

건물 각 층마다 배치된 불교 조상들은 인도, 중국, 일본, 티벳, 스리랑카, 미얀마, 태국 등 아시아 각국의 불교 미술품 양식을 혼합하여 다양한 양식의 존상들이 혼재된 점이 특징이다.

그림 6. 미륵삼존상. 싱가포르 불아사 백룡보전.

그중에서도 특히 주목되는 것은 주불전이라고 할 수 있는 1층의
백룡보전(百龍寶殿)에 모셔진 미륵삼존상이다(그림 6). 이 미륵삼존
상의 기본적인 양식은 중국 당나라 불교미술 양식을 참고한 것으로,
직접적인 조형과 제작은 대만의 진민봉(陳敏峰) 법사가 담당하였다.
이 미륵삼존상은 의자 위에 앉아 있는 의좌상 형식에 높은 보관(寶
冠)을 쓰고 있는 형식으로 조형화되었는데, 이러한 의좌상 형식은
역시 중국 당나라때의 대불(大佛) 전통에서 차용한 것이다. 이와 비
교할 만한 의좌상의 미륵불로는 중국 산서성 오대산 불광사의 당대
미륵상, 감속성 돈황 막고굴 194굴의 미륵상, 감숙성 병령사 대불
등이 있다(그림 7). 그렇지만 불아사의 미륵불은 전체가 금색을 바
탕으로 하면서도 독특한 채색을 했으며, 중국의 고대 미륵불에서는

그림 7. 미륵대불. 중국 감숙성 병령사 석굴. 당대(唐代).

찾아보기 어려운 크고 높은 보관(寶冠)을 쓰고 있어서 현대적 변용을 보여준다.

전반적으로 불아사의 기본적 건축과 주요 불상 양식은 모두 중국 당나라때의 불교미술품을 모델로 하면서 변형시킨 것이다. 이러한 당대 불교 미술 양식의 적극적 차용은 아마도 당나라 황실의 후원을 받았던 법문사의 불지골사리 공양 의례 및 불교 미술 양식의 영향을 받은 것으로 생각된다.

법문사의 불지골사리는 오랜 기간동안 잊혀져 있다가, 1987년 우연히 탑 지하에서 사리장엄구와 공양구들을 봉안한 지궁(地宮)이 발굴되면서 알려진 것으로, 현대에 와서 새롭게 재조명된 중국 고유의 황실 관련 불교 성물(聖物)이다. 특히 수많은 역사 기록에 의하면, 법문사의 불지골사리는 측천무후를 비롯한 여러 당나라 황제들의 강력한 후원을 받으면서 당나라 내내 가장 중요한 불교 성물로 여겨졌으며, 당시 법문사는 당나라에서 제일 유명한 불교 성지 중의 하나로서 명성이 높았다고 한다.

그림 8. 법문사 진신 지골사리 친견회. 서울 올림픽공원 펜싱경기장. 2005년 11월.

　법문사의 불지골사리는 1990년대 이후 대만을 비롯한 아시아의
여러 나라를 순회했는데, 이 때 각 나라에서는 사리 친견의례(親見
儀禮)를 대규모로 봉행하였다. 우리나라에서도 2005년에 법문사의
불지골사리가 방문하여, 서울 올림픽 공원에서 대규모의 친견의례
를 거행하였다(그림 8). 아마도 이러한 법문사 불지골사리의 재발견
과 세계 순회 친견의례는 대만과 싱가포르의 중국계 불교도들에게
새로운 자극이 되었던 것으로 생각된다.

　싱가포르 불아사의 창건을 주도한 화교계 불교도들은 현대에 재
발견된 중국 당대 황실 고유의 불사리신앙을 모방하면서도 싱가포
르의 다문화적 특징을 반영하여 현대적으로 재해석한 불사리신앙을
불아사의 불아사리 공양을 통해서 발현하고 싶었던 것으로 보인다.
그리하여 불아사의 불아사리 신앙 및 전체적인 건축 설계, 도상 배
치 등 핵심적 구조는 모두 중국 당대 불교 미술에서 원형을 찾아 조
형화되었다. 동시에 불아사에서 추구하는 불교적 조형양식은 중국

그림 9. 불아사 경내 불교박물관 전시 상태. 상당히 어두운 편이며, 인도, 미얀마, 태국, 중국, 일본 등 여러 나라의 불교 미술품들이 다수 전시되고 있다.

적 원형의 강조보다는, 다민족주의 국가관을 바탕으로 한 싱가포르를 위해서 새로운 불교 미술의 창출이었기 때문에, 사원의 중심은 동남아 지역인 미얀마에서 전래되어 온 불아사리라는 성물의 존재에 중점을 두었다. 그리하여 이 사찰에서는 궁극적으로 중국, 동남아시아, 일본, 티베트 등 범 아시아의 모든 불교 문화를 포괄하고자 하는 통합적 불교 문화 양식을 구현하고자 했던 것이다.

불아사 경내에 마련된 불교박물관에서는 이러한 다국적 불교 문화의 여러 가지 모습을 보여주려고 노력하고 있으며, 다양한 나라의 다양한 시대의 다양한 종류의 불교 미술품들이 수집되어 전시되고 있다(그림 9, 10).

한편, 건물의 외형과 본존불의 양식이 중국 전통의 당나라 시대 미술 양식을 따르고 있는 점과 달리, 건물의 가장 핵심이 되는 불아사리를 모신 공간은 불교가 기원한 인도 미술 양식의 영향을 받아 조형화하였다. 또한 이 불아사리가 원래 봉안되어 있었다고 하는 미

그림 10. 미얀마 불상 및 동남아시아의 금강령. 제작연도 및 지역 미상. 불아사 경내 불교박물관 소장.

얀마를 비롯한 동남아지역의 불교 미술 양식도 일부 확인된다.

싱가포르 불아사에 모셔진 불아사리는 2002년 미얀마 북서쪽의 먀웃우(Mrauk-U)에 있는 반둘라(Bandoola) 사원의 주지인 사까빨라(Sakkapala) 법사가 보내온 것이다. 이 불아사리는 1980년 미얀마의 고대 도시인 먀웃우(Mrauk-U)의 바간(Bagan) 언덕에 있던 무너진 스투파와 불상을 보수하는 과정에서 사까빨라 법사가 발견한 것으로 알려져 있다.

발견 당시 이 불아사리는 금제 소형 스투파 안에 봉안되어 있었으며, 다른 불사리들와 불상 등도 함께 발견되었다고 하는데, 발견자인 사까빨라 승려는 이 유물들에 대해서 공개하지 않고 내내 비밀리에 보관해왔다. 사까빨라 법사는 2001년 반둘라 사원의 강당과 유물전시관 건립 기금 마련을 위해서 싱가포르의 호국금탑사 주지인 석법조 법사를 초빙하여 재정적 지원을 요청하였으며, 석법조의 재정 지원 이후 반둘라 사원과 호국금탑사는 지속적인 교류를 했다. 사까빨라 법사는 2002년 자신이 22년동안 비밀리에 보관해왔던 먀웃우의 불아사리를 싱가포르의 석법조 법사에게 보내어 그를 불아

그림 11. 마하무니 붓다. 미얀마 만달레이 마하무니 사원 소장. 이 붓다상은 남성만 가까이 들어가서 친견할 수 있으며, 여성은 바깥 쪽에서만 공양을 올릴 수가 있다. 상은 현재 지속적으로 금박을 붙여서 공양을 올리고 있기 때문에, 원래의 형태와 상당히 달라진 상태이다.

사리의 새로운 수호자로 삼았다.

사리가 원래 봉안되어 있었다고 하는 먀웃우는 "므로하웅(Mrohaung)", 혹은 "묘하웅"이라고도 불리우는 도시로서, 미얀마 북서쪽에 있던 "여카잉(Rakhine, 혹은 '라카인'으로 발음되기도 함)" 왕국의 마지막 수도이다.

고대 여카잉 왕국의 초기 국왕인 짠드라수리야(Chandrasurya)가 이 지방을 방문했던 석가모니를 만나서, 부처의 모습을 모방한 불상을 만드는 것을 허락받았다는 옛 전승은 미얀마 불교사에서 매우 유명한 이야기이다. 짠드라수리야와 석가모니 부처가 만난 곳이 바로 먀웃우 북쪽 36km에 있는 스라기리(Selagiri) 언덕이며, 짠드라수리야 왕이 만들었다고 전하는 불상이 바로 유명한 마하무니 붓다(Mahamuni Buudha)상이라고 한다. 이 상은 원래 짠드라수리야 왕의 수도였던 먀웃우 인근의 마하무니 사원에 있던 것이었는데, 1785년 여카잉 왕조의 패망과 함께 만달레이로 옮겨져서 현재는 만달레이 마하무니 사원에 모셔져 있다(그림 11). 짠드라수리야 왕의 재위 시기에 대해서는 여러 가지 논란이 있으나, 석가모니 재세시보다는 훨씬 늦은 기원후 2~3세기경으로 보는 것이 일반적이다. 현재 먀웃우를 비롯한 여카잉 왕국의 영토에서 발견되는 고대 불교 조상들은 매우 늦은 시기의 것이므로, 이러한 불교 전승과 현존 유물들은 다소 맞지 않는다.

먀웃우가 가장 발전했던 시기는 여카잉 왕조의 수도였던 1433년부터 1785년까지이다. 당시 먀웃우로 수도를 옮긴 왕은 나라메익흘라 민소뭉(Narameikhla Minsawmun, 1404~1433 재위)왕이며, 이후 밍빙(Min Bin, 1531~1553 재위)왕의 통치기에도 수많은 불탑을 건립했다고 알려져 있다. 현존하는 먀웃우의 불탑과 사찰은 대부분 이 시기의 것이므로, 아마도 사까빨라 법사가 보수했다고 하는 불탑과 불상도 이 시기의 것일 가능성이 상당히 크다.

불아사리를 발견한 사까빨라 법사가 주지로 있던 반둘라 사원에는 나라메익흘라왕이 먀웃우로 수도를 옮기면서 가져왔다고 전하는 유서깊은 산다무니(Sandamuni) 붓다상이 모셔져 있으며, 인근의 안도 파고다(Andaw Pagoda)에는 밍빙왕 때에 스리랑카에서 가져온 불치(佛齒)가 모셔져 있다고 전한다.

현재 반둘라 사원에 모셔진 산다무니 붓다상은 사까빨라 법사가 1988년 콘크리트 불상 안에서 발견했다고 하는 금속제 불상이라고 하는데, 정확한 유래는 확실하지 않다. 사까빨라 법사는 싱가포르의

그림 12. 불아사리. 미얀마 먀웃우 출토. 싱가포르 불아사 소장.

석법조 법사의 경제적 후원을 받아 산다무니 붓다상을 위한 새로운 불전을 건립했으며, 이후 자신이 1980년에 발견해서 비밀리에 보관하고 있던 불아사리를 2002년 싱가포르로 보내고 입적했다. 석법조 법사는 이 불아사리를 차이나타운에 새로 건립한 불아사 4층에 봉안하여 현재의 불아사가 형성된 것이다.

사까빨라 법사가 싱가포르 불아사에 보낸 불아사리는 길이 7.5cm에 달하는 대형의 성물(聖物)로서(그림 12), 크기가 매우 커서 사람의 이빨로 보기는 어렵다. 사찰을 방문하면 직접 불아사리 앞쪽에서 친견할 수 있지만, 사진 촬영이나 모사는 금지되어 있다. 이 불아사리의 형태는 중국 송대 이후 불탑에서 종종 출토되는 불아사리들과 유사하다.

이 사리는 싱가포르에 전래되었던 초기에 대규모의 사리 친견의례를 통해서 대중들에게 공개되었는데, 이 공개 과정 중에서 사리의 진위에 대한 논란이 크게 일어났다. 이미 싱가폴과 태국의 신문 기사에서는 각국의 치과의사들의 견해를 빌어서, 이 사리를 사람의 치아로 볼 수 없으며, 동물의 이빨일 가능성이 크다고 발표한 바 있다. 멜버른 대학의 치과대학 강사인 파멜라 크레이그(Pamela Craig)는 이 사리의 형태는 사람의 치아가 아니고 크기는 과일에 비견될만큼 크다고 했으며, 영국의 카디프(Cardiff) 대학의 데이비드 위테커(David Whittaker) 교수는 이러한 형태의 치아는 동물의 어금니로 볼 수 있다고 했다. 그렇지만 이 불아사리의 진위 논란이 나타난 후, 사리의 진위 문제에 가장 민감한 불아사 측에서는 사리의 DNA 검사에 응하지 않고 무조건 진신사리로 주장하고 있으며, 최근에는 사진도 공개하지 않고 있다.

중국에서는 이와 유사한 형태의 불아사리가 여러 지역의 불탑에서 발견되고 있는데, 특히 북경 팔대처(八大處) 영광사(靈光寺)의 불아사리탑(佛牙舍利塔)이나 산서성 응현목탑(應縣木塔)에서 출토된 불아사리 등이 지금도 성물(聖物)로서 비교적 이름이 높은 편이다.

흥미로운 것은 송나라때의 불탑 지궁에서 출토된 불아사리 중에는 성분 분석을 통해서 재질이 밝혀진 경우도 있다는 점이다. 북송대 1023년경 건립된 강소성(江蘇省) 연운항시(連雲港市) 해청사(海淸寺) 아육왕탑(阿育王塔)에서 출토된 불아사리는 말의 상악(上顎) 제 3치(齒)로 알려져 있어서, 말 이빨을 불아사리로 봉안했음이 확인되었다. 또한 북송대 1032년 건립된 하남성(河南省) 등주시(鄧州市) 복승사탑(福勝寺塔) 지궁에서는 불골(佛骨)과 불아(佛牙)가 각각 출토되었는데, 불골은 상아제이며 불아는 석제(石製)로 판명된 바 있다. 북송 1068~1078년경에 건립된 상해시 송강현(松江縣) 흥성교사탑(興聖敎寺塔) 지궁에서 출토된 불아사리는 아시아 코끼리의 상아로 만들었다고 한다. 이와 같이 중국의 송나라 시대 불탑에서 출토되는 불아사리나 불골사리들은 상아나 동물 이빨로 만든 경우가 많다.

공산국가인 중국에서는 이러한 불탑 지궁 출토 성물에 대해서 종교적 가치관을 적용하지 않기 때문에, 이와 같이 사리에 대한 과학적 성분 분석 조사를 행하기도 하지만, 미얀마와 스리랑카, 태국 등 대부분의 동남아시아 지역을 포함하여 불교도들이 다수 존재하는 국가에서는 불탑이나 불상 안에서 발견되는 사리와 같은 성물(聖

物)들에 대한 과학적 조사 및 분석을 행하지 않으며, 출토된 성물은 성물 그 자체로서 존숭한다. 이러한 불교계 문화에서의 성물 존숭 및 비과학적 태도는 "성물은 성물 그 자체로서 성스럽게" 바라보는 불교적 전통과 관련이 깊다.

특히 싱가포르 불교계에서 사리에 대한 진위 논쟁을 종교적으로 무의미하게 만들 때 인용되는 대표적인 불교적 전승은 바로 티베트 불교에서 내려오는 〈개이빨 고사〉이다. 그 내용은 다음과 같다.

> 옛날 티베트의 한 늙고 신심깊은 여성이 어느날 인도로 무역상
> 으로 여행을 떠나는 자신의 아들에게 인도에서 부처의 사리를 구
> 해와달라고 부탁을 했다. 어머니의 부탁을 잊어버린 채 인도 여행
> 을 마치고 돌아오던 아들은 갑자기 어머니의 부탁이 생각나서 길
> 가에 버려진 개의 머리뼈에서 이빨을 하나 뽑아와서, 어머니께 그
> 것을 부처님의 사리라고 속이고 드렸다. 어머니는 아들에게 받은
> 개이빨을 진짜 부처님의 사리라고 생각하고 정성스럽게 공양을
> 올렸는데, 그 결과 개이빨에서는 무지개빛이 나타나고 작은 구슬
> 모양의 빛나는 사리들이 수없이 나타나는 진짜 기적이 일어났다
> 고 한다. 이 기적으로 본 모든 이들은 이 개이빨을 부처의 사리로
> 공양하게 되었고 아들은 진심으로 회개하고 불교도로서 정진하게
> 되었다.

즉, 이 이야기는 신심없는 아들이 가져온 것은 단순한 개의 이빨 이었지만, 공양자인 어머니의 독실한 신심(信心)에 의해서 이 성물 이 진짜 부처의 사리가 되어 영능을 발휘했다는 내용으로, 바라보는 사람의 마음 자체에 부처의 존재가 현현(顯現)한다는 것을 알려주는 깨우침을 전하는 것이다. 결국 이 고사의 가르침은 "부처의 사리라

그림 13. 불아사리 봉안용 황금제 불아사리보탑 도면. 싱가포르 불아사 소장.

는 성물을 진심으로 부처의 사리로 대하면 부처의 사리가 될 것이
며, 개이빨로 대하면 개이빨 밖에 되지 않는다"는 것이다. 이러한
티베트 불교의 가르침을 따른다면, 불아사의 불아사리가 동물의 이
빨이든 상아이든 진짜 재질은 중요하지 않다는 뜻이 된다. 이와 같
이 불아사의 불교도들은 불아사리의 진위 문제보다는, 이 성물 자체
를 진짜 부처의 진신사리로 믿고 공양을 올리겠다는 의지를 강조하
고 있는데, 실제로 불사리의 기적이 일어나고 있는지는 알 수 없다.

　　현재 불아사의 불아사리는 6만명의 신도들이 후원하여 270킬로
그램의 황금을 봉헌하여 만든 높이 3.6m의 황금제(黃金製) 스투파
인 불아사리보탑(佛牙舍利寶塔) 안에 봉안되어 있다(그림 13). 불아

사리보탑의 형식은 기본적으로 고대 인도 스투파의 형식을 차용했으며, 스투파 방형 기단의 사방에는 아쇼카 석주를 닮은 사자 석주 4개가 세워져 있다. 스투파의 기본적 형식은 팔상도가 새겨진 방형 기단 위에 원형의 기단을 다시 올리고, 그 위에 복발과 상륜부를 갖춘 형태이다. 스투파의 정면에는 전법륜인의 불의좌상이 표현되어 있는데, 이러한 형식은 인도 굽타시대 이후의 스투파 형식을 차용한 것이다. 또한 이 불아사리보탑은 측면에 각종 보석 1898개가 화려하게 장식되어 있는데, 이 보석은 한 개당 3000싱가폴달러로 봉헌되며, 1개당 한 집안의 5명까지 이름을 새길 수 있다.

불아사리보탑의 방형 기단부에는 부처의 생애와 관련된 팔상도(八相圖) 부조가 새겨져 있다. 그 내용은 ① 강도솔(降兜率), ② 출생, ③ 처황궁(處皇宮), ④ 출가, ⑤ 항마(降魔), ⑥ 성도설법(成道說法), ⑦ 전법륜(轉法輪), ⑧ 입멸(入滅) 등으로, 불전도의 여덟 장면에 해당한다. 이러한 팔상도의 구성은 인도의 팔대성지(八大聖地)와 관련된 팔상 표현과는 다르며, 오히려 중국 및 한국의 팔상도 구성과 유사한 부분이 많아서, 내용 면에서는 동아시아 불교 문화 전통과 관련성을 보여준다.

그러나 이 스투파의 전체 형식은 인도 불교 미술 양식을 따르고 있으며, 팔상도 부조의 조각 양식도 역시 인도 불교 조각 양식을 현대적으로 재해석하여 차용했다. 이렇게 사리탑의 형식적 측면에서는 인도, 혹은 동남아적 불교 미술 양식을 채택하고 있는 것은 여기에 봉안한 불아사리가 인도의 석가모니로부터 전래된 것임을 강조하기 위한 것이며, 동시에 싱가포르라는 다민족 국가의 불교가 중국적 전통만을 강조하는 것이 아니라 인도와 동남아의 불교를 폭넓게 수용하고 있음을 알리기 위한 조형적 선택이었다.

불아사의 불아사리는 미얀마의 옛 성지에서 싱가포르 차이나타운의 새로운 사찰에 전해짐으로써, 신생 국가 싱가포르의 새로운 불교 성지로 자리잡았다. 불아사리는 불아사가 싱가포르 및 동남아시아 불교 문화권의 새로운 중심지로서 자리잡는 데에 정당성을 부여하는 가장 중요한 성물이다. 이 사찰은 기본적으로 중국 당대 황실의 불교문화 전통을 계승하면서도, 동남아시아와 스리랑카를 비롯한 범 아시아의 모든 불교 문화를 성물의 존재를 통해서 통합하고자 하는 신생 성지로서, 이러한 신생 성지의 창출은 중국계 민족이 중심을 이루면서도 동시에 다민족주의를 표방하고 있는 싱가포르의 독특한 종교 문화적 산물이다.

이 불아사의 창건과 조형과정에서 주도적인 역할을 한 것은 싱가포르의 화교들이었다. 싱가포르 불아사의 불아사리 공양과 수호는 바로 싱가포르의 화교들의 다민족주의 및 다문화주의 정책과 자신들의 전통 문화 중심주의를 양가적으로 결합시켜 나타난 독특한 현대 싱가포르 불교 문화의 소산이다.

싱가포르는 1965년 말레이시아 연방에서 분리독립한 도시국가로서 다민족국가이다. 화교로 통칭되는 중국계가 인구 중에서 가장 많은 비율을 차지하고 있으며, 그 다음으로는 말레이계, 인도계 및 기타 등 여러 민족이 있다. 2013년 통계에 의하면 인구는 539만9천 명으로, 그중 중국계는 74.2%에 달한다. 현재 중국계 인구의 비율은 1990년도 통계에 비하면 다소 떨어지긴 했지만, 아직까지 싱가포르 사회에서 중국계인 화교들의 역할과 영향력은 매우 크다.

싱가포르는 말레이반도에서 독립한 신생국가로, 건국 초기부터 말레이계 주민 및 주변 국가들과의 대외 관계를 고려하여 다민족국가로서의 정체성을 확립하였다. 물론 건국 초기부터도 화교들의 인구 비중이 컸으나, 리콴유와 같은 서구식 교육을 받은 화교들은 중국 문화나 민족적 정체성을 강조하는 대신 여러 민족으로 구성된 국민들이 하나의 "싱가포리안(Singaporian)"으로서의 정체성을 형성해갈 수 있도록 민족간 평등주의 및 다문화정책을 효과적으로 펼쳤다. 이러한 과정에서 싱가포르 국가는 국민들의 공통된 역사관 정립 및 국가 정체성 확립을 위해서 머라이언이라는 국가 기념물을 창안해내고, 다민족국가를 위한 다문화주의의 국립박물관 및 전시관들을 건립했다.

다민족국가인 싱가포르 내에서 각 민족들은 모두 싱가포리안이라는 하나의 국가관 아래에서의 국가 정체성을 공통적으로 가지기는 했지만, 각 민족별로 제각기 자신들의 언어와 전통 문화를 교육하며 분리 및 공존하는 양상은 계속 지속되고 있다. 특히 이러한 민족별 성향을 가장 잘 드러내는 것이 바로 종교이다. 싱가포르의 종교는 다민족주의에 걸맞게 다양한 종교가 발달했으며, 이러한 종교의 선택은 대체로 민족적 전통에 따르는 경우가 많다.

싱가포르에서 가장 많은 인구가 신앙하는 종교는 불교와 도교로서, 이 두 종교는 전통적으로 중국계 민족, 즉 화교들의 종교로서 신앙되어 왔다. 최근에는 티벳이나 스리랑카, 그리고 미얀마나 태국계 불교도 싱가포르에서 활발하게 포교활동을 펼치고 있지만, 기본적으로 싱가포르의 불교는 중국적 성향이 강한 편이었다. 그러나 국가 정체성의 확립과 함께 현대 싱가포르 불교계는 중국계 불교에서 탈피하여 경전에 기반한 현대적이자 다문화 중심주의의 "개혁주의 불교(Reformist Buddhism)"를 표방하기 시작했는데, 이때 나타나는 특징이 바로 대만, 홍콩, 동남아시아 및 스리랑카, 티벳 등 다양한 불교 문화권과의 교류 및 불교의 현대화이다.

1980년대를 지나면서, 싱가포르 정치와 경제의 중심이 되는 화교들의 다민족국가관은 현대적 교육을 받은 젊은 세대들을 중심으로 유교적 가치간과 같은 중국적 전통 문화와의 단절 현상이 심화되기 시작했다. 이러한 세대차에 대한 반동으로 기존 화교계에서는 유교적 국가관을 조금씩 강조하기도 하였다. 그러나 1990년대 이후 중국 본토와 활발하게 교류하면서, 대중국 경제 정책의 활성화가 이루어지자, 싱가포르의 화교들은 젊은 세대들에게 중국적 전통 문화와 가치관의 확립을 교육하는 데에 있어서 지나치게 중국적 색채가 강한 유교보다는, 좀 더 다문화주의에 적합한 불교에 새롭게 주목하기 시작했다.

현대에 들어와서 형성된 싱가포르의 다문화주의 성향에 걸맞는 개혁주의 불교는 단순히 화교들의 종교를 넘어 서서, 타밀계의 인도인들이나 스리랑카인들, 그리고 태국과 미얀마와 같은 동남아계 이주민들의 불교와 적극적 교류를 통한 새로운 싱가포르적 불교를 형성해 나가고 있으며, 대만의 국제불광회와 같은 국제 불교 단체와도 적극적으로 교류하면서 중국적이지만 한편으로는 비중국적인 새로운 불교 문화를 형성해 나가고있다. 물론 이러한 개혁주의 불교도 기본적으로는 화교들이 중심이며, 중국적 문화 전통이 근간이 되기는 한다. 그러나 범 불교 문화의 다양성을 포용한다는 점에서는 기존의 중국계 불교보다는 참신하며, 다민족주의의 실천에 있어서도 훨씬 효과적이다. 싱가포르의 불아사는 전통적인 중국 불교 문화를 계승하면서도, 새로운 미얀마와 스리랑카, 티베트계 불교 문화를 불아사리라는 성물을 통해 접목시킴으로써, 이러한 새로운 싱가포르의 개혁주의 불교 문화의 조형적 구현을 이루고 있다.

한편, 지금까지 싱가포르에서의 일반적인 종교의 교세 확장은 해당 종교 소속의 교육기관을 통해서 민족적 차원에서 이루어져 왔다. 그러나 불아사의 교세 확장은 이러한 민족 교육적 차원보다는 오히려 21세기의 새로운 "성지 관광"이라는 독특한 관점에서 이루어지고 있다는 점이 매우 흥미롭다. 불아사의 건립은 1990년대 중

그림 14. 지장전 내 위패 봉안 상태. 싱가포르 불아사 경내.

반 이후 싱가포르 관광청의 아시아 태평양지역의 관광 허브화 전략과도 잘 맞아떨어지면서, 동시에 당시 싱가포르 화교계들이 직면했던 중국 전통 문화 중심의 아시아적 세계관 구축에도 맞아들어가는 특별한 종교적, 관광문화적 사업이었다고 해석해 볼 수 있다.

현재 불아사의 관광은 대체로 불아사리와 불교박물관의 관람, 싱가포르의 불교 문화 및 차이나타운 탐방 등을 중심으로 이루어진다. 관광객의 대부분은 불아사리를 친견하는 것으로 보이는데, 이때 불아사리의 진위 논쟁은 매우 관광객의 흥미를 끌기에 매우 매력적인 요소로 작용한다. 게다가 불아사리를 봉안한 황금의 불아사리보탑은 관광객의 시선을 압도하면서 불교 문화에 대한 관심, 혹은 호기심을 유발하게 된다. 이 사찰은 기본적으로는 차이나타운의 불교 사찰을 표방하여 외관으로는 중국 건축 문화양식을 차용했지만, 내

부 공간의 배치 및 실내 장식 등에서는 인도와 동남아, 일본 등 여러 나라의 불교 미술 양식을 교묘하게 결합한 혼종적 양식을 구현하여, 화교뿐만 아니라 여러 나라 불교도들의 관심과 친근감을 효과적으로 끌어내고 있다.

불아사는 기본적으로 종교 사찰이기 때문에 관광객에게 입장료를 받지는 않는다. 그렇지만 사찰 내부에서는 각 층마다 다양한 불사(佛

그림 15. 지장전내 위패 가격 안내판. 싱가포르 불아사 경내.

事)를 통하여 신도들이나 관광객들이 사찰에 대한 경제적 후원을 할 수 있도록 적극적으로 유도하고 있다. 이러한 경제적 후원을 위해서, 사찰에서는 일반적으로 행해지는 기도와 의례를 주관하기 위한 공양금의 모금 뿐만아니라, 사찰 장엄을 위한 여러 가지 요소들을 모두 "공양(供養)"이라는 명목으로 값비싼 가격에 판매하고 있다는 점은 주목할 만하다.

예를 들어 불아사 지장전에서는 죽은 이들을 위한 위패를 봉안할 수 있는데(그림 14), 가장 비싼 위패의 가격은 무려 3만 싱가폴 달러에 해당하며 6개월이나 12개월에 분할 납부할 수 있다. 지장전 안에는 이러한 위패 가격을 안내하는 표지판이 커다랗게 놓여져 있으며(그림 15), 사찰을 위한 봉헌금을 낼 수 있는 봉헌함이 마련되어 있다.

또한 "옴(唵)"자가 씌어진 와당의 경우에는 한 쌍에 가족을 포함한 5명의 이름을 쓸 수 있는데, 한 쌍의 와당 가격이 2800 싱가폴달러에 달한다. 뿐만 아니라 불아사리를 모신 금제 불아사리보탑의 측면에 장식하는 보석들은 개당 3000 싱가폴달러를 받고 봉헌된다.

이와 같이 사찰 전체의 물품 및 공양품에는 모두 가격이 산정되어 있으며, 이 공양품들의 판매가 무한정 이루어질 수 있는 것이 아니라 한정된 수량임을 강조하여, 공양자들의 경제적 참여를 적극 유도하고 있다.

그뿐만 아니라 불아사에서는 인터넷 상점의 운영을 통하여 불상이나 여러 가지 조형물 등 다양한 불교적 기념품 등도 판매하여, 다각적인 수입 증대를 추구하고 있다.

즉, 종교 시설이라는 명목으로 입장료는 받지 않지만, 실제로는 층층마다 불교적 행사에 참여하거나 기념품들을 사면서 관광 수입을 극대화하고 있는 상점에 가까운 모습이 현실인 것이다. 이러한 불교 의례용품 및 후원은 살아 있는 사람 뿐만 아니라 위패와 같은 물건들을 통해서 죽은 선조들을 위해서도 행해졌기 때문에, 화교 문화권에서의 장례 문화와 밀접하게 관련을 맺으면서 지속적인 경제적 이익이 창출되는 것이다.

물론 호국금탑사와 불아사는 모두 싱가포르 불교계의 자선사업을 주도하고 있는 사찰들이므로, 이러한 사찰의 경제적 이익은 싱가포르 사회에서의 자선사업 비용으로 사용될 것이다. 그렇지만 기부와 판매를 통해서 얻어진 금빛 번쩍이는 불상과 보석으로 휘황찬란하게 장엄한 사찰의 모습에서 종교의 본래 모습인 청정과 청빈을 기대하기는 어려운 것도 사실이다. 어찌보면 이 사찰은 싱가포르의 현대 불교 문화 종합 어트랙션에 가까운 관광지이자 상점일지도 모른다. 이러한 종교 시설이자 불아사리라고 하는 성물을 소장하고 있는 성지를 표방하고 있는 현대 사찰로서, 불아사가 추구하고 있는 것은 진실한 불교적 세계관이라기보다는 황금빛으로 번쩍번쩍 빛나는 현세의 이익, 특히 경제적 이익으로만 보이기 쉽다. 이것은 불아사 뿐만아니라 현대의 대형 불교 사찰들이 공통적으로 추구하고 있는 세속화 경향의 단면이기도 하다.

성지로서의 불아사는 바로 미얀마의 유서깊은 불교 사찰에서 전해진 불아사리라는 성물의 현존이라는 특수성이 강조된다. 불아사리는 곧 부처 자신과 동일시되는 것이므로, 불아사리에 대한 공양을 부처님께 올리는 것과 마찬가지로 정성스럽게 올리면 바로 그 공양에 대한 복덕을 공양자 자신이 받는다는 점을 강조하고 있는 것이다. 불아사리에 대한 진위 논란을 피해가는 불아사의 입장은 바로 사리에 대한 믿음과 정성, 즉 마음을 강조하는 것이지만, 한편으로는 이러한 믿음과 정성이 물질적 측면으로 대체되고 있다는 모순을 보여주는 것이 불아사의 현상(現狀)이며, 성공적인 관광지로서의 불아사가 가지고 있는 모순된 양가성(兩價性)이기도 하다.

불아사의 건축 양식과 불아사리 공양의 기원은 모두 중국 고대 당나라 황실 불교 문화에서 찾을 수 있다. 불아사의 기본 모델 중에서 가장 중요한 법문사의 불지골사리 공양은 바로 불사리를 소유, 혹은 후원하고 있는 황실의 정치적 정당성을 증명하는 독특한 고대의 정치적 성격의 불교 문화이자 의례였다. 불아사의 불아사리 공양 후원은 바로 이러한 고대 중국 황실에서 발전시킨 정치적 성격의 불사리 공양 전통을 직접적으로 계승하는 것이며, 이것은 다시 현대 싱가포르 국가의 정치적 정당성, 혹은 화교계의 집권을 주장하기 위한 국가적 성격의 종교 정책의 일면으로 해석해 볼 수 있다. 불아사의 창건 행사에 싱가포르 대통령이 참석했던 것은 바로 이러한 불아사의 불아사리 공양이 단순한 불교적 행사가 아니라 싱가포르의 국가적 비전을 반영한 종교 정책의 일환이었음을 알려준다. 다만 현대의 싱가포르가 추구하는 것은 새로운 동남아시아의 선진국으로서의 국가적 안정과 번영, 그리고 불교를 중심으로 하는 화교 중심의 정치적 안정과 다문화의 화합인 것이다. 싱가포르의 다문화 중심주의를 강조하는 종교 정책을 시행하는 데에 있어서, 다른 종교보다도 중국계 불교를 중요시했던 것은 바로 불교가 싱가포르 국민의 다수를 차지하는 화교들이 중국 민족적 특색을 고수하기는 하지만 동시에 그러한 전통을 드러내지도 않고 타민족과의 분열을 일으키고 싶지도 않은 그들의 문화적 양가성의 표출에 적합한 종교였기 때문이다.

결국 불아사 속에서 기묘하게 통합된 범아시아의 다국적 불교 조형 양식의 혼종성은 중국계 화교들이 주도하고 있는 싱가포르의 다문화주의와 매우 잘 들어맞는 조형양식이면서, 동시에 세속화된 종교 정책의 결과물인 것이다. 즉 현대의 신생 불교 성지를 표방하는 불아사의 관광산업은 "세속성과 종교성", 그리고 "중국적 전통의 유지와 다민족주의의 싱가포리안으로서의 정체성"이라는 모순된 양가성들을 혼종적으로 드러내는 문화 산업인 것이다. 이것은 바로 화교 중심의 다문화국가라는 싱가포르 문화의 모순성을 반영하는 것이며, 동시에 불교라는 통섭적 종교를 통해서 모순의 조화가 이루어질 수도 있음을 보여주는 모순된 현실인 것이다. 이러한 모순된 양가성의 조화로운 추구는 바로 불교라는 복합적이면서도 기묘하고 독특한 종교 문화적 전통에서만 가능할 수 있다. 싱가포르의 화교들은 불아사를 중심으로 이러한 혼종적 불교 미술 양식을 창출해나가면서, 자신들의 모순된 문화적 양가성을 조화롭게 해결해나가고 있는 것이다.

이 글은 『역사와 경계』 제 93집(2014)에 게재된 글을 수정·보완한 것이다.

저자 소개

고정은 (高廷銀, KOH Jeong-Eun)

동아대학교 사학과를 졸업하고, 동국대학교 미술사학과에서 석사학위를, 일본 오사카대학에서 미술사전공으로 석사 및 박사학위를 취득하였다. (사)한국미술사연구소 책임연구원, 부산외국어대학교 동남아지역원 HK연구교수를 거쳐, 현재 (사)한국미술사연구소 수석연구원으로 있다.

전공은 동양미술사로서, 인도·동아시아·동남아시아의 불교미술에 관심이 많으며, 최근에는 동남아의 불전미술 및 동남아에 미친 인도미술의 영향에 관한 연구를 진행하고 있다. 주요 논저로는 『동남아시아 불전미술의 성립과 도상특징』, 『앙코르와트 제 1회랑에 나타난 '32지옥도'의 도상 특징과 의미』, 『불교미술을 통해 본 우즈베키스탄과 인도의 교류관계』, 『바틱-자바에서 세계로』(역서), 『동남아시아의 불교조각』(공저), 『간다라에서 만난 부처』(공저) 등이 있다.

김동엽 (金東燁, KIM Dong-Yeob)

중앙대학교 정치외교학과를 졸업하고, 국립 필리핀대학교 정치학과에서 석사 및 박사학위를 취득하였다. 서강대학교 동아연구소 상임연구원, 청주대학교 정치외교학과 전임강사를 거쳐, 현재 부산외국어대학교 동남아지역원 HK교수로 재직하고 있다.

전공영역은 비교정치(정치경제/지역연구)이며, 동남아시아 사회 및 필리핀 지역 연구를 주로 하고 있다. 주요 저서로는 『동남아의 헌정체제와 민주주의』(공저), 『교차하는 텍스트, 동아시아』(공저), 『The Promise of ICTs in Asia』(공저), 『동남아의 이슬람화 1』(공저), 『동남아의 역사와 문화』(공역), 『나를 만지지 마라』(역서) 등이 있다.

김예겸 (金禮謙, KIM Yekyoum)

아세아연합신학대학교를 졸업하고, 영국 헐(Hull) 대학교에서 동남아시아학으로 석사 및 박사 학위를 취득하였다. 아세아연합신학대학교 전임강사, 서울대학교 비교문화연구소 선임연구원, 인도네시아관광청 한국사무소장, (주)하이지오인터내셔널 대표이사를 거쳐, 현재 부산외국어대학교 동남아지역원 HK연구교수로 재직하고 있다.

전공은 동남아시아학(인류학)이며, 현대 동남아시아 문화에 대한 폭넓은 연구를 진행하고 있다. 주요 논저로는 「인도네시아 발리 Kecak 공연의 맥락화」, 「Socio-cultural identities in multilayered contexts」, 「주민과 보전」 등이 있다.

김인규 (金寅圭, KIM In-Gyu)

한국외국어대학교 독일어과를 졸업하고 서울대학교 고고미술사학과에서 한국미술사로 석사학위를 취득했으며, 일본 세이죠(成城) 대학에서 박사학위를 취득하였다. 이데미츠(出光) 미술관 연구원, 국민대학교 초빙교수, 부산외국어대학교 HK연구교수를 거쳐, 현재 문화재청 산하 국외소재문화재재단 일본사무소 소장으로 재직하고 있다.

전공은 동양미술사이며, 특히 동아시아 및 동남아시아의 도자기에 대해서 집중적으로 연구하고 있다. 『일본 출토 고려청자의 제작시기에 대한 연구』, 『동남아시아 칠기에 보이는 중국의 영향』, 『월주요청자와 한국 초기 청자』, 『동남아시아 도자기 연구』, 『동서도자교류사』(역서) 등 다수의 논저가 있다.

김인아 (金仁雅, KIM Ina)

부산외국어대학교 미얀마어과를 졸업하고 부산대학교 국제전문대학원에서 박사학위를 취득하였다. 현재 부산 외국어 대학교 동남아지역원 HK연구교수로 재직하고 있다.

전공은 역사학과 인류학이며, 미얀마의 종족 문제와 식민지 시대사 연구를 중점적으로 연구하고 있다. 주요 논저로는『미얀마 식민지 시대의 재평가: 식민주의의 정치적 유산과 형성』(공저),『미얀마 칠기의 기원과 발전과정: 사회문화적 의미의 탐구를 위한 시론』,『미얀마 식민시대 이전의 꺼잉족 기록에 관한 역사적 고찰』,『미얀마 꺼잉족의 종족성 변화와 그 현대적 의미』,『물의 신 나가; 태국과 서태평양의 문화적 기원』(공역) 등이 있다.

박장식 (朴章植, PARK Jang Sik)

한국외국어대학교 인도어과를 졸업하고 일본 오사카외국어대학교에서 석사학위를 취득했으며, 인도 바라나시힌두대학교에서 박사학위를 받았다. 현재 부산외국어대학교 동남아지역원 원장으로 재직하고 있다.

전공은 언어학이며, 미얀마의 언어 및 문화, 특히 종족 집단 연구에 관심이 많다. 최근에는 동남아시아 전반에 걸친 다양한 문화와 예술에 대한 연구를 집중적으로 진행하고 있다.『미얀마 천연가스의 정치경제학』,『미얀마 여카잉 무슬림(로힝자)의 딜레마 재고』,『동남아 사회와 문화』(공저), 『ミャンマーを知るための60章』(공저),『미얀마진출기업 인사노무관리 성공전략』(공저) 등 다양한 논문과 저서를 발표하였다.

주경미 (周炅美, JOO Kyeongmi)

서울대학교 공예과(금속공예 전공)를 졸업하고, 서울대학교 고고미술사학과에서 석사학위 및 박사학위를 취득하였다. 서울대학교, 고려대학교, 연세대학교 강사를 역임했으며, 부경대학교 인문사회과학연구소 학술연구교수 및 서강대학교 동아연구소 HK연구교수를 거쳐, 현재 부산외국어대학교 동남아지역원 HK연구교수로 재직하고 있다.

전공은 동양미술사이며, 고대 불교 문화 및 문화 교류사에 관심이 많다. 한국, 중국과 동남아, 인도의 고대 문화 교류를 중점적으로 연구하고 있다. 『양 무제의 아육왕 전승 구현과 고대 동남아시아』, 『수중 발굴을 통해 본 고려시대 금속제 생활용품』, 『미륵사지 석탑 사리장엄구의 구성과 의의』, 『현대 불교 성지관광의 양가성 – 싱가포르 불아사의 불아사리를 중심으로』, 『중국 고대 불사리장엄 연구』, 『대장장』 등 다수의 논저가 있다.